江苏档案精品选编纂委员会

江苏省明清以来档案精品选

无锡卷

江苏人民出版社

《江苏省明清以来档案精品选》
编 委 会

总 目

序

谢 波

　　档案馆作为永久保管档案的基地，是人类文化传承的重要载体和思想文化创新的重要源泉。

　　编纂《江苏省明清以来档案精品选》，是全省档案系统共同开展的一项档案文化建设重点工程，是我省档案部门履行"为党管档、为国守史、为民服务"使命要求，围绕中心、服务大局的一项重要举措，根本目的是整合全省档案精品资源，集中公布江苏档案资源建设的丰硕成果，展示江苏历史、人文的丰厚底蕴，服务社会主义文化大发展大繁荣。

　　江苏物华天宝，人杰地灵，养育了一代又一代勤劳智慧、心灵手巧的人民，创造出了辉煌灿烂的物质文明和精神文明。自明清以来，江苏的综合实力在中国的省级政区中就一直居于前列。新中国成立后特别是改革开放以来，江苏各项事业高速发展，在经济、政治、社会、文化等各方面均处于全国领先位置，积累了雄厚的经济文化实力。这一领先的进程，真实地定格于档案中，保存于全省各级各类档案馆里。

　　这些档案，浩如烟海。丰富翔实的档案史料，客观记载了江苏各项事业发展演化的脉络，反映了历史发展变化的内在规律，是我们今天多角度深入了解和研究明清以来江苏政治、经济、军事、文化以及社会情况的第一手珍贵资料。特别是中国共产党成立以来形成和保存下来的大量珍贵档案，再现了江苏人民在党的领导下开展革命斗争、社会主义建设和改革开放，全面建设小康社会、建设美丽江苏的光辉历程，这是国家珍贵的文化财富、民族的宝贵遗产，是我们今天开展党史研究的宝贵资源和党史教育的重要素材。

　　前事不忘，后事之师。记载着历史真实面貌的档案资料，是续写江苏更加辉煌灿烂历史新篇章的重要参考和借鉴。编纂档案文献资料，留存社会发展的足迹，服务今天的经济社会各项事业，是我国档案界、史学界的优秀传统，是中华文明生生不息、不断进步的重要源泉。也正是这一优秀传统，使得中华文明能够随着历史的发展、社会的进步而不断充实新的内容。通过档案工作者有选择地编纂加工，使海量的档案资源更加有序化，为党和政府重大决策提供参考，为人民群众接触档案、了解档案、利用档案提供便利，是档案工作者的职责所在。正是基于这一要求，全省档案部门集中力量，对各级档案馆中的档案进行梳理，编辑出版了《江苏省明清以来档案精品选》。通过本书的编纂出版，整合全省档案精品资源，发挥规模效应，使江苏历史、人文的丰厚底蕴得到集中展示，使档案存史、资政、育人功能得到更好的发挥，同时为我们大力开展爱党、爱国、爱家乡教育提供丰富的第一手教材。这是我省档案部门围绕中心、服务大局的一项重要工作创新，也是档案部门贯彻落实党的十八大精神、服务文化强省建设的具体举措。同时，《江苏省明清以来档案精品选》的编纂出版，定能为学术界开发利用档案创造便利的条件。通过对明清以来历史档案的开发利用，探寻我省近代以来各项事业发展演化的脉络，把握历史发展变化的内在规律，为当代经济社会各项事业发展服务，为建设美丽江苏书写更加辉煌灿烂的新篇章。

2013年7月

《江苏省明清以来档案精品选·无锡卷》

编 委 会

前言

　　一座城市，一方水土，凝集着一方人士丰富的经历，都直接或者间接地化作各种形式的记录，汇结成城市的文化，沉淀为城市的历史。这些历史记录，就是城市的档案。

　　无锡，占据长江下游长三角腹心区位，自然环境绮丽秀美。太湖、运河通达江海，把无锡连向全国，连向世界。中华传统南北文化的融合，世界近代东西文明的交汇，加上用柔柔太湖水浸润的无锡人开放容纳、勤奋创新的品格，使得无锡从一个江南小城快速发展为全国重要的政治、经济强市和较大城市。曾有人说，无锡人崇商不崇文，缺乏深厚的文化底蕴。事实上，无锡不仅是山水名城、工商名城，更是历史文化名城。2004年CCTV"城市中国"组委会曾这样评价无锡：这座拥有千年文明、百年繁华的城市，诞生过中国最早的民族工商业、中国最早的乡镇企业，从"苏南模式"到"外资高地"，这座城市始终在用行动表达：这里不但"盛产"风景、"盛产"院士，也盛产创造财富的奇迹。2010年"中国最具幸福感城市"评委给无锡的颁奖词是："传承千年的鱼米之乡，历久弥新的工业摇篮；这里风光绝美，陶冶了人们的文化气质；这里教育发达，培养了无数的杰出人才。濛濛烟雨，秀美江南，祥和文明，宜居之城。"说明人们对无锡的了解有了进一步深入和认识的改变。当然这也是这些年无锡人民文化兴市、文化强市所做努力的成果。

　　绵延数千年文明演进的厚重历史，为无锡积淀了丰富的文化宝藏。因为有了档案，无锡的辉煌才得以记载；唯有仰赖档案，无锡的文化才得以延续。熠熠生辉的历史使无锡人充满了昂扬奋进的激情。

　　无锡市目前拥有10家国家综合档案馆。无锡市档案馆、滨湖区档案馆、江阴市档案馆、宜兴市档案馆为国家一级综合档案馆，无锡市锡山区档案馆、惠山区档案馆为国家二级综合档案馆。各档案馆认真履行收集整理、保护开发各类档案资源的责任，千方百计扩大档案资料接收的范围，积极开展社会散存史料的征集，并高度重视重点珍贵档案的抢救保护。截至2010年11月，全市各档案馆藏量总数已达188万余卷，6.5万件，包括照片10万余张和光盘等特殊载体1.1万张（盘），排架长度2.8万米；另有资料10万余册。其中无锡市档案馆馆藏档案85万余卷，2.3万余件，资料4.1万余册。驾档案之舟，徜徉于历史长河之中，有了令人惊喜的收获。历年来，各档案馆致力于挖掘馆藏资源，十分注重档案的开发利用，采取多种方式融入中心、贴近现实，充分发挥档案工作的社会服务功能。利用馆藏开设荣誉馆、精品档案陈列室、珍贵档案特藏室、民族工商业档案馆，并组织各项主题系列活动和专题展览，让档案走进基层和社区；研究馆藏，编辑出版汇编、刊物、论著，为公布档案、利用档案开辟新途径；建设青少年爱国主义教育基地、高校教学实习基地，依托档案与历史的关联，承担参与社会管理的义务。

江苏省档案局组织各级综合档案馆编辑出版《江苏省明清以来档案精品选》，启动了全省集中开发馆藏资源的浩大工程，这是一项功在当代、利在千秋的实事。无锡市档案馆在省档案局的统一部署下，会同各市（县）、区档案馆进行了《江苏省明清以来档案精品选·无锡卷》（本书以下简称《无锡卷》）的编纂。编纂的结果固然重要，它能够集中公布并展示江苏档案资源建设的丰硕成果，使档案更好地服务社会。而编纂的过程带给我们对历史的再品味，对馆藏价值的再认识，更是任何结果都替代不了的。

"文化是民族的血脉，是人民的精神家园。" "走中国特色社会主义文化发展道路，坚持为人民服务、为社会主义服务的方向……坚持贴近实际、贴近生活、贴近群众的原则，推动社会主义精神文明和物质文明全面发展，建设面向现代化、面向世界、面向未来的，民族的科学的大众的社会主义文化。" 党的十八大报告，为社会主义文化大发展大繁荣指明了目标，我们档案人要做的，就是深入研究档案的文化内涵，在天时、地利、人和的环境下创造档案事业的大发展大繁荣。

编　者

2013年7月

凡例

一、本书的类目分为档案和资料两大类。档案类按明清档案、民国档案、中华人民共和国成立后档案分目，资料类按志书、报刊、书画、宗谱、其他分目。每一类内容按文献起始形成时间先后顺序排列。

二、本书收录的档案、资料，主要选自无锡市档案馆、无锡市民族工商业档案馆、江阴市档案馆、宜兴市档案馆、无锡市锡山区档案馆、无锡市滨湖区档案馆、无锡市崇安区档案馆以及无锡市崇安区历史文献馆馆藏。使用图片为原件扫描件或实物照片。

三、本书内容编排上，档案部分有少数以件为条目单位，多数把有关联的一组材料编辑成专题为条目单位，以便较好地体现该档案内容的完整性；资料部分一般以单件或同一主题文献组成条目。条目的标题以突出内容主题为原则拟定。

四、档案、资料部分文字内容原文照录时，已将繁体字转换成规范简体字，并加注标点。文中明显的错别字一般已经改正，少量在原字后加括号注明。残缺或难以辨认的文字，以"□"代替。漏缺字用括号加字补上，空白处依照原样。

五、本书收录档案、资料的形成时间以公元纪年。民国以前采用朝代纪年，后括注公元年；民国以后一律采用公元纪年。

六、本书文字内容中的数字标注，按照国家《关于出版物上数字用法的试行规定》执行。

七、清雍正二年（1724），无锡的行政设置析为无锡、金匮两县，简称锡金；宜兴析为宜兴、荆溪两县，简称宜荆。1912年仍并为无锡、宜兴。档案、资料中地方名称保留原状，未另作加注。

目录
Contents

中华人民共和国成立后档案
Archives after the Founding of PRC

志书
Local Record

报刊
Newspapers and Magazines

书画
Painting and Calligraphy

宗谱
Family Tree Books

其他
Other

明清档案

王源吉冶坊档案

保管单位： 无锡市档案馆

内容及评价：

　　王源吉冶坊档案形成于清代道光至民国年间。王源吉冶坊是无锡历史上著名的冶铁作坊，创建于清道光十七年（1837），专门铸造双吉（喆）牌铁锅。铁锅以轻薄光滑、耐强火不爆裂、经久耐用而著称，不仅在无锡城乡广受欢迎，还行销大江南北。太平天国期间王源吉冶坊受战争影响曾迁往苏北，后迁回无锡。解放以后，王源吉冶坊与无锡其他一些冶坊合并，1958年成立王源吉冶铸机械厂，1966年该厂拆分，一部分成立无锡市锅厂，继续生产双吉（喆）牌铁锅。在一个多世纪的漫长岁月里，王源吉冶坊几易盛衰，历经沧桑，至今无锡市区仍有"王源吉铁锅专卖店"存在。

　　无锡市档案馆保存的王源吉冶坊档案422件，自道光年间开始至民国时期，纵贯一百多年。内容涉及王源吉冶坊开办印照、旧锅废铁销售合同、护照、海关税单、交纳税证、营业税收据、产品宣传单及官府告示等，比较全面地反映了无锡地区制铁冶炼业的发展过程，内容丰富详实，尤其是王源吉冶坊各历史时期的税单保存齐全，较为罕见。这批档案对于研究王源吉冶坊历史乃至无锡制铁冶炼业的发展具有重要意义。

锡金善后总局照会

　　太平天国失败后，同治三年（1864）锡金善后总局就筹集捐款事宜，给无锡、金匮两县分府的照会，其中提及仅王源吉冶坊和浙江候补同知顾达夫到局报捐。

全文：

委办锡金善后事宜

补用府正堂杨

同知衔前江西永新县正堂华

为照会事。照得锡金克复后，即奉抚宪委办善后事宜。窃善后以抚恤为要图，抚恤藉捐资为接济。乃锡金两邑叠经蹂躏，十室九空，竭力筹捐，无补万一。所有素称殷户者，大半寄居江北迁延未归。本拟渡江设法筹捐，刻下又以事多人少不得分办。现闻贵分府均奉常州府札谕，委赴江北办理常属七邑寄籍捐务，藉得分济各县以资抚恤，均深感戴。惟江北寄籍各户内有王源吉冶坊，及浙江候补同知顾球号达夫，业经到敝局报捐。其余各户均未捐过，相因关照，为此照会贵局分别办理，以昭公允，须至照会者。

右照会

同知衔补用分府陆

知府衔即补分府冯

升衔即补分府朱

锡金善后总局（钤记）

同治叁年叁月初八日照会

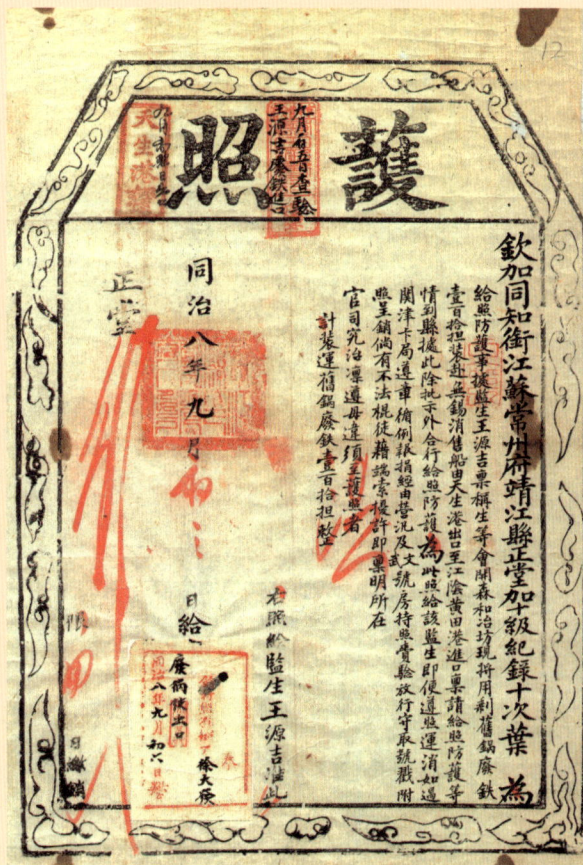

护照

同治八年（1869）靖江县府给王源吉冶坊发放的护照，护照上盖有货船从靖江天生港出口，及至江阴黄田港进口时的验章，并注有具体日期。

全文：

钦加同知衔江苏常州府靖江县正堂加十级记录十次叶为给照防护事

据监生王源吉禀称，生等会开森和冶坊，现将用剩旧锅废铁壹百拾担装赴无锡销售。船由天生港出口，至江阴黄田港进口，禀请给照防护等情到县。据此除批示外，合行给照防护。为此照给该监生，即便遵照运消。如遇关津卡局，遵章循例报捐。经由营汛及文、武号房，持照赍验放行，守取号戳附照呈销。倘有不法棍徒借端索扰，许即禀明所在官司究治。凛遵毋违，须至护照者。

计装运旧锅废铁壹百拾担整

右照给监生王源吉准此

同治八年九月初六日给

欽加五品銜賞戴花翎署常州府無錫縣正堂許 為
遵札出示嚴禁事光緒二十九年閏五月十二日奉
江南商務總局憲札開據無錫縣副貢生王宗鑾稟稱竊職家向在常州府無錫縣堰橋鎮武進縣西倉橋兩
處開設冶坊又在通州設有分店由
蘇撫憲發給牌示准許開鑄食鍋在案凡食鍋出售皆蓋有王源吉牌號紅字戳記以為認識運銷江浙等
埠貨真價實為用戶所素信近有販客轉運湖廣等處食鍋冒蓋職坊牌號於常鎮通海以及蘇松各
屬鄉鎮混售其貨脆薄易破用之兩不當一轉疑職坊貨色濫惡屢次饒舌非特職坊滯銷虧本抑且聲
名有關貽害用戶現值整頓商務之際假冒牌號曾有明示在前不容奸商混冒致令用戶受騙為此稟叩
立案並請札飭無錫武進兩縣暨通州給示嚴禁等情到局據經批飭抄呈牌示另稟核示去後茲據續稟並抄
粘前來除批示並分行示禁外合行札飭札到該縣即便遵照一體出示嚴禁毋違切切特札等因到縣奉此合
行遵札出示嚴禁為此示仰商民人等一體知悉爾等販賣食鍋務須貨真價實不得冒蓋王源吉牌號紅戳再
以脆薄之貨假冒混售貽害用戶致礙該號聲名自示之後再有奸商敢在各鄉鎮假冒混售許該冶坊指名稟
縣以憑提究該商販亦係將本就利務各自愛勿稍玩違其各凜遵毋違切切特示
光緒貳拾玖年閏伍月　日示
仰貼

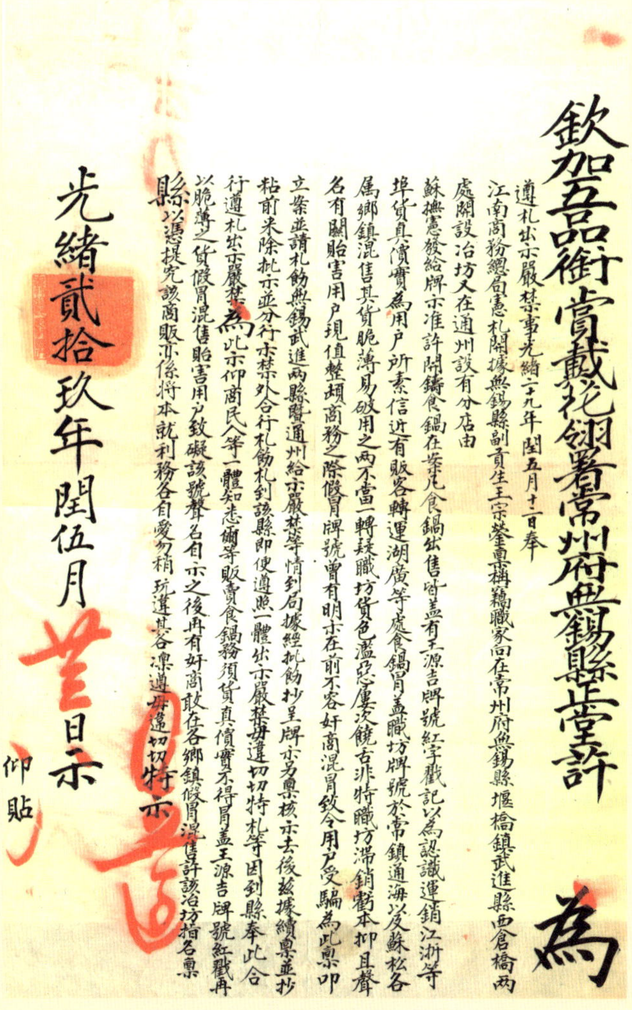

王源吉冶坊开设分店官府批示

无锡县府为禁止假冒混售王源吉牌号食锅，于清光绪二十九年（1903）发布告示。其中有王源吉在无锡县堰桥镇、武进县西仓桥设有冶坊，在通州设有分店的记载。

全文：

钦加五品衔赏戴花翎署常州府无锡县正堂许为遵札出示严禁事

　　光绪二十九年闰五月十二日奉江南商务总局宪札开，据无锡县副贡生王宗鉴禀称：窃职家向在常州府无锡县堰桥镇、武进县西仓桥两处开设冶坊，又在通州设有分店。由苏抚宪发给牌示，准许开铸食锅在案。凡食锅出售，皆盖有王源吉牌号红字戳记以为认识。运销江浙等埠，货真价实，为用户所素信。近有贩客转运湖广等处食锅，冒盖职坊牌号，于常镇通海以及苏松各属乡镇混售，其货脆薄易破，用之两不当一，转疑职坊货色滥恶。屡次饶舌，非特职坊滞销亏本，抑且声名有关，贻害用户。现值整顿商务之际，假冒牌号曾有明示在前，不容奸商混冒致令用户受骗。为此禀叩立案并请札饬无锡、武进两县暨通州给示严禁等情。到局据经批饬，抄呈牌示。另禀核示去后，兹据续禀并抄粘前来，除批示并分行示禁外，合行札饬。札到该县，即便遵照一体出示，严禁毋违切切特札等因，到县奉此合行遵札出示严禁。为此示仰商民人等一体知悉，尔等贩卖食锅，务须货真价实，不得冒盖王源吉牌号红戳，再以脆薄之货假冒混售，贻害用户，致碍该号声名。自示之后，再有奸商敢在各乡镇假冒混售，许该冶坊指名禀县以凭提究。该商贩亦系将本就利务各自爱，勿稍玩违，其各凛遵毋违，切切特示。

光绪贰拾玖年闰伍月廿三日示

仰贴

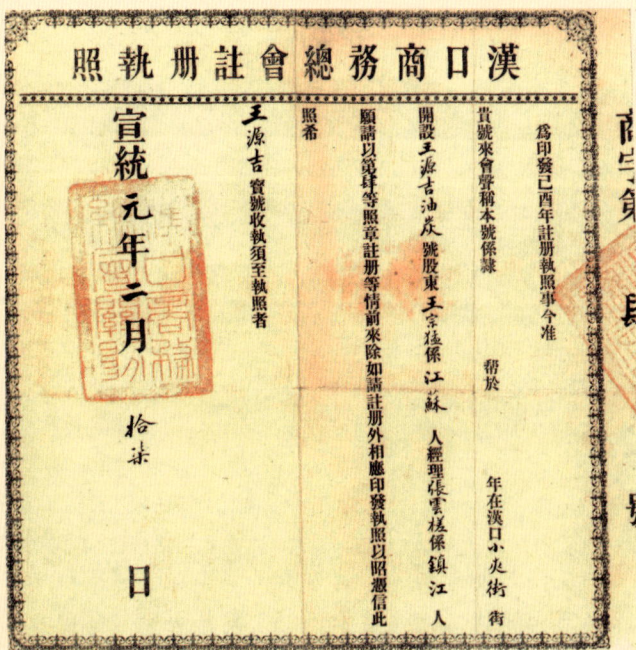

王源吉在汉口开设油炭号注册执照

全文：

为印发己酉年注册执照事

　　今准贵号来会声称本号系隶　帮，于年在汉口小夹街街开设王源吉油炭号，股东王宗猛，系江苏人；经理张云槎，系镇江人。愿请以第肆等照章注册等情前来，除如请注册外，相应印发执照以昭凭信，此照。希王源吉宝号收执。须至执照者。

汉口商务总会关防（印）

宣统元年二月拾柒日

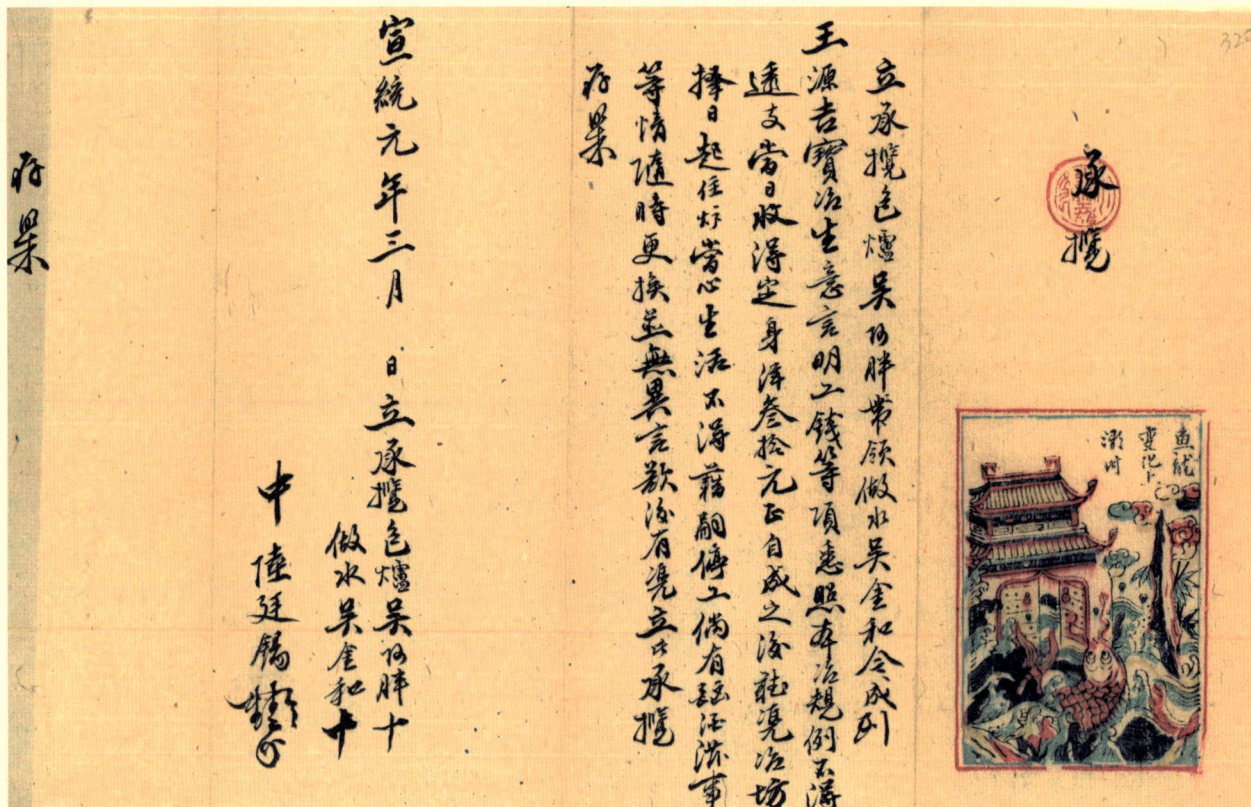

宣统元年（1909）王源吉冶坊与冶炉施工工匠订立的承揽合同

全文：

承 揽

　　立承揽包炉吴阿胖带领做水吴金和，今成到王源吉宝冶生意。言明工钱等项，悉照本冶规例，不得透支，当日收得定身洋叁拾元正。自成之后，听凭冶坊择日起住炉，当心生活。不得藉嗣停工，倘有酗酒滋事等情，随时更换，并无异言。欲后有凭，立此承揽存照。

宣统元年三月 日 立 承揽 包炉 吴阿胖

做水 吴金和

中 陆廷锡

421

冶坊王源吉 開創百餘年 自鑄真蘇鍋 物美價且廉
省柴又堅用 舊鐵還值錢 新出生鐵鍋 厚重費柴火
貪圖買便宜 實是吃虧貨 逐日多燒草 無形暗消耗
其鐵難回爐 貼換無人顧 白印雙吉牌 信用久昭著
非敢大言誇 實在經驗過 諸君試用之 定然不致誤

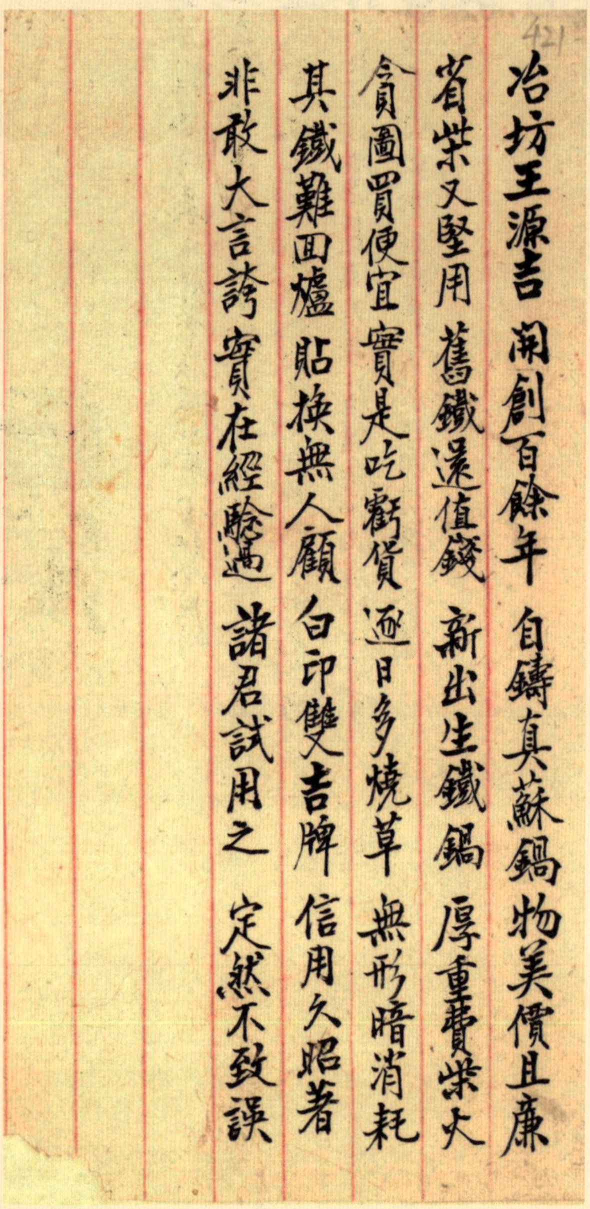

王源吉冶坊产品宣传单

全文：

冶坊王源吉 开创百余年 自铸真苏锅 物美价且廉
省柴又坚用 旧铁还值钱 新出生铁锅 厚重费柴火
贪图买便宜 实是吃亏货 逐日多烧草 无形暗消耗
其铁难回炉 贴换无人顾 白印双吉牌 信用久昭著
非敢大言夸 实在经验过 诸君试用之 定然不致误

世泰盛绸布庄史料

保管单位：无锡市崇安区档案馆

内容及评价：

无锡曾是全国有名的"丝码头"、"布码头"，清朝末年至民国时期，县城有大大小小的绸布商店几十家，其中最负盛名的是世泰盛绸布庄。该绸布庄由邑人钱孟安出资4000元于清光绪十五年（1889）创办，1899年遭火焚毁，1900年改组后集股复业。1930年购地扩展营业场所，1935年曾自办电台以作广告宣传，抗战前为业务发展鼎盛时期。1937年11月又毁于战火，1948年借款购地，翻建扩大店房。1955年12月公私合营，1958年改名世泰盛百货商店。1966年百货部划出改为无锡市第四百货商店，原店改名为世泰盛布绸商店，1984年8月改为世泰盛呢绒布绸商店。后因城市改扩建需要而拆除。

历经百年，这家专营呢绒、绸布、布料为主的商号，先后遭遇火灾、战祸、资金不足、商家倾轧、市场竞争等情况，经过几代人的不懈努力和精心经营，逐步扩大规模，增加花色品种，成为锡城家喻户晓的老字号名店，在沪宁线上声名远扬。世泰盛绸布庄史料形成于1891至1995年。伴随无锡民族工商业发展的沧桑巨变，世泰盛见证了百余年无锡老百姓的穿衣时尚变化。

钱孟安，无锡世泰盛呢绒绸布商店的始创者，曾是官场幕客。钱氏有弟兄4人，其二弟钱仲坪，为无锡时和绸庄创办人。他见"时和"获利，遂决意投笔从贾，于清光绪十五年（1889）集资开设绸布店。"世泰盛"店名仿"时和"店名，源于"时和世泰，人寿年丰"中上联二字，在"世泰"之后再加一个"盛"字，不但读之顺口，又寓兴旺之意。1899年，世泰盛邻街隔壁的一家南货店起火，火势旺盛，延烧迅速，"世泰盛"遭波及而焚毁，仅抢出不足2000元货物，损失惨重。不久，钱孟安因忧伤过度去世。

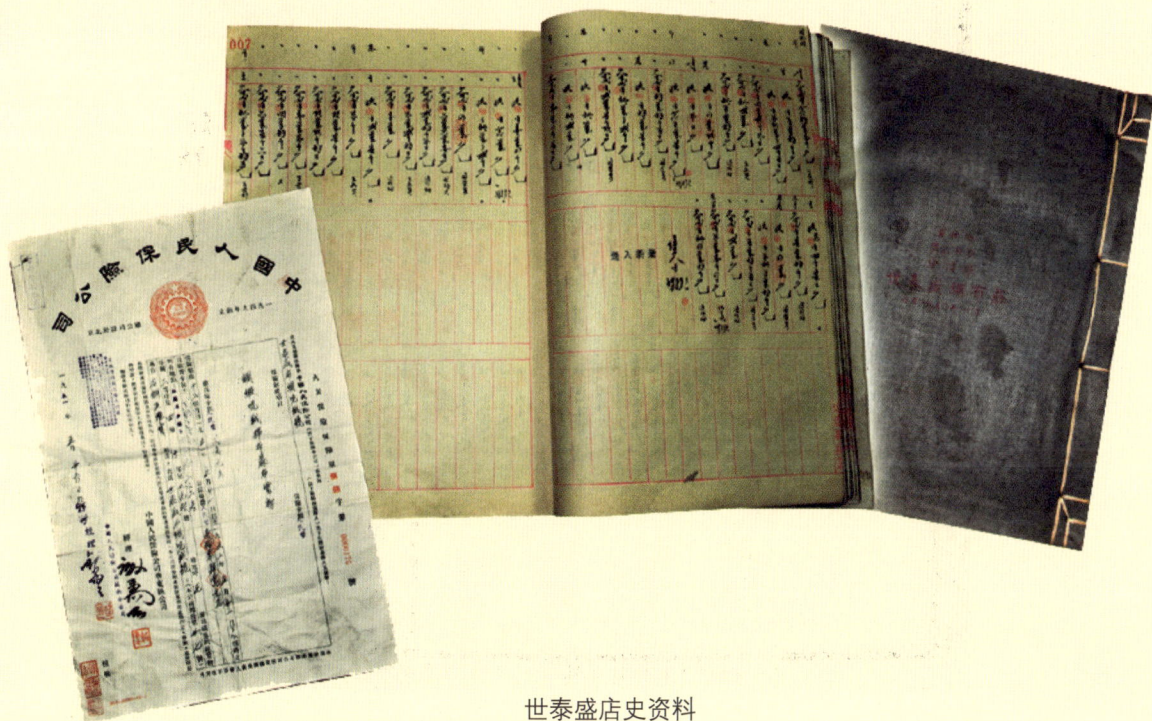

世泰盛店史资料

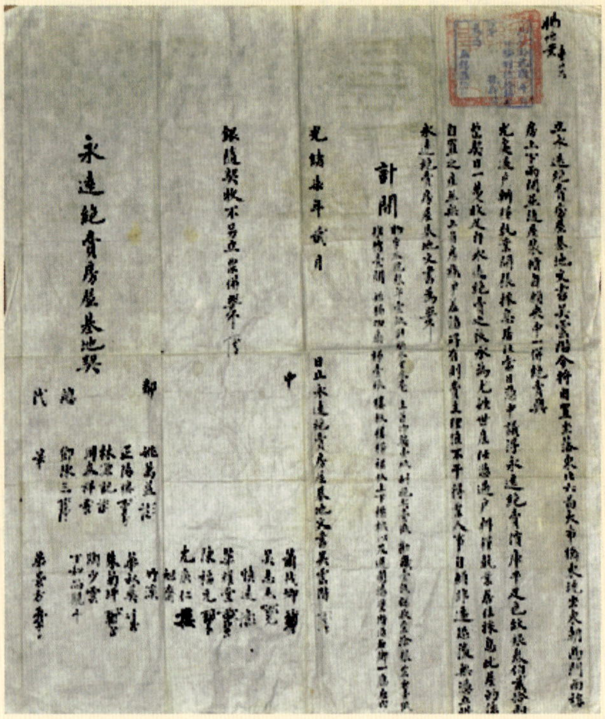

光绪年间世泰盛店址买卖地契

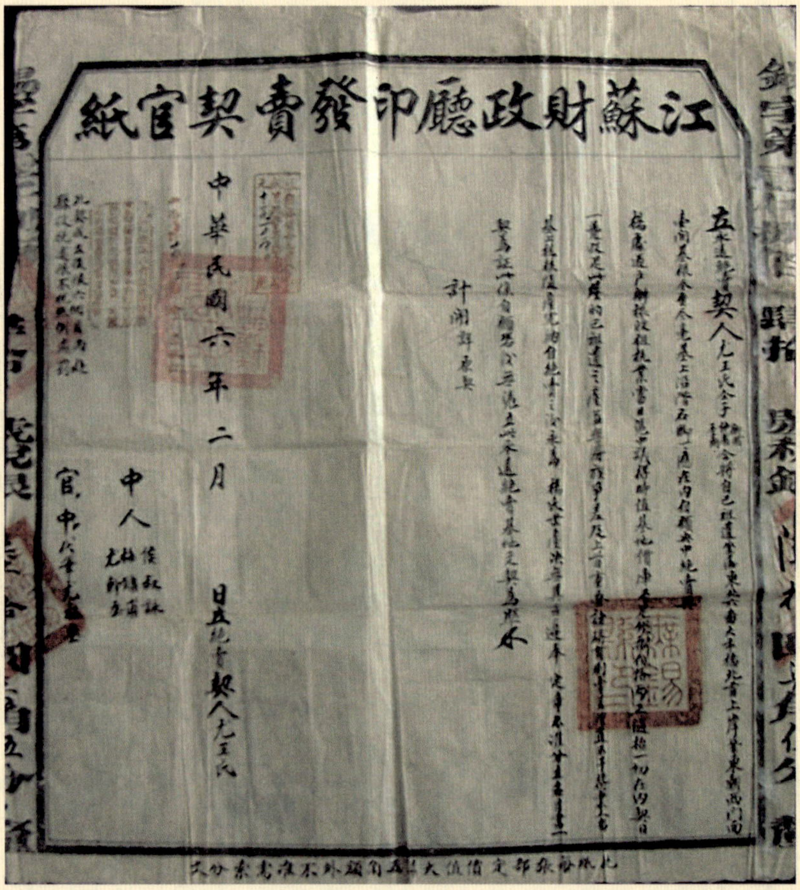

江苏财政厅关于世泰盛的卖契官纸（1917年）

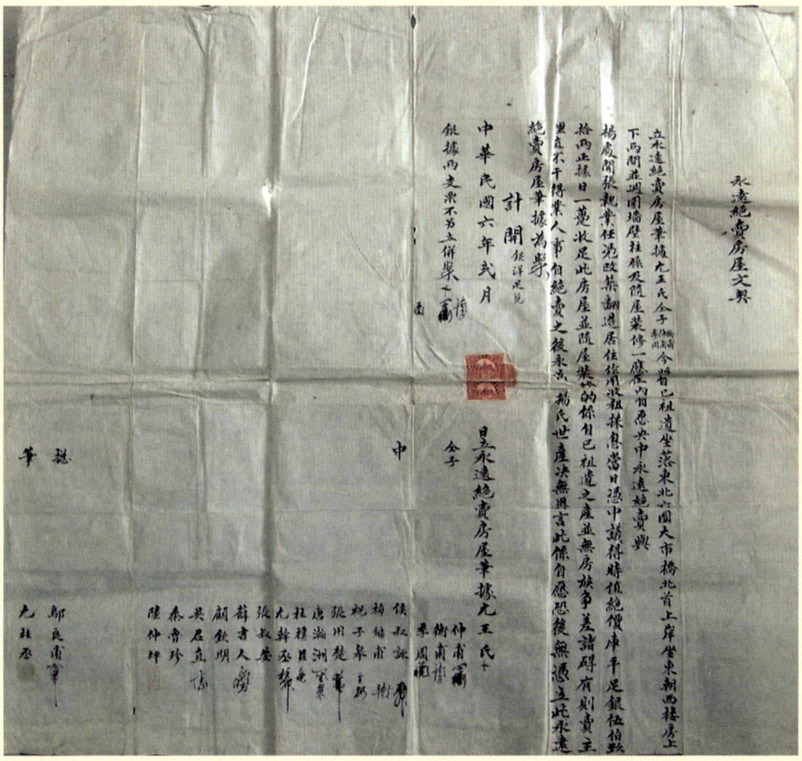

永遠絕賣房屋文契

中華民國六年弍月

世泰盛店址永远绝卖房屋文契（1917年）

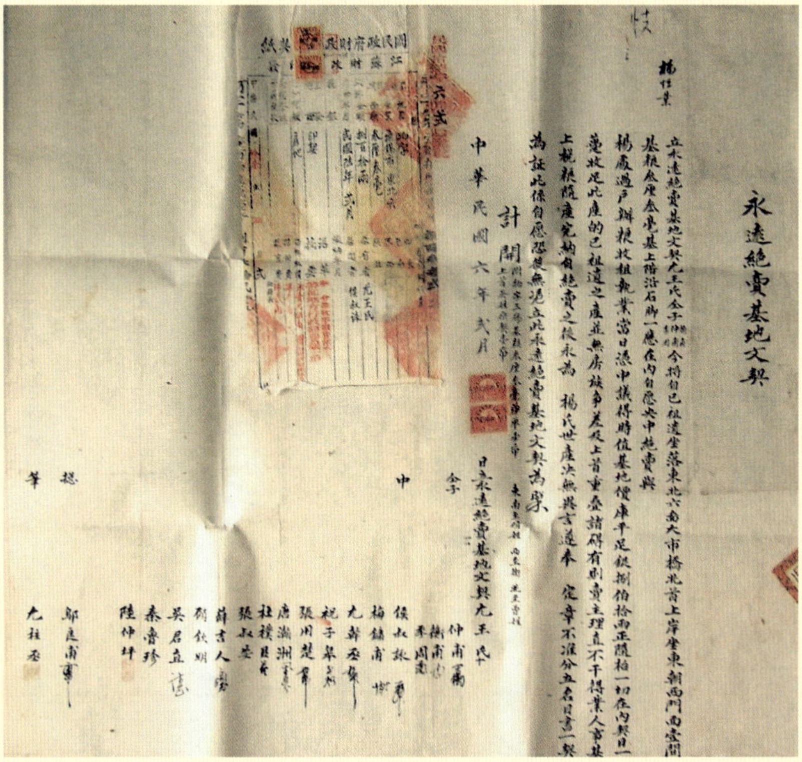

永遠絕賣基地文契

中華民國六年弍月

世泰盛店址永远绝卖基地文契（1917年）

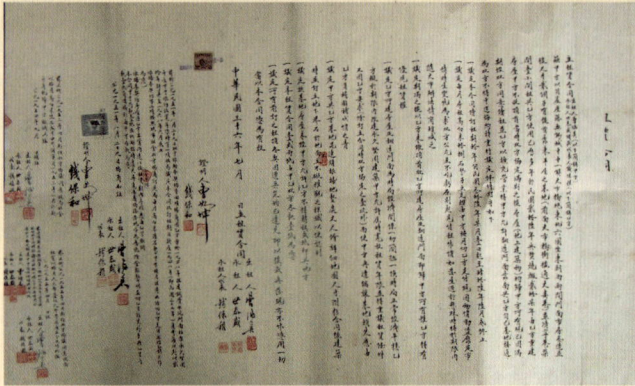

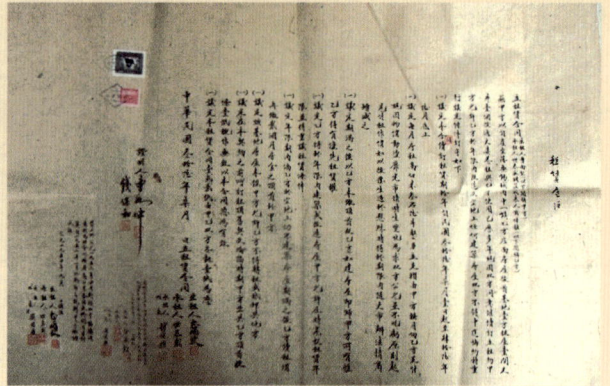

世泰盛店址租赁合同（1947年）

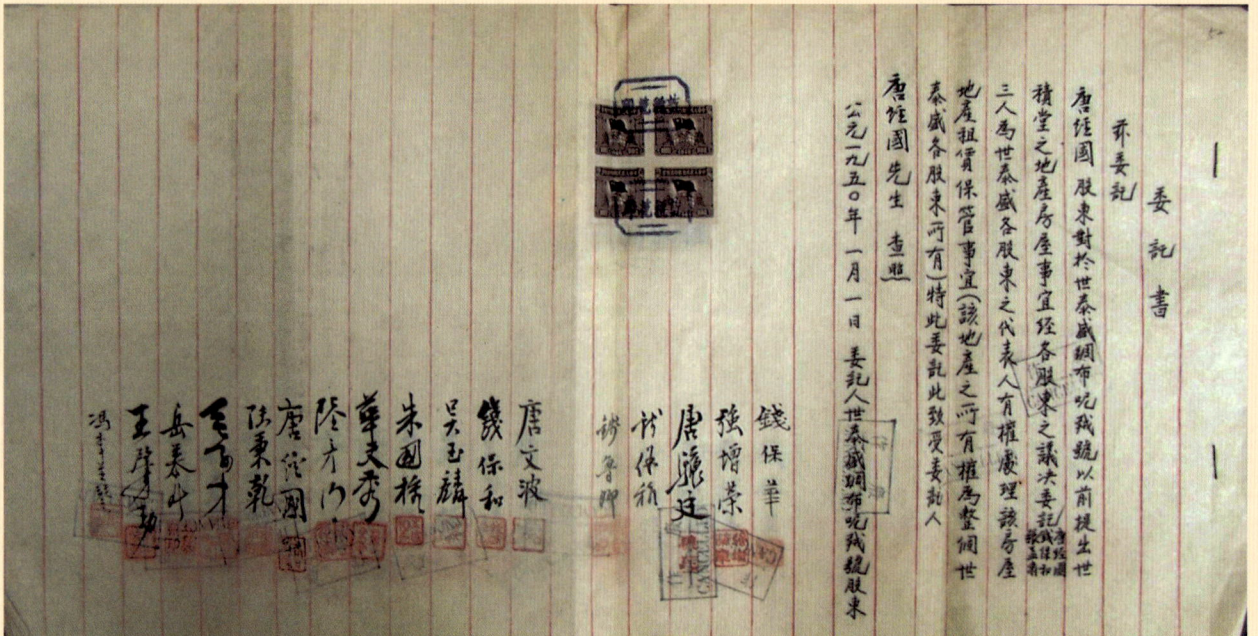

世泰盛房屋地产租赁保管委托书（1950年）

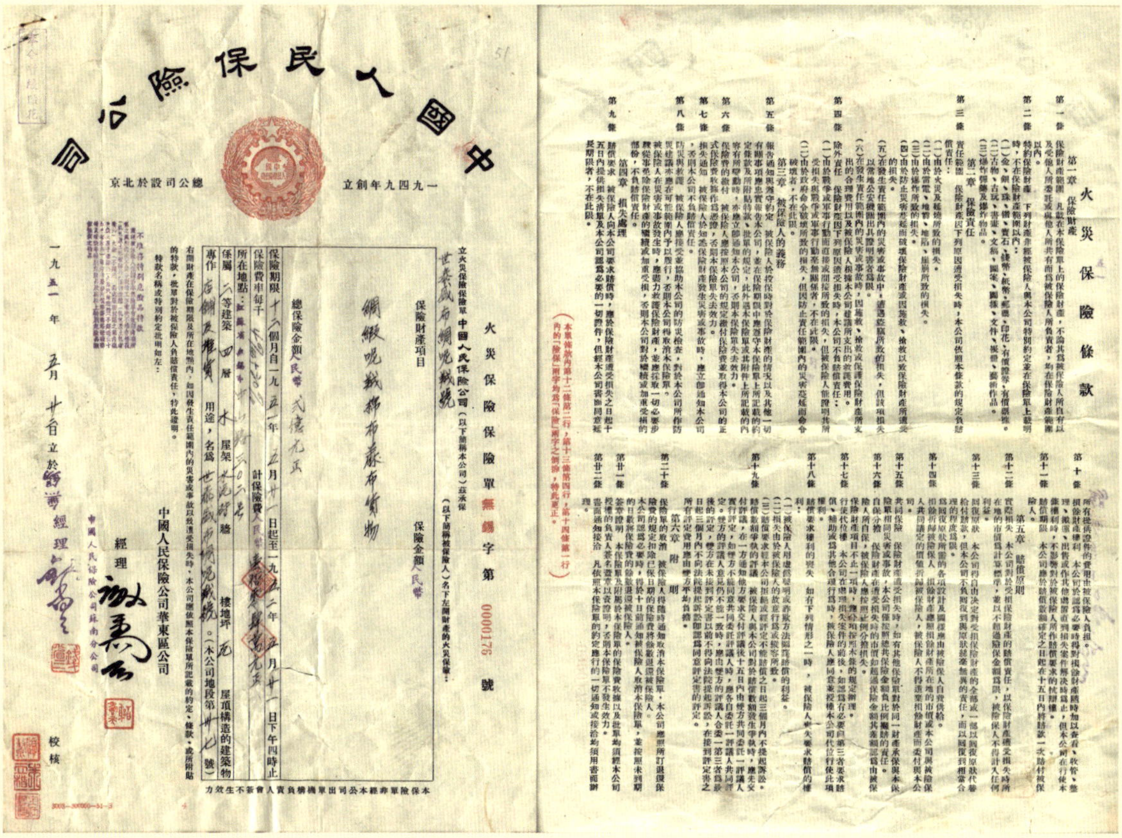
中國人民保險公司
一九四九年創立
總公司設於北京
火災保險保險單
火災保險條款

世泰盛与中国人民保险公司签订的保险合同（1951年）

世泰盛现金账

阳羡垦牧树艺有限公司入股凭单

保管单位：宜兴市档案馆

内容及评价：

阳羡垦牧树艺有限公司入股凭单形成于清宣统元年（1909）。清朝末年，在改革维新人士的推动鼓吹之下，全国各地相继出现了一批集股商办的农牧垦公司，这是中国突破数千年小农生产经营方式，进行资本经营农业的开始。虽然时间短暂，但是却代表着一种新的生产关系的萌芽。

据《光宣宜荆续志》（卷六·公司）所载：光绪三十四年（1908），宜兴名流李逢庆、徐翰淦等创办了阳羡（今宜兴市）垦牧树艺公司，时"招股设立资本五万圆，契买民山八千余亩，山田一百余亩，湖汊沙滩房屋基地十八亩建造总厂，遣客民栽植松竹茶桑等树，兼及播谷莳芋、畜羕牧羊各事。总局附设宜荆商会，分所设湖汊镇"。而1990年版《宜兴县志》载："宣统元年（1909）宜兴善卷沈云山等地方绅士16人发起组织了阳羡垦牧树艺公司，地点在现在的宜兴林场附近，呈报当时的农工商部批准备案，于1937年解散。"

苏南地区由于人多田少，农业经营方式历来大多为分散的小农耕作，近代也很少有农业资本经营。宜兴市档案馆馆藏的1909年"阳羡垦牧树艺有限公司入股凭单"，是这段历史的见证。

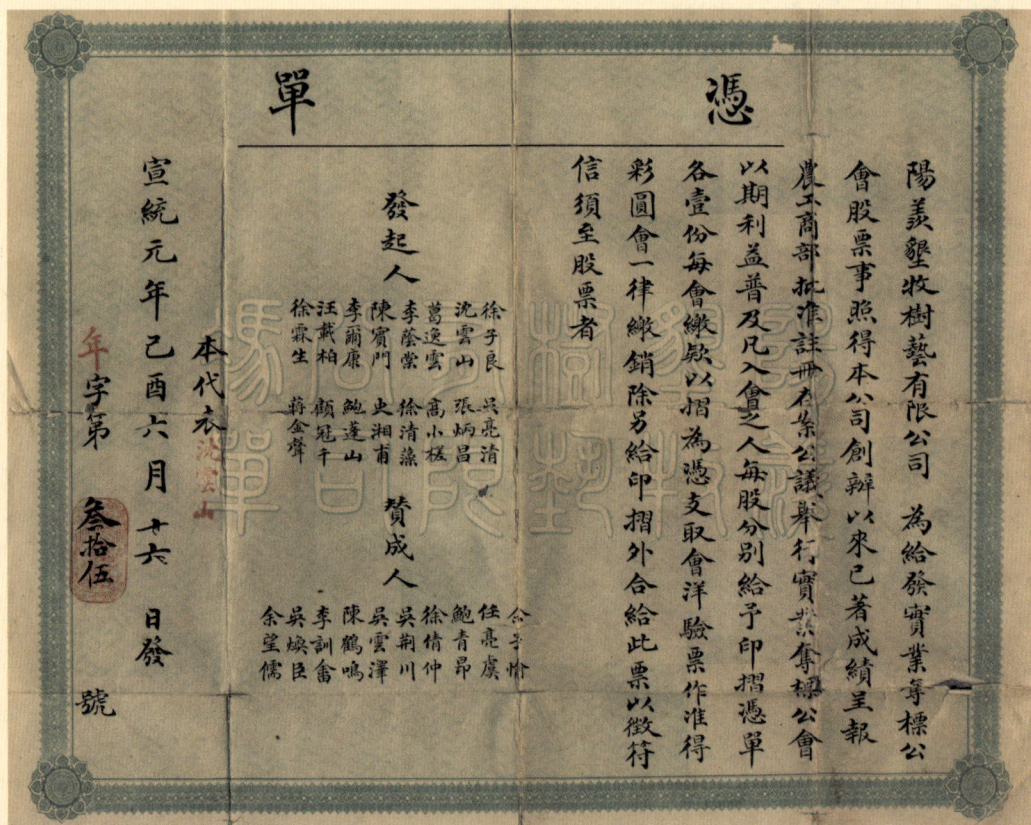

宣统元年（1909）阳羡垦牧树艺有限公司入股凭单

全文：

阳美垦牧树艺有限公司为给发实业夺标公会股票事。照得本公司创办以来已著成绩，呈报农工商部批准注册在案。公议举行实业夺标公会，以期利益普及。凡入会之人每股分别给予印摺凭单各壹份，每会缴款以摺为凭支取会洋，验票作准。得彩圆会一律缴销，除另给印摺外，合给此票以征符信，须至股票者。

发起人

徐子良 沈云山 葛逸云 李荫棠 陈宾门 李尔康 汪载柏 徐霖生 吴亮清 张炳昌 高小槎 徐清藻 史湘甫 鲍蓬山 顾冠千 蒋金声

赞成人

余子愉 任亮虞 鲍青昂 徐倩仲 吴荆川 吴云泽 陈鹤鸣 李训畲 吴焕臣 余望儒

宣统元年己酉六月十六日发 第叁拾伍号

1911年意大利万国博览会奖状

保管单位：无锡市档案馆

内容及评价：

1911年意大利万国博览会奖状形成于1911年。清末至民国时期，无锡制作生产的工副业产品以及手工艺品曾多次参加国际国内一些博览会展出并获奖，但是留下的实物资料很少。清宣统三年（1911），无锡新学教育先驱陶达三应邀参加了在意大利都灵举行的国际工业与劳动博览会（又称"万国博览会"，即今"世博会"），由于他制作的教学生物标本具有独到之处，获颁金质奖章和奖状。

陶达三，名守恒，字达三，无锡人。幼年跟随当塾师的父亲读书，尔后毕业于无锡理化学堂。清光绪二十九年（1903）参加理化研究会活动，结识了日本教习藤田友彦，由他介绍去日本京都理化博物专门学校留学。学成归国，应南京高等师范学堂之聘，担任理化博物教习。清光绪三十四年（1908）创办无锡崇安寺小学；清宣统三年正月二十四日（1911年2月22日）创办无锡县立初等工业学堂（今无锡市一中），设染、织两专科，自任校长，亲自规划校舍，购置教具，并引进新式织布机、织袜机，在校外设立染、织两个工场，提倡书本知识与生产劳动相结合。他担任过无锡县、无锡市（当时的城区）的教育会会长，经常外出考察教育事业，足迹遍及京沪各地。抗日战争爆发后，他避难到无锡农村，仍孜孜不倦地为农家孩子作启蒙教育。抗日战争胜利，他已74岁高龄，依然执教于县中、道南中学和正风中学，直到76岁时他才走下讲台。1951年2月，这位以毕生精力献身于教育事业的老人无疾而终，享年80。

无锡市档案馆馆藏的1911年意大利万国博览会奖状，为世博会历史的珍贵资料，也印证了近代中国教学制度开始向国际先进模式靠拢的过程。

1911年陶达三所获意大利万国博览会奖状

奖状上的文字为意大利文，翻译成中文为："国际工业与劳动博览会荣誉证书（1911年于都灵市），第20组第133类，授予江苏陶达三"。最上方标注"意大利王国宣告成立五十周年（1861～1911）"，下方为"农、工贸易部长"，"执行委员会主席"，"国际评判总委员会主席"，"国际评判总书记"四个签名。文字区域四周以西洋油画技法绘有若干人物及场景，外框饰有多国国徽。

民国档案

锡金军政分府文书档案

保管单位： 无锡市崇安区档案馆

内容及评价：

　　锡金军政分府文书档案形成于1911年11月至1912年5月。辛亥革命前，无锡以运河为界分为无锡、金匮两县。无锡光复后，革命党人随即建立了锡金军政分府，前后仅存178天。短短6个月，锡金军政分府完成了组建军政领导核心、接管地方旧有政权、建立武装团体等工作，在稳定地方经济秩序、废除地方陈规陋习、推动市政建设等方面起到了积极作用。同时，锡金军政分府的存在，也为革命党人光复南京打下了基础。锡金军政分府是无锡历史上第一个具有资产阶级民主革命性质的政府。

　　锡金军政分府文书早年流散到广西壮族自治区，保存于柳州市图书馆。后经无锡市档案局、无锡市崇安区与柳州市的有关方面友好协商，于2004年12月移交无锡市。因锡金军政分府旧址坐落于今崇安区，故由崇安区档案馆保管珍藏。

　　锡金军政分府文书档案详细记录了民国初年无锡、苏州、南京、上海等地的政治、经济、军事、社会和文化等方面的制度与施政情况，包括锡金军政分府民政部示谕、锡金军政分府总理处告示、锡金军政分府总理处命令、锡金军政分府总理处日记、锡金军政分府总理差遣处间谍科禀申簿、锡金军政分府总机关各科职员总名册、散件等7个方面的内容，总计约13万字。

　　这批档案原件的亮相，对研究无锡上世纪初政治、经济、社会变迁具有极为重要的作用。锡金军政分府文书填补了无锡地区民国早期档案资料的空白，与当时的报刊、当事人的回忆及后来的调查资料相互印证、相互补充，具有重要的文献价值，其中一部分文书由时任锡金军政分府秘书、著名国学家钱基博所记写，是研究辛亥革命时期地方政权概况的第一手史料。锡金军政分府文书现已入选国家重点档案抢救和保护项目。

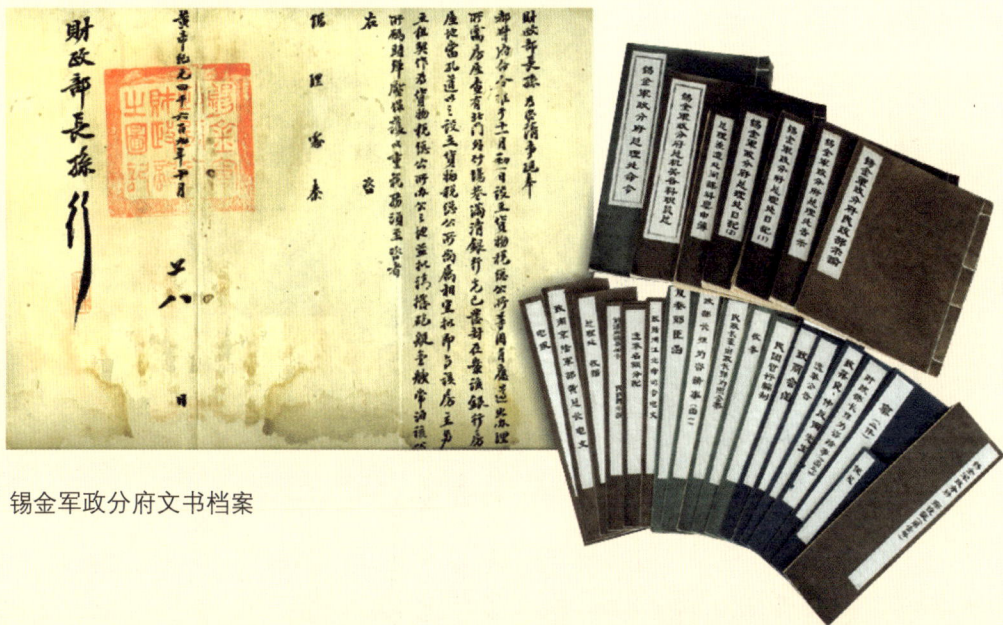

锡金军政分府文书档案

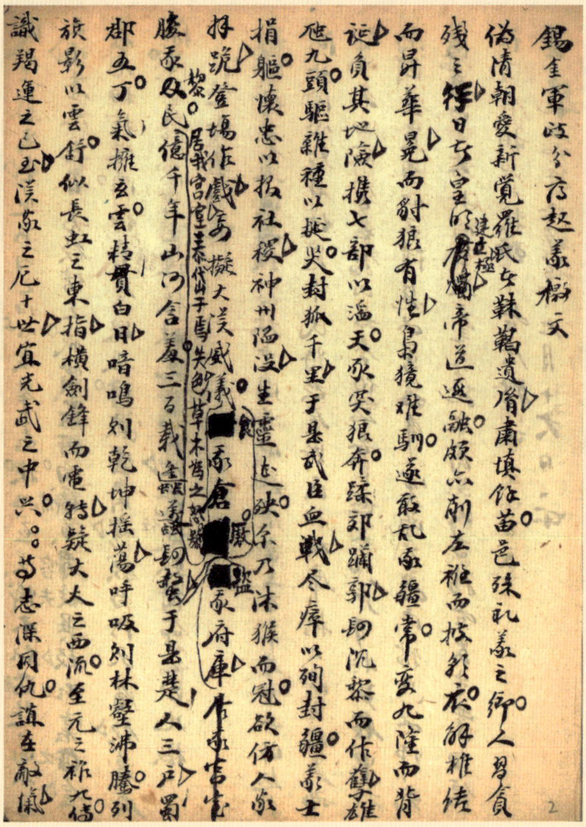

锡金军政分府起义檄文（钱基博手迹）

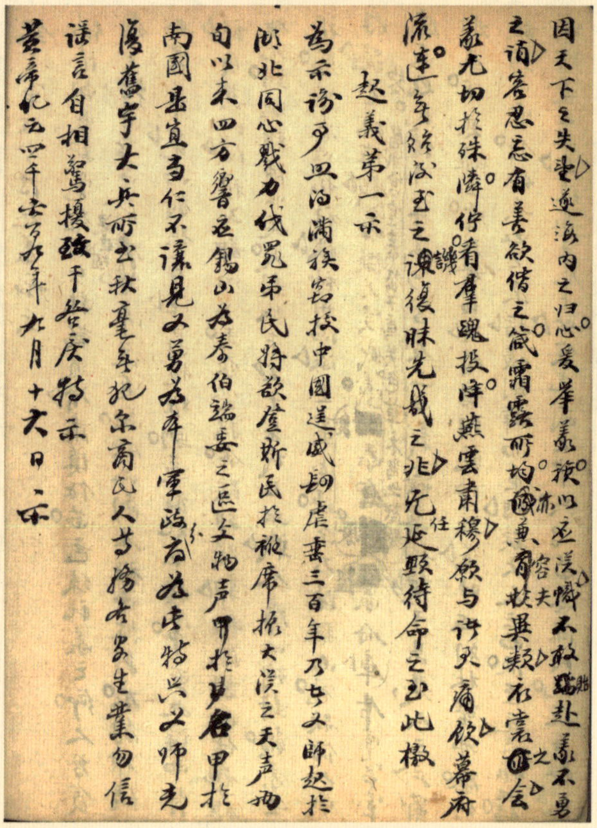

锡金军政分府起义第一示（钱基博手迹）

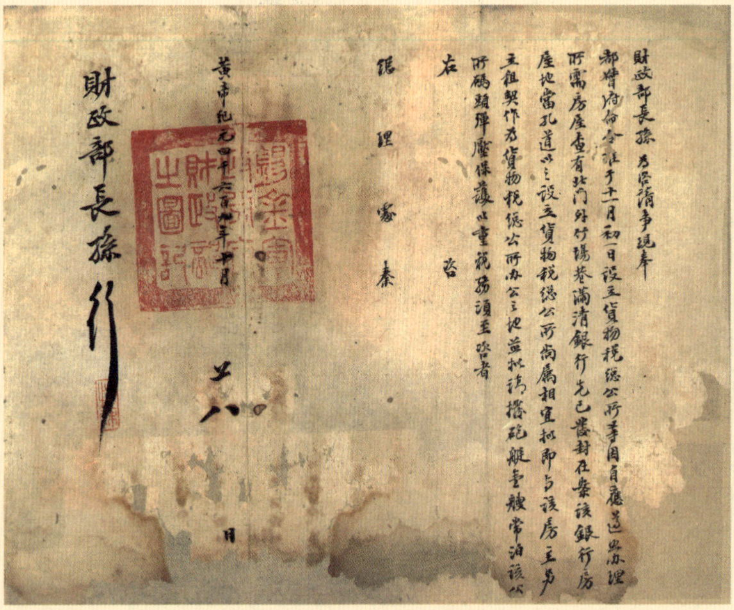

锡金军政分府财政部关于设立货物税公所事宜咨总理处秦的公函（1911年）

全文：

财政部长孙为咨请事

现奉都督府命令，准于十一月初一日设立货物税总公所等因，自应遵照办理。所需房屋，查有北门外竹场巷满清银行先已发封在案，该银行房屋地当孔道，以之设立货物税总公所尚属相宜。拟即与该房主另立租契，作为货物税总公所办公之地，并拟请拨炮艇壹艘常泊该公所码头弹压保护，以重税务。须至咨者。

右咨总理处 秦

黄帝纪元四千六百九年十月廿八日

财政部长 孙

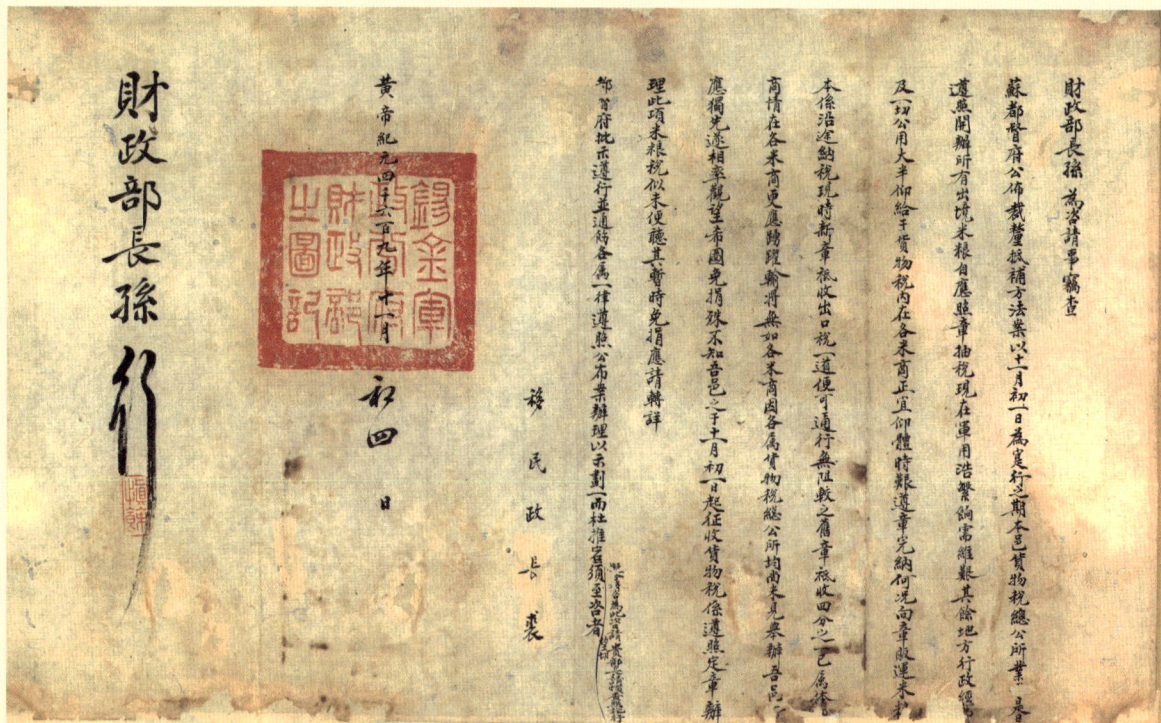

锡金军政分府财政部关于货物税事宜咨民政长裘的公函（1911年）

全文：

财政部长孙为咨请事

　　窃查苏都督府公布裁厘抵补方法案，以十一月初一日为实行之期，本邑货物税总公所业□是日遵照开办，所有出境米粮自应照章抽税。现在军用浩繁饷需维艰，其余地方行政经费及一切公用，大半仰给于货物税内，在各米商正宜仰体时艰遵章完纳。何况向章贩运米粮本系沿途纳税，现时新章只收出口税一道，便可通行无阻，较之旧章只收四分之一，已属体恤商情。在各米商更应踊跃输将，无如各米商因各属货物税总公所，均尚未见举办。吾邑不应独先，遂相率观望，希图免捐。殊不知吾邑之于十一月初一日起征收货物税，系遵照定章办理，此项米粮税似未便听其暂时免捐，应请转详都督府批示遵行，并通饬各属一律遵照公布案办理，以示划一而杜推宕。拟合移咨，为此咨请贵部长，请烦查照施行望切须至咨者。

　　移民政长 裘

黄帝纪元四千六百九年十一月初四日

财政部长 孙

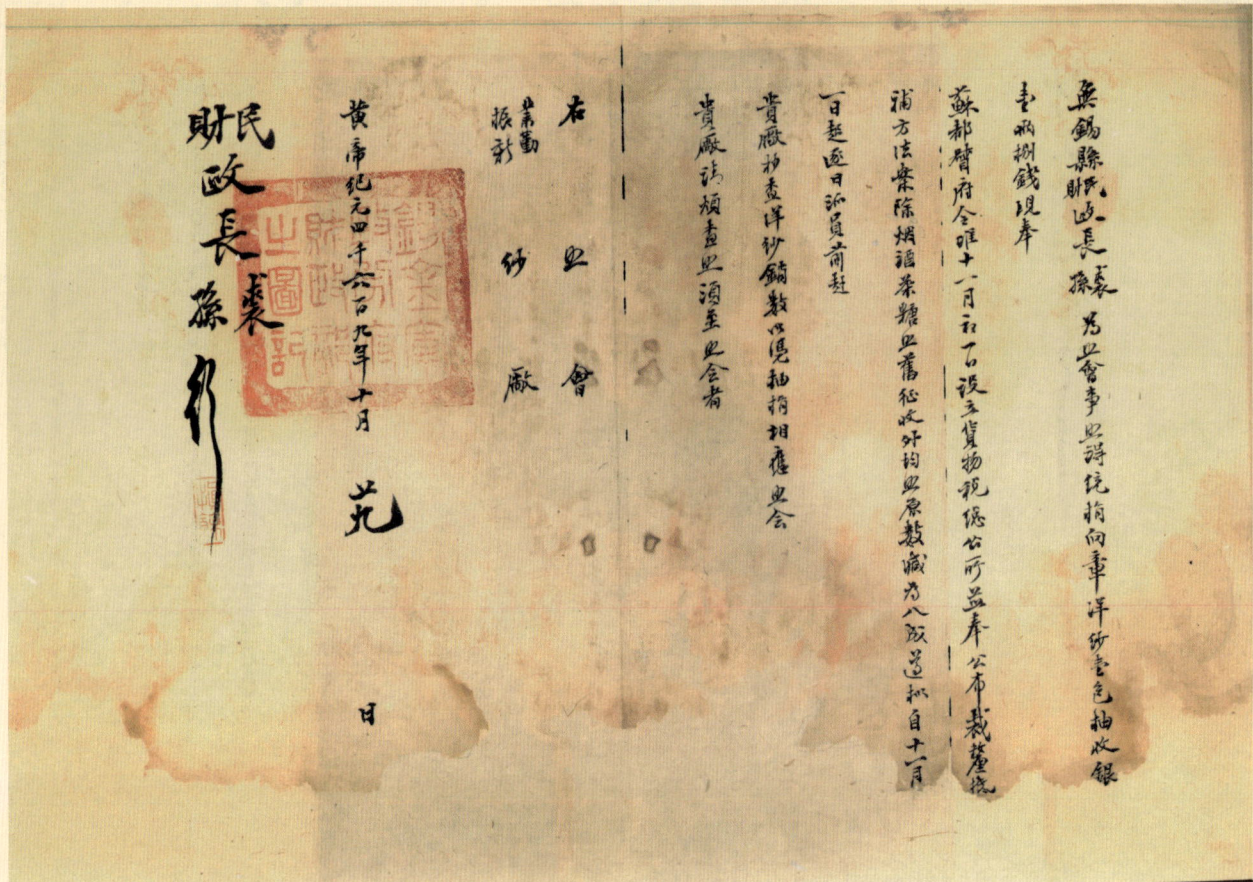

民政长裴、财政长孙为征税事至业勤纱厂、振新纱厂的照会（1911年）

全文：

无锡县民政长裴、财政长孙为照会事

照得统捐向章洋纱壹包抽收银壹两捌钱，现奉苏都督府令，准十一月初一日设立货物税总公所，并奉公布裁厘抵补方法案，除烟、酒、茶、糖照旧征收外，均照原数减为八成。遵拟自十一月一日起逐日派员前赴贵厂抄查洋纱销数，以凭抽捐。相应照会贵厂，请烦查照，须至照会者。

右照会业勤、振新纱厂。

黄帝纪元四千六百九年十月廿九日

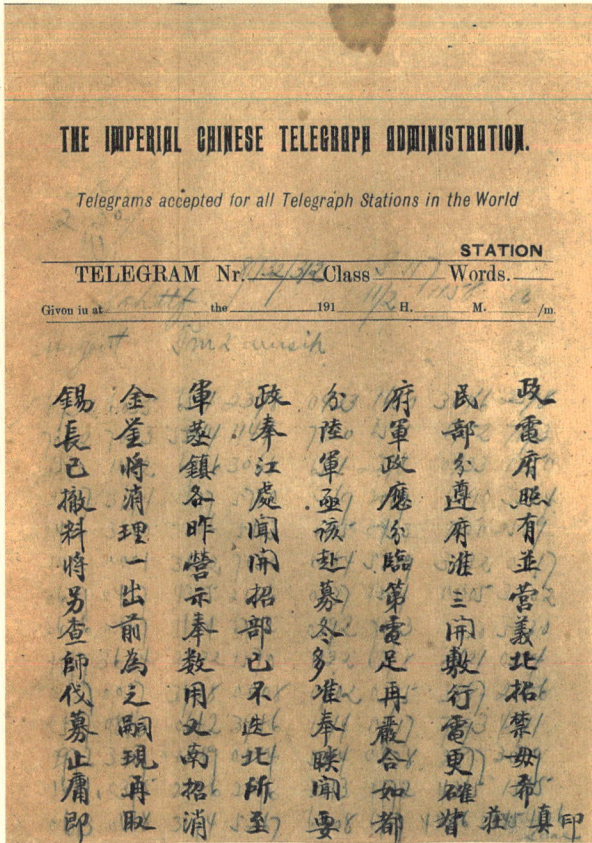

江苏都督庄致锡金军政分府禁止再行招募新兵的电报（1912年）

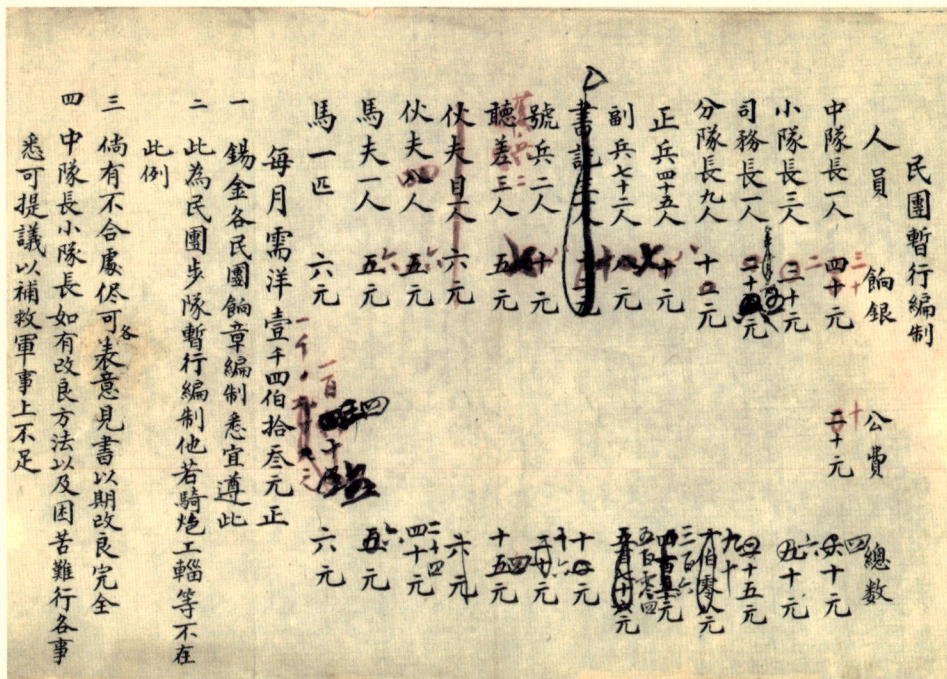

民团暂行编制

县议事会议员选举公告（1912年）

全文：

出示公布事

　　照得本县筹备县选举事宜，早经本民政长按照府颁期限表，遵照定制，分划各选举区，并支配各选举区应选议员额数，于四月间出示公布，旋准无锡市董事会总董顾典书援据都督一百一十号府令，申明漏列特税。呈请转详加增县议员额三名前来节，经文电呈奉都督指令备案，并照会该会遵办在案。旋据临时县参事会移请转呈都督电饬遵行，据经详奉都督号电开民政长览呈悉，如果遵照鱼电查明特税性质，确已用在地方者并入计算，将县议员额另行分配，各选举区现已一律照额选定，尽可召集开会，仍将另行分配情形详晰呈核都督程号印等因。即经本民政长马电请示办法，又于八月二十三日奉都督漾电开民政长览马电悉，仍遵鱼、号两电另行分配，已选出议员之各区有余，应以最少票数者为当选无效，不足应以次多票数者为当选，都督程漾印等因到县。奉此，本民政长遵即查明各市乡税额，重行核算统计全县纳税总额应设县议员四十三名。按照县制第六条另行分配，计无锡市一区应较原列增加三名，开原乡一区应较原列增加一名，怀下市一区应较原列减去一名，除呈复都督并定期召集外，合行公布，仰合邑人民一体知照，特示。

　　计开

选举名额分配

为枪弹数目造册呈报事致
南京陆军部黄总长的电文

为乡间治安等因致葆良、仲反两先生的信函
（1912年）

黄帝紀元四千陸百玖年莫月 立

卑禀間諜壹隊如暗探名稱然 卑等在軍隊事務略
知壹貳此職甚為佛熱亦無志識才疎學淺恐佛合格
慚愧之至即能略贅數字而軍隊中偵探宗旨譽戒以
搜索為主搜索以視察為要諒啃查亦以視察為宗旨
搜索為要央咨目力精確鑒狠辨色有厚望焉圖任務雖
微不可輕忽邇遲不測之事艦厄之時集心之剛烈如
獅如虎切佛惶恐坦然自咎以盡其寰置之任務祈請

總理科
諸執事官　台電更正施行
間諜科長

总理差遣处间谍科禀申簿

九月廿日

規定總理處聊員暫行規約
規定本府職員暫行規約
通告各部本處成立
會同軍政部派員乘飛划船赴屯鎮南錢大渲等
屬巡視彈壓
通告各部規定辦事細則
通知司法部添舉韓君慕荆帮理司法事件
電禀蘇都督推舉總理事

九月二十日总理处日记

全文：
九月二十日
规定总理处职员暂行规约
规定本府职员暂行规约
通告各部本处成立
会同军政部派员乘飞划船赴安镇南钱（泉）大渲等
处巡视弹压
通告各部规定办事细则
通知司法部添举韩君慕荆帮理司法事件
电禀苏都督推举总理事

民国元年无锡实测地图

保管单位：无锡市档案馆

内容及评价：

民国元年无锡实测地图，长1.3米、宽1.2米，纸张厚实，折痕处略有破损。地图全由手工绘制，然后复制而成，字迹清晰。清名桥、夹城里、惠山、黄埠墩等无锡市民熟悉的地名，以及无锡城区至今仍保存着的龟背形规划区域，从图上都可以清楚地看到。图中明确地标明了电灯干线走向，说明无锡当时已经使用电灯；有铁路标识，证明当时沪宁铁路（1928年至1949年曾称京沪铁路）的开通运行。另外，地图上还仔细标明了树林、房屋、桥梁、渡口、道路、城墙、竹园、菜地、桑田、水田、地界、砖瓦窑、牌楼、高墩、坟地等，对无锡地理历史的变迁研究有很高的现实参考价值。该地图的绘制日期是1912年11月11日，绘制的区域大致是无锡现在的主城区。

地图左下角还附有当时无锡县民政署民政长俞复所写的关于此图绘制的时间、背景、人员、费用等文字介绍，注明由当时休假返乡的南京陆军舆地测绘局成员华君及南洋大学学生邓君、张君等共同测绘完成，测绘制作的费用约计银圆2万元。

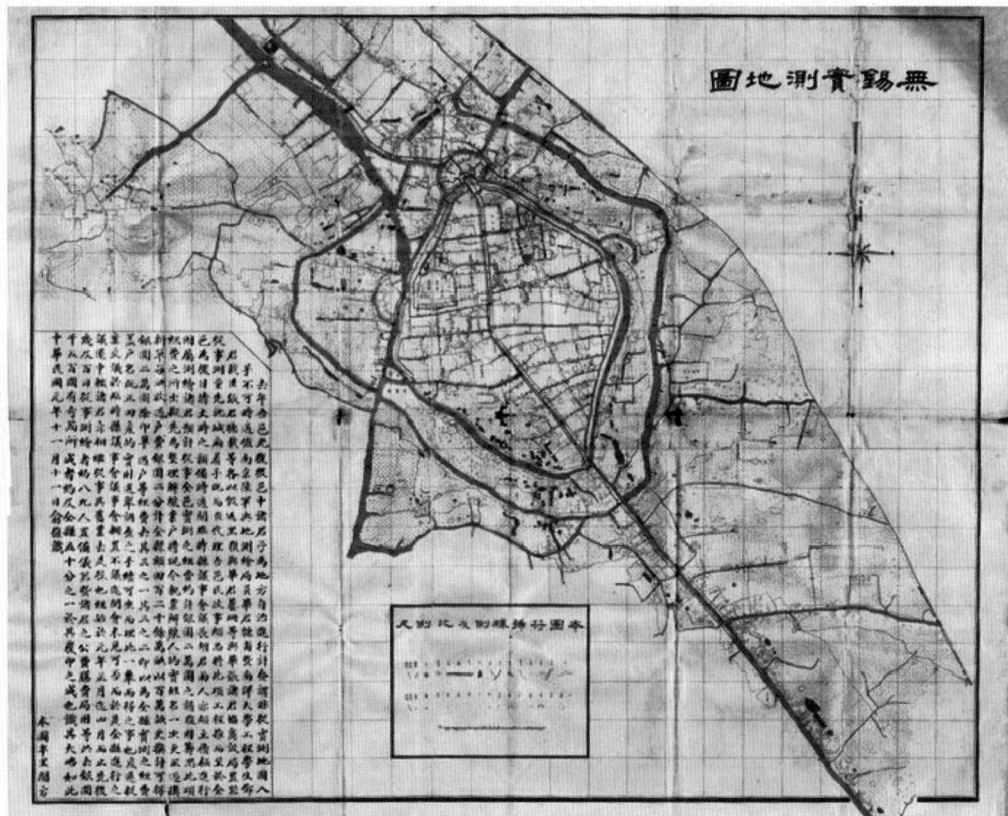

1912年无锡实测地图

近代无锡教育档案

保管单位：无锡市档案馆

内容及评价：

无锡人杰地灵，历代名人辈出，这与地方传统对教育的重视密不可分。无锡教育在中国教育史上具有重要地位，尤其是近现代教育事业的发展在全国处于领先地位。第一本真正意义上的教科书在无锡诞生；无锡竢实学堂、无锡国学专修学校、江苏省教育学院、江苏省无锡师范学校等一批学校载入了中国教育史册；民国时期无锡的民众教育、通俗教育、职业教育等社会教育在全国领先；同时也涌现了国学大师唐文治、钱基博、钱穆和教育专家俞庆棠、高阳等诸多著名人物。无锡市档案馆有关无锡近代教育的馆藏较为丰富，保存有400多册民国时期教育行政管理方面的档案以及教育史料，内容涉及各类学校开办、校长任免、教育经费、民众教育、教育当局对学校的指令、学校纪念刊物、同学录、照片等。这部分档案史料充分反映了近代无锡在国内率先引进现代教育理念，教育水准处于全国领先地位的史实，对于研究无锡乃至中国教育史具有重要意义。

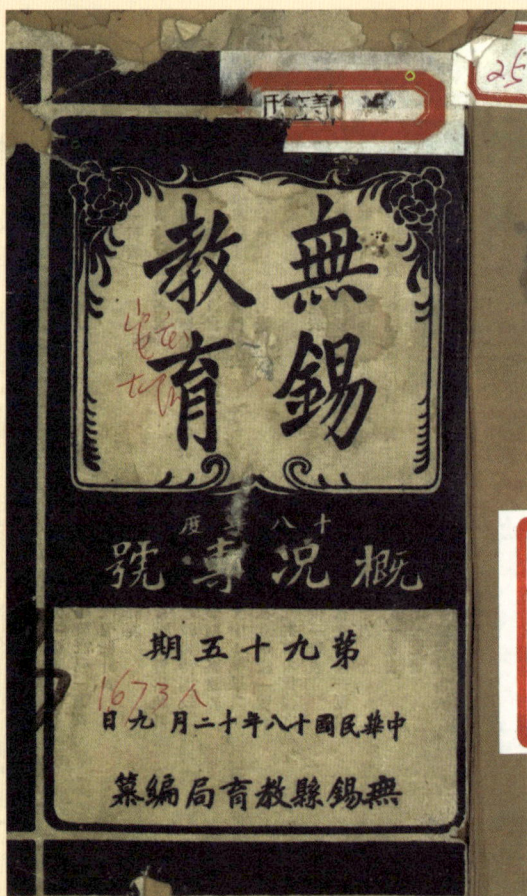

1929年《无锡教育》杂志概况专号

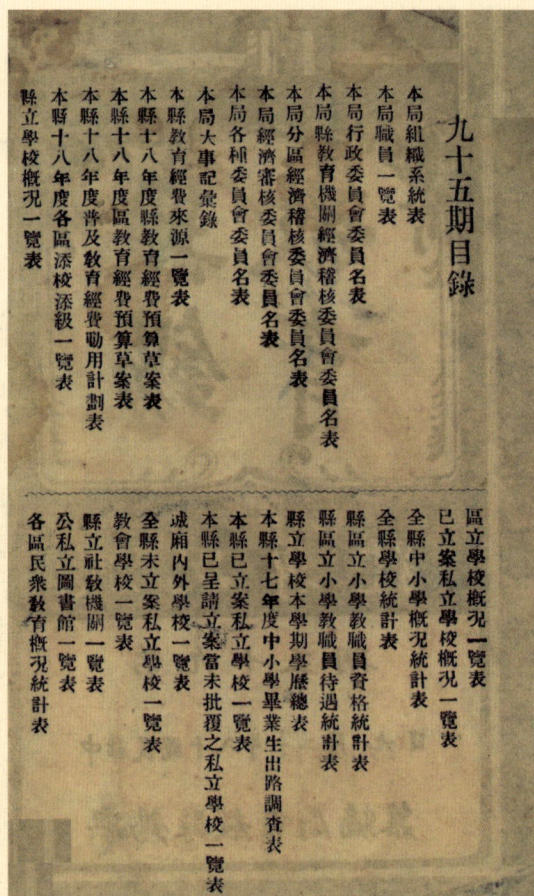

《无锡教育》九十五期目录

全文：

九十五期目录

本局组织系统表

本局职员一览表

本局行政委员会委员名表

本局县教育机关经济稽核委员会委员名表

本局分区经济稽核委员会委员名表

本局经济审核委员会委员名表

本局各种委员会委员名表

本局大事记汇录

本县教育经费来源一览表

本县十八年度县教育经费预算草案表

本县十八年度区教育经费预算草案表

本县十八年度普及教育经费动用计划表

本县十八年度各区添校添级一览表

县立学校概况一览表

区立学校概况一览表

已立案私立学校概况一览表

全县中小学概况统计表

全县学校统计表

县区立小学教职员资格统计表

县区立小学教职员待遇统计表

县立学校本学期学历总表

本县十七年度中小学毕业生出路调查表

本县已立案私立学校一览表

本县已呈请立案尚未批复之私立学校一览表

城厢内外学校一览表

全县未立案私立学校一览表

教会学校一览表

县立社教机关一览表

公私立图书馆一览表

各区民众教育概况统计表

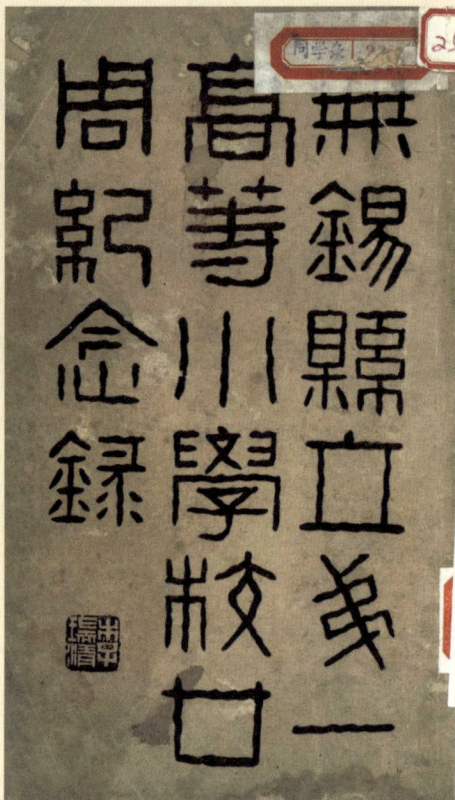

1918年无锡县立第一高小（原竢实学堂，
现连元街小学）廿周年纪念录

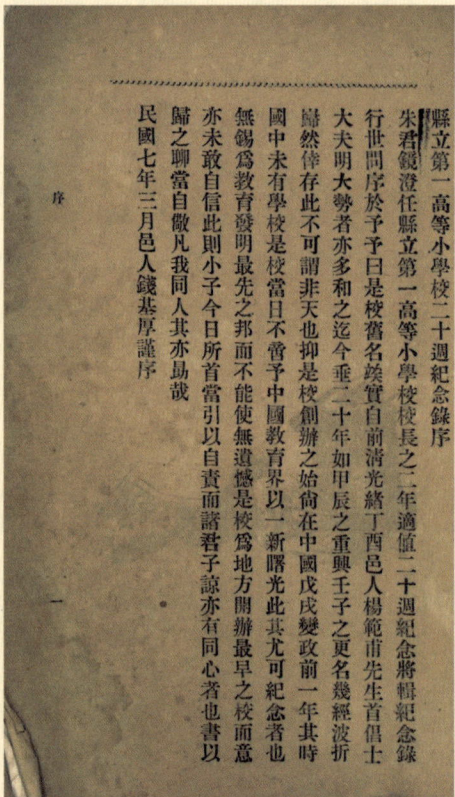

钱基厚（孙卿）为纪念录作的序

全文：

县立第一高等小学校二十周纪念录序

朱君镜澄任县立第一高等小学校校长之二年，适值二十周纪念，将辑纪念录行世，问序于予。予曰：是校旧名竢实，自前清光绪丁酉，邑人杨范甫先生首倡，士大夫明大势者亦多和之。迄今垂二十年，如甲辰之重兴，壬子之更名，几经波折岿然幸存，此不可谓非天也。抑是校创办之始，尚在中国戊戌变政前一年，其时国中未有学校，是校当日不啻予中国教育界以一新曙光，此其尤可纪念者也。无锡为教育发明最先之邦，而不能使无遗憾。是校为地方开办最早之校，而意亦未敢自信，此则小子今日所首当引以自责，而诸君子谅亦有同心者也。书以归之，聊当自儆，凡我同人，其亦勖哉。

民国七年三月　邑人钱基厚　谨序

1930年无锡县中（现无锡市一中）廿周年纪念刊

全文：

文化者，一国之命脉也。文化盛则国性日以善，国体日以尊。文化衰，则国性日以漓，国体日以卑。往者美国孟禄博士谓余，言今日中国急务，必以造就领袖人才为宗旨，而造就领袖人才，必以发扬本国文化为宗旨。余颇有味乎其言也，夫文化之原理，寓于吾国道德学问，而文化之表著，兼及于吾国物质界之文明。道固一贯事无二致也，无锡县立初中学校之创设也，始于民国纪元前一年，迄今已届二十周纪念矣。其名称之改易也，曰初等工业学堂、曰乙种工业学校、曰乙种实业学校、曰商业学校、曰初级中学。长校者为陶君达三、杨君怀谷、杨君颂椒、华君叔衡、诸君文绮、秦君于卿、邹君同一、蔡君虎

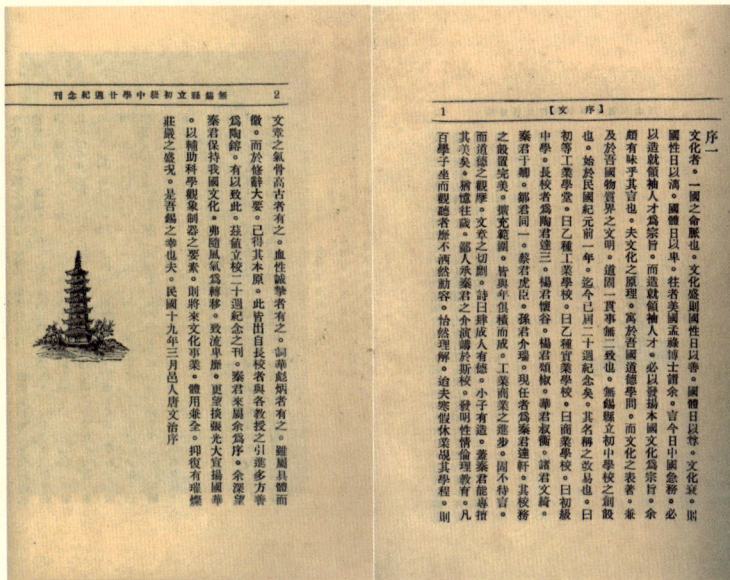

唐文治为纪念刊作序

臣、孙君介瑞，现任者为秦君达轩。其校务之设置完美，扩充范围，皆与年俱积而成。工业商业之进步，固不待言，而道德之观摩，文章之切劚，诗曰肆成人有德，小子有造，盖秦君能专擅其美矣。犹忆往岁，鄙人承秦君之介演讲于斯校，发明性情伦理教育，凡百学子坐而观听者靡不洒然动容，怡然理解。迨夫寒假休业觇其学程，则文章之气骨高古者有之，血性诚挚者有之，词华彪炳者有之。虽属具体而微，而于修辞大要，已得其本原。此皆出自长校者与各教授之引进多方善为陶镕，有以致此。兹值立校二十周纪念之刊，秦君来属余为序，余深望秦君保持我国文化，弗随风气为转移，致流卑靡，更望揆张光大宣扬国华，以辅助科学观象制器之要素，则将来文化事业，体用兼全，抑复有璀灿庄严之盛况，是吾锡之幸也夫！

民国十九年三月　邑人唐文治　序

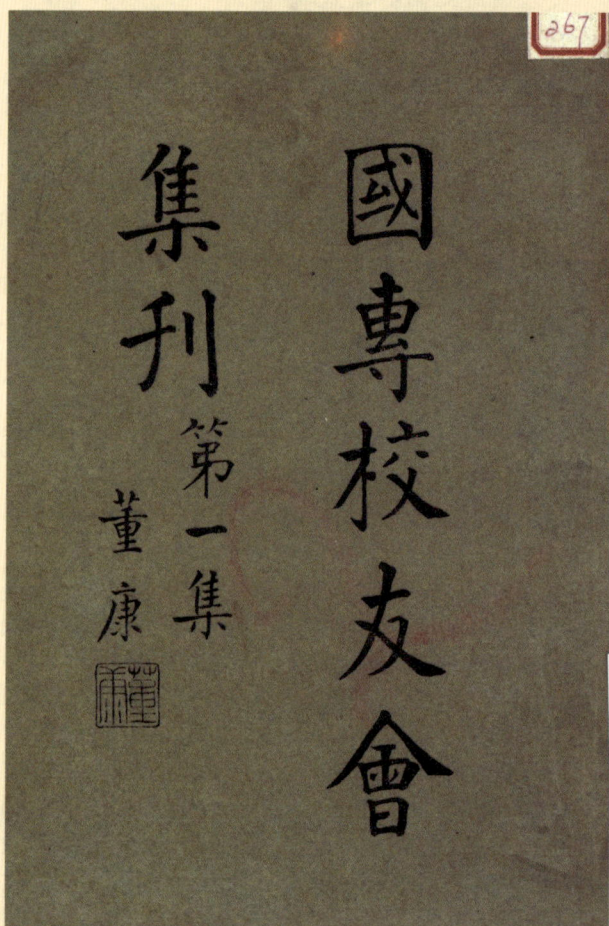

无锡国学专修学校校友会集刊

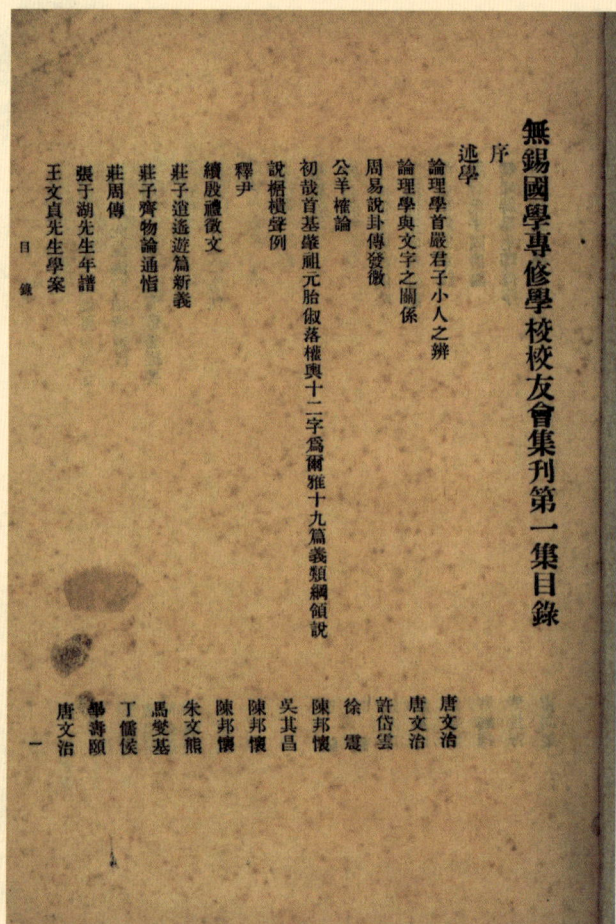

第一集目录

无锡竞志女中学生会会刊

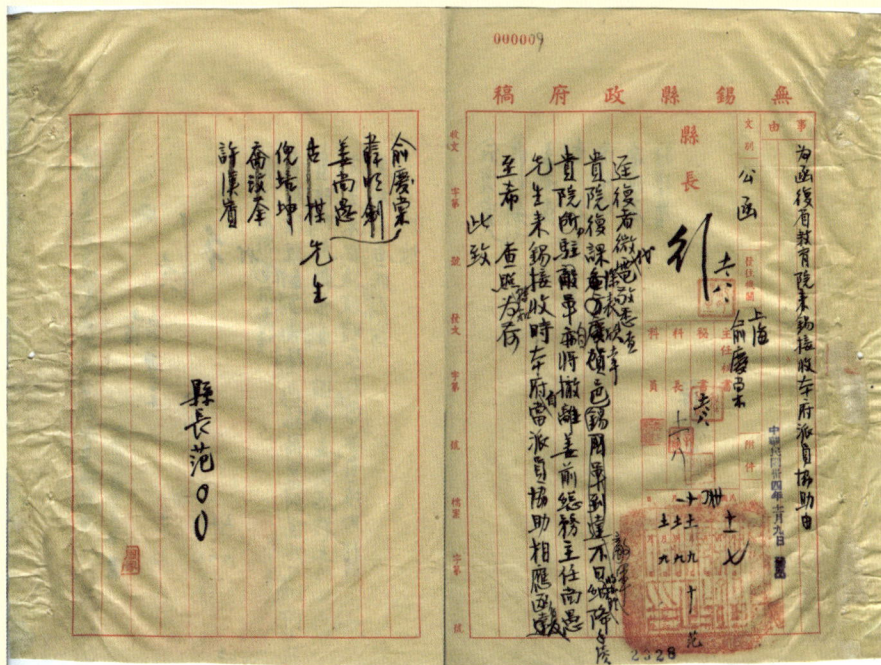

无锡县长范惕生为复江苏省教育学院来锡复课等因致俞庆棠的公函（1945年11月9日）

全文：

迳复者：

微代电敬悉，查贵
院复课，深表欣幸。锡
邑敌军不日将办理纳降
手续，贵院所驻敌军自
将撤离。姜前总务主任
尚恩先生来锡接收时，
本府自当派员协助。相
应函复，至希查照转知
为荷。

此致俞庆棠先生

县长 范

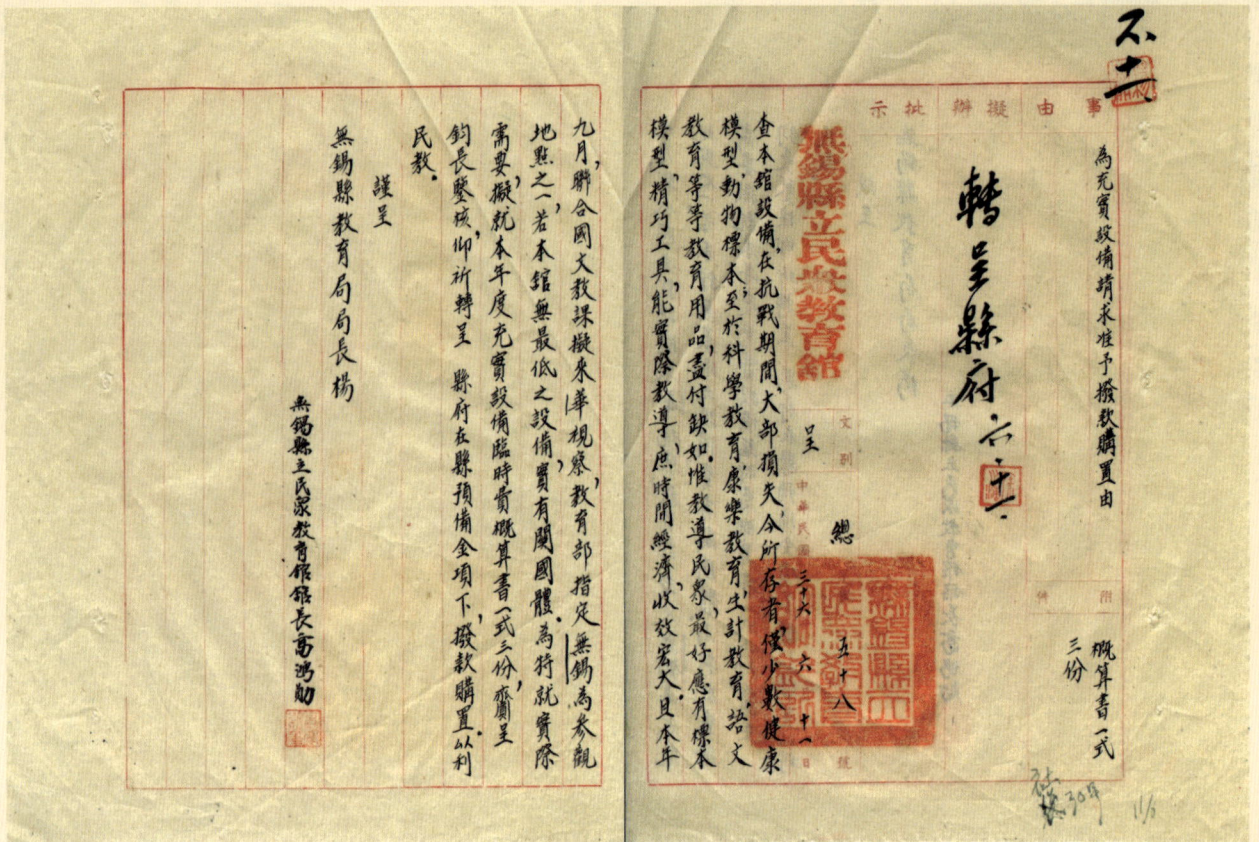

无锡县立民众教育馆为充实设备请求拨款致县教育局的函（1947年6月11日）

全文：

为充实设备请求准予拨款购置由

查本馆设备，在抗战期间，大部损失。今所存者，仅少数健康模型、动物标本，至于科学教育、康乐教育、生计教育、语文教育等等教育用品，尽付缺如。惟教导民众，最好应有标本模型、精巧工具，能实际教导，庶时间经济，收效宏大。且本年九月，联合国文教课拟来华视察，教育部指定无锡为参观地点之一，若本馆无最低之设备，实有关国体。为特就实际需要，拟就本年度充实设备临时费概算书一式三份，贵呈钧长鉴核，仰祈转呈县府，在县预备金项下，拨款购置，以利民教。

谨呈无锡县教育局局长 杨

无锡县立民众教育馆馆长 高鸿勋

无锡县县立甘露图书馆致县教育局的函（1947年9月5日）

全文：

呈为奉令填造图书馆实施概况及图书杂志报纸调查表并请转呈教育部由

案奉钧局社字第八九号训令内开：奉江苏省教育厅教四字第八四〇一号训令内开：奉教育部本年七月社字第三七〇〇二号训令开："查胜利以还，本部曾以社字第〇三五六〇号代电，饬将省市县立图书馆实施概况及馆长姓名等项查明具报，事隔多时未曾报之省市教育厅局尚多。本部对各该图书馆办理详情亟待明了，兹再检发省市县立图书馆实施概况及图书杂志报纸调查表式各一份，仰迅即查明遵照表式填就报部为要。此令"等因，附发省市县立图书馆实施概况及图书杂志报纸调查表各壹份。奉此除分令外，合亟印发原表，令仰该局长转饬各该局立图书馆，于文到一周内，依式填报，以凭汇转，勿延为要。此令等因，计印发省市县立图书馆实施概况及图书杂志报纸调查表各乙〔一〕份，奉此合行令仰知照。此令等因，奉此遵令，依式填送省市县图书馆实施概况及图书杂志报纸调查表各乙〔一〕份，仰即转呈教育部以符钧令，实为公便。此呈

无锡县教育局

附呈省市县图书馆实施概况表壹份、图书杂志报纸调查表壹份

馆长 周秉衡

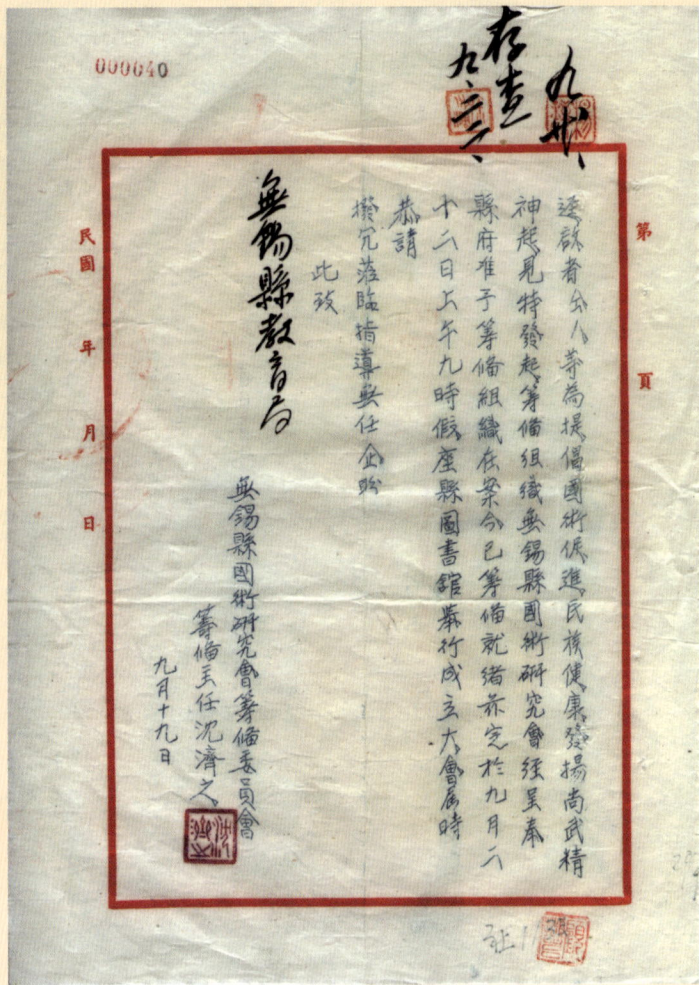

无锡县国术研究会筹委会致县教育局的函（1947年9月19日）

全文：

迳启者：

同人等为提倡国术，促进民族健康，发扬尚武精神起见，特发起筹备组织无锡县国术研究会。经呈奉县府，准予筹备组织在案。今已筹备就绪，兹定于九月二十二日上午九时，假座县图书馆举行成立大会。届时恭请拨冗莅临指导，无任企盼。此致

无锡县教育局

无锡县国术研究会筹备委员会 筹备主任 沈济之

九月十九日

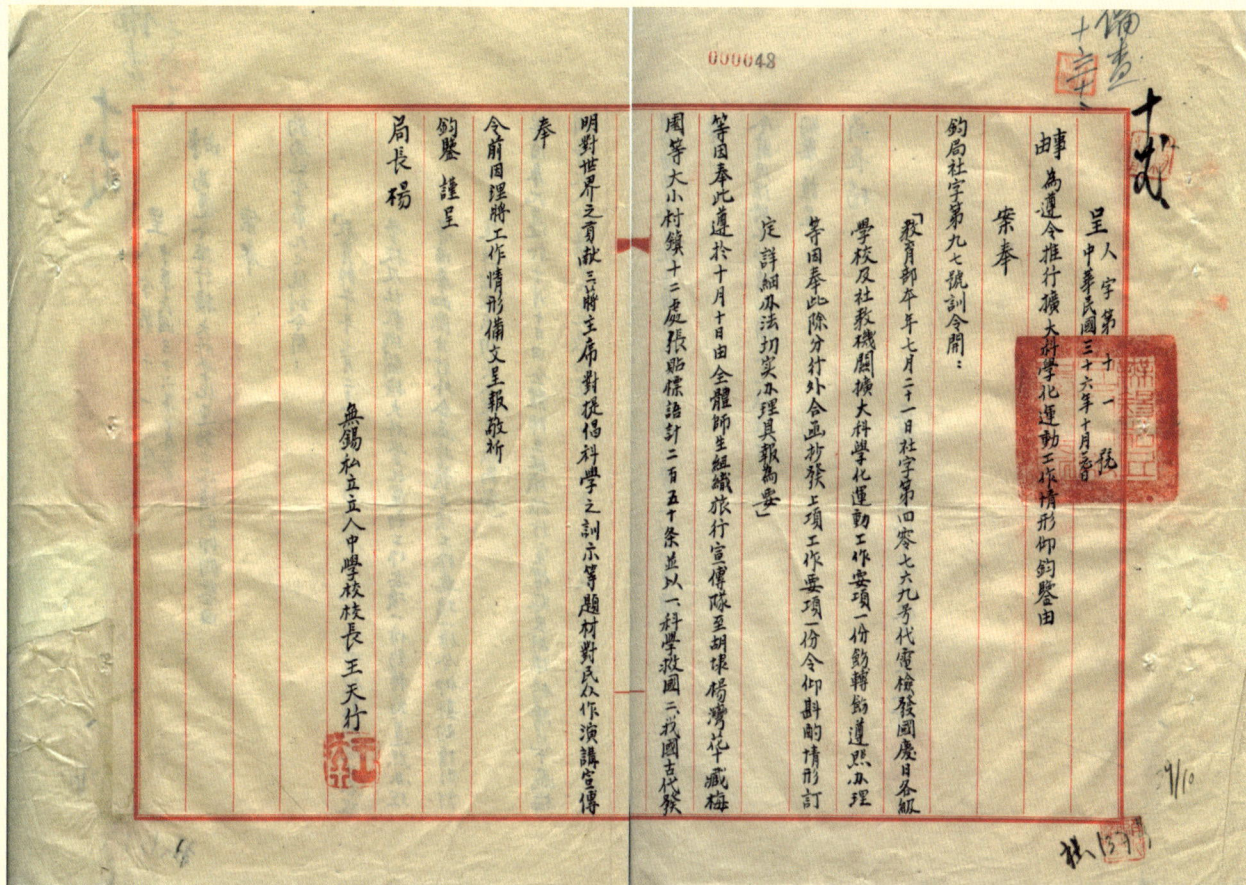

无锡私立立人中学为遵令推行扩大科学化运动致县教育局的函（1947年10月20日）

全文：

为遵令推行扩大科学化运动工作情形仰钧鉴由

案奉钧局社字第九七号训令开："教育部本年七月二十二日社字第四零七六九号代电，检发国庆日各级学校及社教机关扩大科学化运动工作要项一份，饬转遵照办理等因，奉此除分行外，合函抄发上项工作要项一份，令仰斟酌情形订定详细办法，切实办理，具报为要。"等因，奉此遵于十月十日由全体师生组织旅行宣传队，至胡埭、杨湾、华藏、梅园等大小村镇十二处，张贴标语计二百五十条，并以：一、科学救国；二、我国古代发明对世界之贡献；三、蒋主席对提倡科学之训示等题材对民众作演讲宣传。奉令前因，理将工作情形备文呈报，敬祈钧鉴。谨呈

局长 杨

无锡私立立人中学校校长 王天行

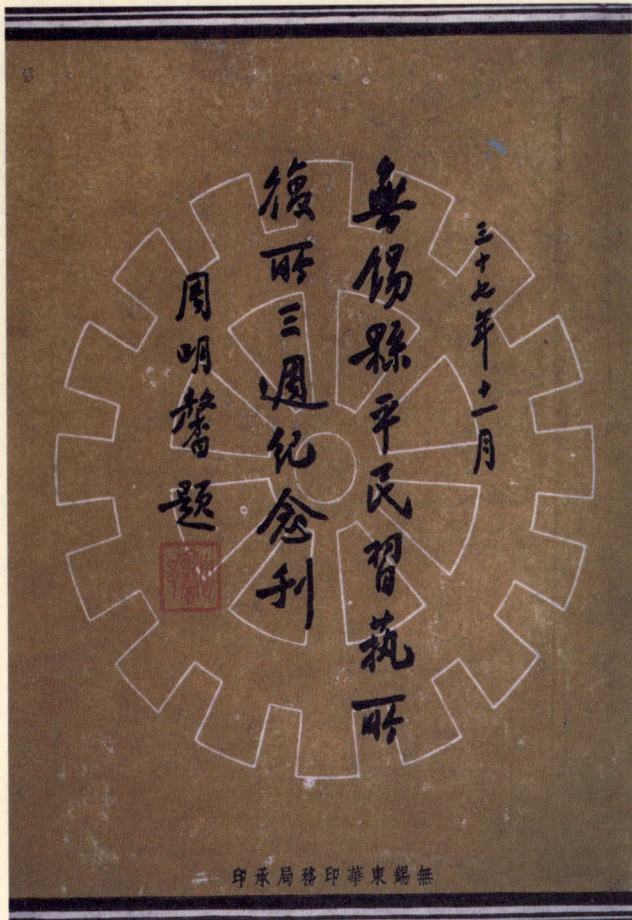

1948年无锡县平民习艺所复所三周年纪念刊

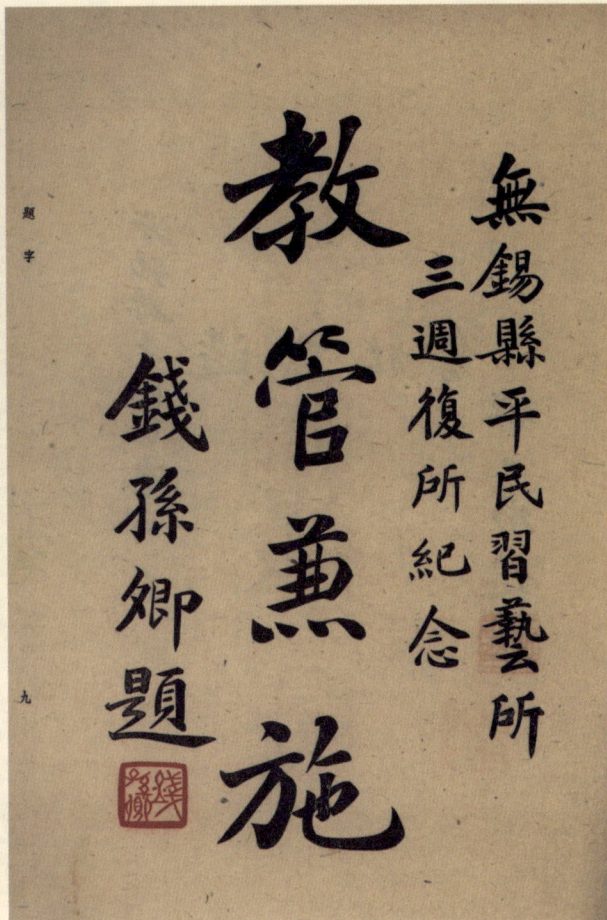

钱孙卿题词

　　平民习艺所，又称贫民习艺所。清末各省、县官办，专以收容无业贫民和部分罪犯从事纺织、制鞋、印刷、编制藤柳器具等劳动的手工业工场。辛亥革命后，平民习艺所成为各地官办手工业的主要组织形式。

　　无锡县平民习艺所复所三周年纪念刊，刊中首先刊有当时社会各界名人为其所作的题词；其次为一些影像资料；办公室、大门、乐队、制绳工场、菜圃、童训班、礼堂外景、毛巾工场、纸匣工场、膳堂、宿舍等场地的照片及习艺所平面图；还附有各类经济报表和统计报表，重要的会议记录以及各类规章制度；最后有编后感言等内容。是从一个侧面了解当时社会的有用资料，也是当时社会职业教育的一个方面。

锡金师范丙午同学会癸酉夏日公园雅集留影（1933年）

1937年1月3日江苏省无锡师范区国民教育研究会成立大会摄影，背景为无锡师范述之科学馆。

1913年夏季无锡县立第二高等小学校全体摄影

1937年夏无锡县立东林小学第三十届和级毕业同学留影

无锡县立女子中学（现无锡市第一女子中学）校舍

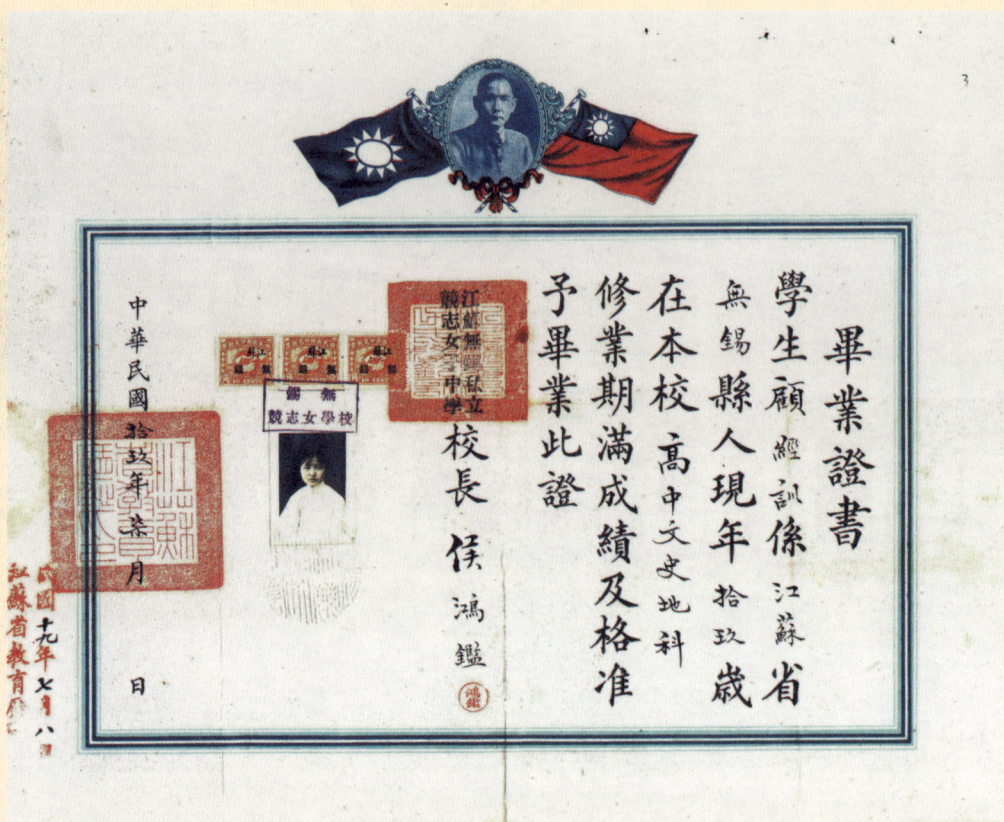

1930年竞志女中毕业证书

1934年6月无锡竞志女子中学学生自治会代表合影

1939年私立无锡中学毕业证书

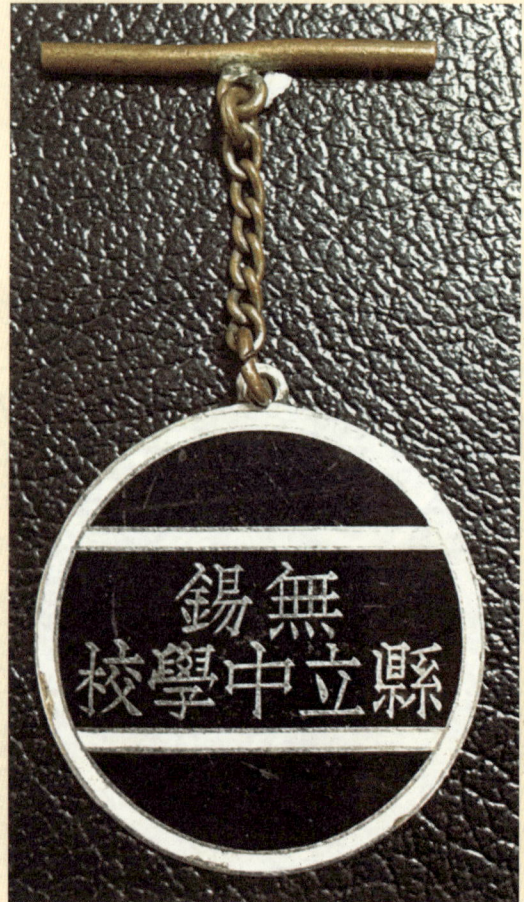

一组校徽

无锡粮食业同业公会档案

保管单位： 无锡市档案馆

内容及评价：

　　无锡粮业同业公会档案形成于1929年至1954年。无锡地处太湖之滨，土地肥沃，是全国闻名的鱼米之乡，又是水陆交通枢纽，古运河贯穿城区，由此形成的无锡粮食市场历史悠久，清朝末期更被誉为全国四大米市之首。民国初年随着米面加工业的发展，无锡米市又显现更大的生机。据统计，至1949年，无锡有粮行274家，米店103家，粉麦号131家，油饼行17家，堆栈31家，碾米厂50家，面粉厂18家，榨油厂24家。米市的兴旺发达，也促进了无锡地区民族工业的发展，促进了金融、交通的发达，带动了各类商品的畅销，出现市场繁荣兴旺的景象。

　　鉴于粮商云集、米粮行纷立，为谋求和维护共同利益，排解同业纠纷，粮商自发组成的行业组织就因时而起。晚清时期粮食业、米业、豆业等同业公会、同业公所纷纷成立，民国以后统一为米豆业公会、米粮业公会，抗战以后又改组成粮食商业同业公会。解放后，在全市同业公会的整合中组建酒酱米业同业公会。这些行业组织在市场竞争激烈的情况下，规范行业行为，维护、增进同业共同利益，调处同业纠纷和劳资纠纷，起到了自律管理和协调企业之间关系的作用，也发挥了政府与企业的桥梁和纽带的功能。

　　无锡市档案馆馆藏的民国时期至解放初期无锡粮食业同业公会的档案资料，反映了这一行业在此时期的兴衰及其艰难发展的历史，对于分析了解粮食业，乃致整个无锡地区的政治经济状况有重要价值。

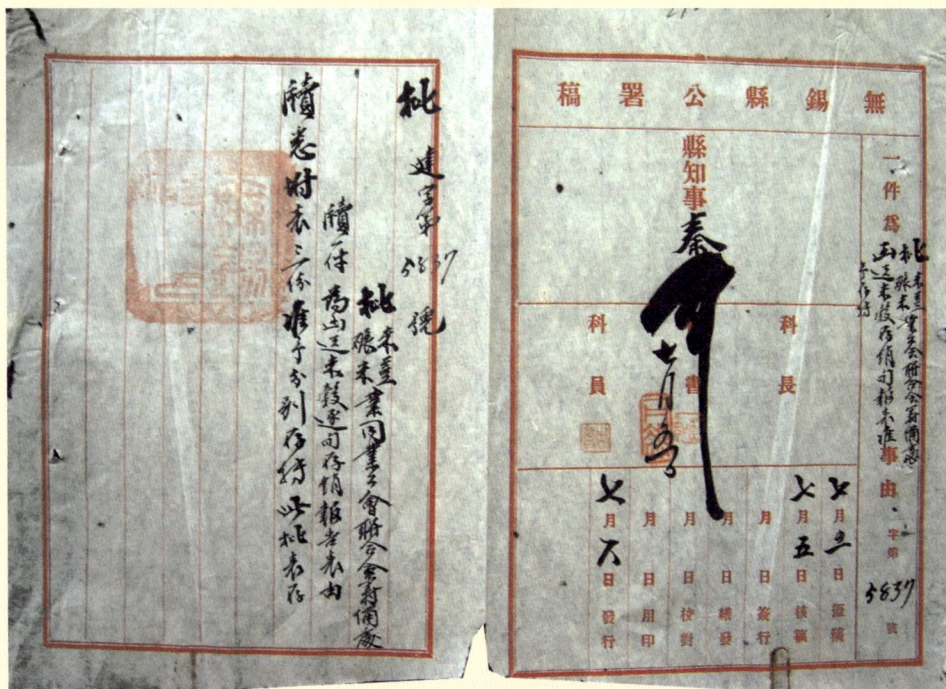

无锡县公署关于米豆、碾米业公会联合会筹备处报送米谷存销旬报表的批件（1939年7月）

全文：

批建字第5837号

批米豆、碾米业同业公会联合会筹备处牍一件，为函送米谷逐旬存销报告表，由牍悉附表三份。准予分别存转，此批表存。

县知事　秦

七月五日

无锡县米豆、碾米业同业公会联合会米谷逐旬存销报告表（1939年7月）

无锡县米粮业同业公会组织概况书（1942年）

全文：

　　各米粮行为谋增进同业福利起见，发起组织同业公会，于民国二十九年九月二十二日假驻锡社运专员办事处，召集各行开会。推定谢维翰、李仲臣、钱念羞、赵章吉、张一中、陈颂甘、许岳斌等为筹备员，于十月三十日呈准社运会颁发组织许可证书。嗣即办理会员登记，通过章程草案，议定收取会费办法，督同各行发售公粜洋米暨商讨业务上其他兴革事项。先后共开筹备会二十二次，于三十一年三月二十五日召开会员大会，选举理监事，正式成立同业公会。

存查 三二三二

人民團體申請登記表

名稱團體 無錫縣米糧業同業公會	會址 北門外積善街	
許可日期 二十九年十月三十日 成立日期	三二年三月二五日	
核准許可機關 社會運動指導委員會江蘇省分會		
核准成立機關		
負責人姓名 理事長李仲臣	會員總數 一百八十九家 人	

證明文件		
(一) 許可證書一紙	(二)	
(三)	(四)	
(五)	(六)	
備註	( )	( )

審查意見

核簽

批辦

中華民國 三十一 年 十二 月 三十 日

申請者 無錫縣米糧業同業公會理事長李仲臣
（此處填團體名稱）（此處簽名蓋章）

附註：一、證明文件欄，係指登記細則第四條所載各件。
二、審查意見、核簽、批辦三欄，申請者不要填寫。

1942年无锡县米粮业同业公会人民团体申请登记表

115之1

人民團體印模單

存查 三二三二

人民團體組織用表之三

中華民國 三十一 年 十二 月 三十 日

啟用日期 本圖鈐記於 十一 月 一 日啟用

名稱團體 無錫縣米糧業同業公會呈報

民眾運動指導委員會製

1942年无锡县米粮业同业公会人民团体印模单

會員名冊

无锡县粮食商业同业公会会员名册封面

无锡县粮食商业同业公会会员名册（部分）

1929年无锡米豆业公会改组筹备委员会全体摄影

1936年无锡县米豆业同业公会第二届执行委员就职典礼摄影

1946年无锡县粮食商业同业公会理监事暨全体职员就职典礼

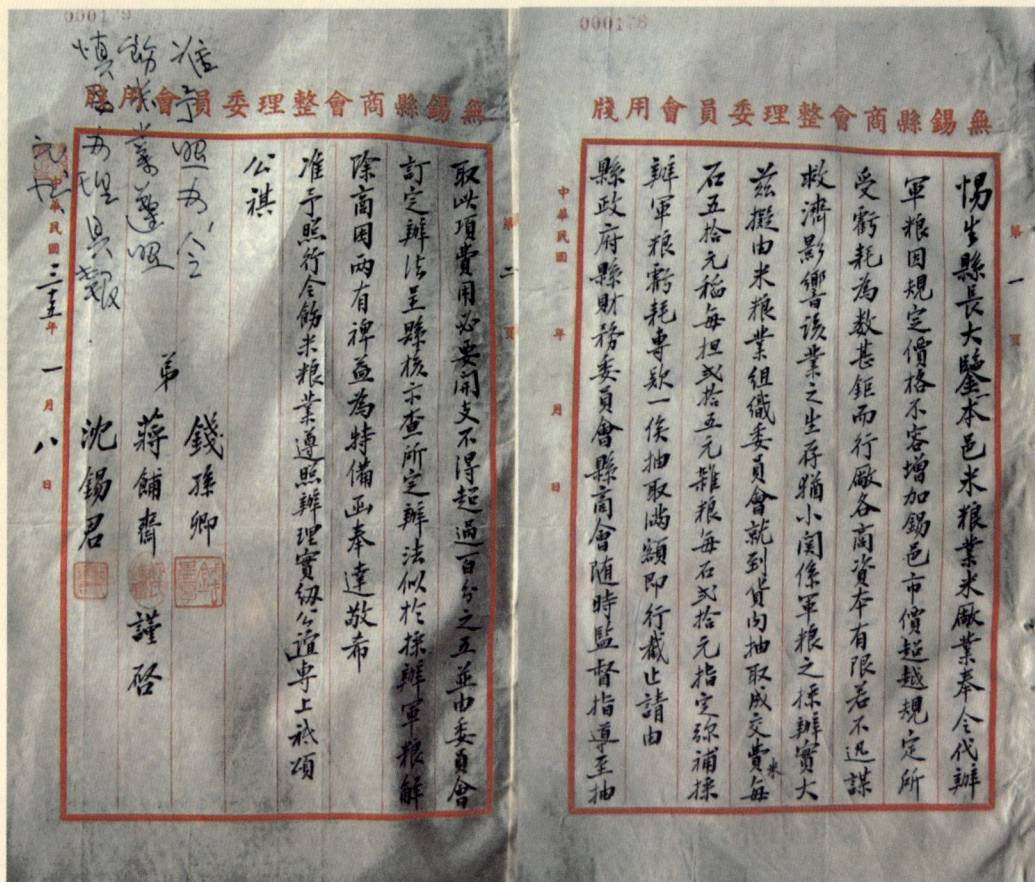

无锡县商会整理委员会钱孙卿等为建议粮商代购军粮弥补办法事给时任县长范惕生的函（1946年）

全文：

惕生县长大鉴：

　　本邑米粮业、米厂业奉令代办军粮，因规定价格不容增加，锡邑市价超越规定，所受亏耗为数甚巨。而行、厂各商资本有限，若不迅谋救济，影响该业之生存犹小，关系军粮之采办实大。兹拟由米粮业组织委员会，就到货内抽取成交费，米每石五拾元、稻每担式拾五元、杂粮每石式拾元，指定弥补采办军粮亏耗专款。一俟抽取满额，即行截止。请由县政府、县财务委员会、县商会随时监督指导，至抽取此项费用必要开支，不得超过百分之五，并由委员会订定办法，呈县核示。查所定办法，似于采办军粮解除商困两有裨益。为特备函奉达，敬希准予照行，令饬米粮业遵照办理，实纫公谊。专上祗颂公祺。

弟　蒋铺斋　钱孙卿　沈锡君

中华民国三十五年一月八日

无锡县粮食商业同业公会徽章

无锡县粮食商业同业公会职员证章

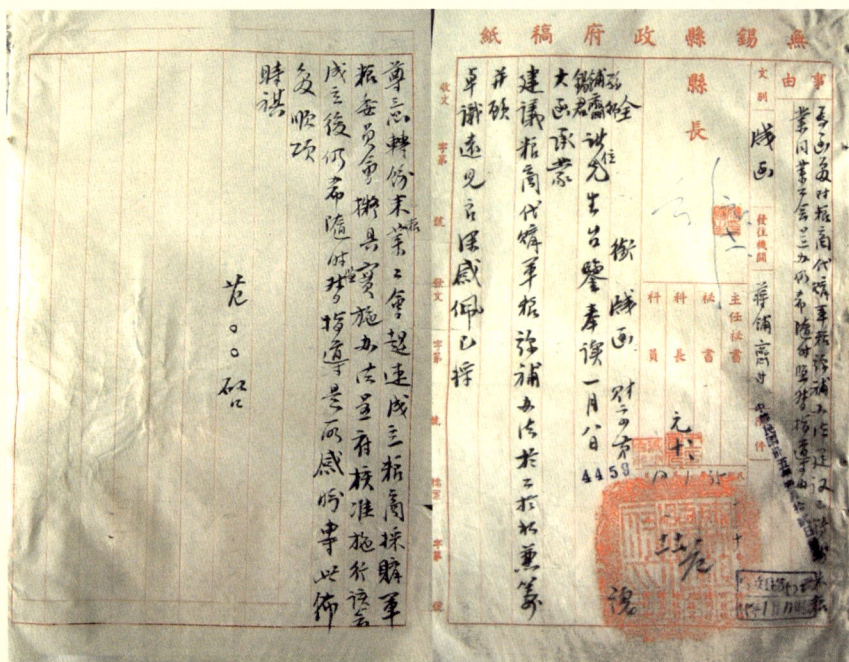

无锡县县长范惕生为粮商代购军粮弥补办法建议的复函，告知已饬米粮业同业
公会迅速成立采购军粮委员会。（1946年1月10日）

全文：

铺斋、孙卿、锡君诸位先生台鉴：

　　奉读一月八日大函，承蒙建议粮商代购军粮弥补办法，于公于私兼筹，并顾卓识远见，良深感佩。已将尊意转饬米粮业公会，赶速成立粮商采购军粮委员会，拟具实施办法，呈府核准施行。该会成立后仍希随时监督指导，是所感盼。专此布复，顺颂时祺。

范　启

1949年荣生粮行加入无锡县粮食商业同业公会申请书

无锡市酒酱米业工商登记分会解放后会员名册封面
（1950年12月）

无锡市酒酱米业同业公会筹备委员会申请筹备登记表
（1951年10月30日）

无锡北塘三里桥米市货船如织

无锡北塘三里桥米市

荣氏企业档案

保管单位： 无锡市档案馆

内容及评价：

荣氏企业档案形成于20世纪20年代至1956年。荣氏企业，由荣宗敬、荣德生兄弟于20世纪初创立。尽管其间屡遭挫折，但他们锐意创新、顽强拼搏，经过艰苦奋斗，终于发展成为近代中国最大的民族工商企业资本集团。

农商出身的荣氏兄弟于1896年在上海开设广生钱庄开始创业，1900年投资创办保兴面粉厂（后改为茂新面粉厂），其后经过多年艰难经营，相继创办了以茂新面粉公司、福新面粉公司、申新纺织公司为主体的多家企业。因其当时在面粉业和棉纺业雄居全国首位而有"面粉大王"、"棉纱大王"之称，在中国近现代民族工业发展史上有重要地位。

无锡市档案馆收藏有荣氏家族创办企业和兴办社会事业的大量档案，可为研究荣氏家族以及中国近现代民族工业发展历史提供丰富资料。特别是2007年9月，重庆市档案馆将315卷无锡荣氏迁渝企业档案影印件浓缩成13张光碟交给无锡市档案馆，填补了无锡抗战时期工业发展史料的空白。这次移交的档案内容丰富，共有3万多份5.6万页。主要包括荣氏迁渝企业年度总账、资产损益报表、企业会议记录、工商文书、私人文书、各类统计材料等，真实记录了抗战时期荣氏企业保存实力、维持经营的艰难历程，值得珍藏。

无锡保兴面粉厂最初使用的石磨

荣氏创办的第一家企业保兴面粉厂由于建厂资金有限，买不起价格昂贵的钢磨，仅定购了四部法国石磨及三道麦筛、两道粉筛和60匹马力发动机一台。历经沧桑，四部石磨中现各有一部保存于北京中国国家博物馆和南京博物院，无锡现仅留存有三爿残破的石磨。这是荣氏创办实业的第一块基石。

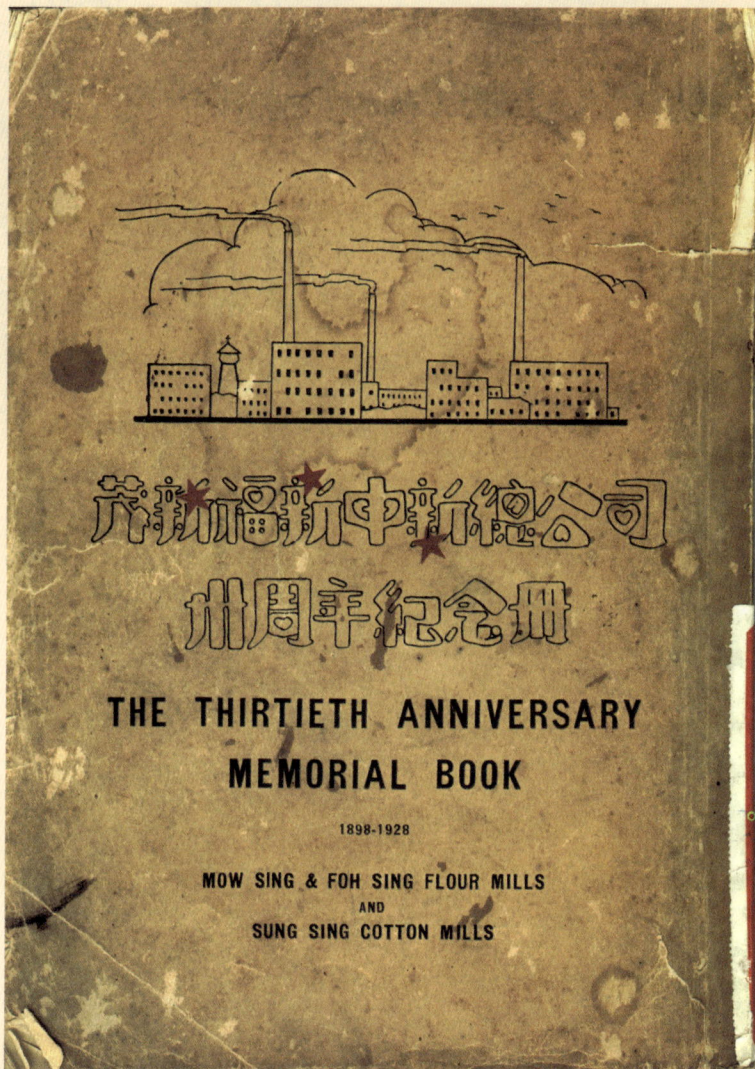

茂新福新申新总公司三十周年纪念册

　　荣氏兄弟先后在无锡、上海、汉口、济南等地创办茂新面粉厂（1至4厂），福兴面粉厂（1至8厂），申新纺织厂（1至9厂）。1921年设立的茂新福新申新总公司是当时荣氏企业的总管理机构，荣宗敬任总经理。总公司是上海各厂的业务机构及外埠各厂的代理机构，总经理掌握一切大权，除业务部门外，下面不设任何机构。总公司下属的各企业股权、财务独立分别核算，由各厂长总揽厂务分别负责经营。但各厂的采购和销售由总公司集中管理，多余资金必须存放总公司，由总公司统筹营运。人事安排也由总公司统一调度。总公司的主要功能为：1.为各厂统一采购原料，并分配给各厂；2.销售成品，并按原售价结给各厂；3.统筹资金，各厂多余资金必须存于总公司，有存息，总公司代筹资金给各厂也收取一定利息作为公司经费。

　　荣氏企业自创业至1928年，已走过三十年的历程，"三十而立"，总公司为此举行了隆重的纪念活动。1929年1月，编印了一本30周年纪念册。纪念册内容丰富、实用性极强。除了有一些社会名流、公司管理者所作的序之外，汇编了大量照片、行业图表以及产业分析资料，还有茂新、福新、申新各厂的情况介绍。册中还标明了公司附近的路线图和批发处的地址，以方便客户前来洽谈业务。这本纪念册是研究荣氏企业以及近代中国民族工商企业发展的重要史料。

总经理荣宗锦（字宗敬）先生

1929年茂新福新申新总公司同人为卅周年纪念合影

荣宗锦撰《总经理自述》

全文：

语云三十年为一世，三十年中人事迁变或有记载之价值。姑就个人与本公司关系言之，余年未弱冠即习商贾之事，往来申、锡间，见夫生齿日繁一日，舶来品日盛一日，不禁兴起创办实业思想。维时吾国商办实业无多，而洋粉、洋纱运销于吾国者为数至巨。窃思衣食为人生要需，解决衣食问题，莫如多办面粉厂与纺织厂。顾同志难得，集款维艰，而相当地点急切又未易指定。某日偶过吾邑西门外，见有荒地可二十余亩，一水潆洄，交通便利，即所谓太保墩。相度地势，可建粉厂。当征得余季德生同意，即购地集股，从事经营，时清光绪二十六年也。翌年厂屋落成，是为茂新第一面粉厂。三十四年创设二厂于邑之惠山浜，民国三年就一厂之旁添设三厂，四年创设福新一厂于上海新闸桥，五年创设二厂于莫干山路，六年创设茂新四厂于山东济南，同时创设福新三厂于上海小沙渡路，又就二厂附近创设四厂，又创设五厂于汉口硚口宗关，七年创设六厂于上海新垃圾桥，同时创设七厂于上海新闸大通路，创设八厂于上海东京路，综计面粉厂凡十二厂。至纺织厂则自民国四年创设上海白利南路之申新一厂始，在上海宜昌路者为申新二厂，在吾邑西门外五洞桥者为申新三厂，均八年创设，九年创设四厂于汉口硚口宗关，十三年创设五厂于上海杨树浦高郎桥，十四年分六厂于常州南门外，综计纺织厂凡六厂。皆无限公司也，皆股东王君尧臣、禹卿，丁君梓仁，浦君文汀以及故人浦君文渭等同心协助，以有今日也。若夫主持无锡厂务，尤以余季德生之力为多。计自创设至今，忽忽三十年，余不敢谓于社会国家有所裨益，惟力之所能为者，任何艰苦困难在所弗辞，亦聊尽国民一份子之义务而已。兹届三十周年纪念，同人以为创业三十年，设厂十八处，规模如是其宏远，根柢如是其深稳，宜创设储蓄部以利同人。股东多赞许此意，爰决议创设储蓄部，姑先以同人为限，既厘订章程，装印小册，用志其缘起，并述三十年办厂之顺序。迨今过吾邑西郊，见有烟突干云，机声轧轧，孰不知为茂新一厂，孰知三十年前固犹是荒烟蔓草、人迹罕至之太保墩也。追忆前尘，不禁有沧桑之感已。

中华民国十七年一月　无锡荣宗锦

纪念册目录

从纪念册目录来看，全册的内容基本围绕公司的生产经营，除了序和公司情况介绍外，还有大量国内外市场情况的介绍和分析。它不仅是一本纪念册，更是一本实用的企业经营指南。

图二马达
此马达有一千三百匹马力为上海全埠最大之马达
1,300 H. P. Motor of Foh Sing Flour Mill No. 2.The Biggest one in Shanghai

麸皮打包机
Bean Packers

图二消防机
Fire Extinguisher of Foh Sing Flour Mill No. 2
（5）

麺粉打包间缝口机
Packing Flour：Showing Two Bag Closing Machines
（8）

机器设备

荣氏企业生产经营的特点之一就是大量使用当时国际先进技术设备，以求最大限度地提高效率。荣宗敬的名言是："造厂力求其快，设备力求其新，开工力求其足，扩展力求其多。"

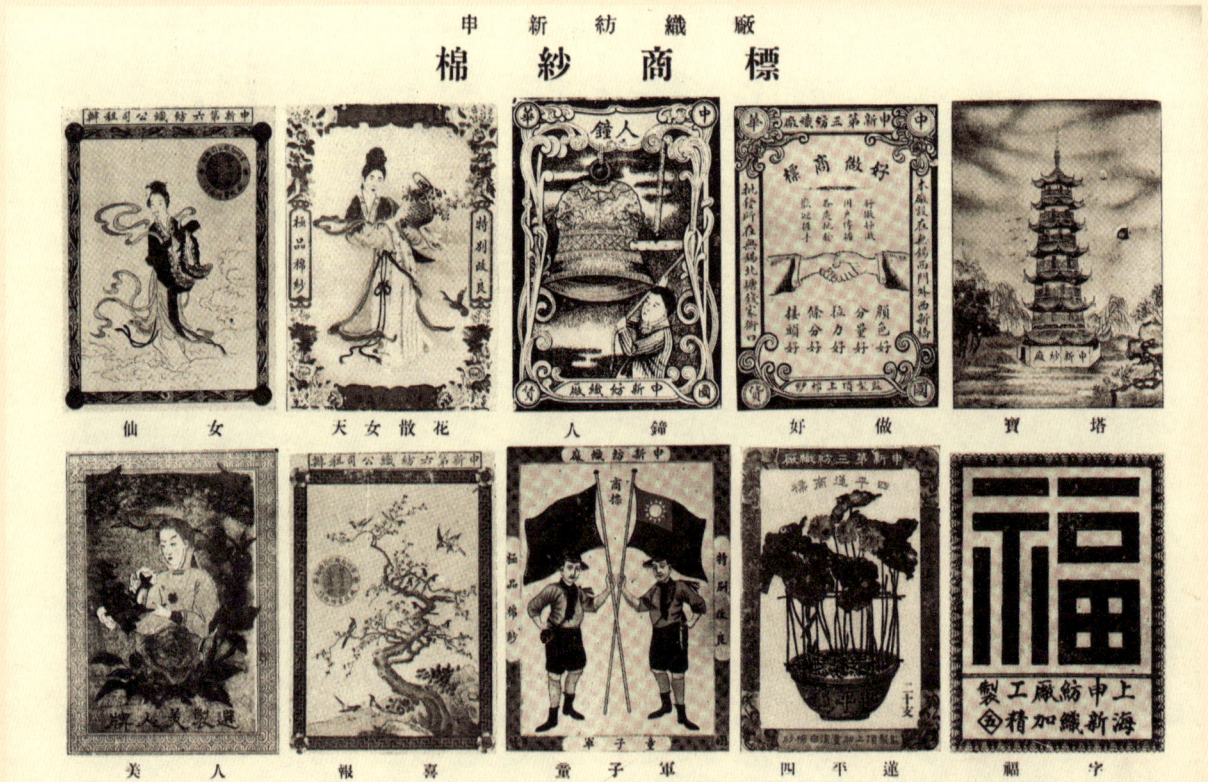

申新纺织厂
棉纱商标

仙女　天女散花　人钟　好做　宝塔

美人　喜报　童子军　四平递　福字

商标图案

　　荣氏兄弟是中国最早一批意识到商标重要性的企业家。"兵船"商标是荣氏企业于1923年为茂新面粉厂注册的民国时期第一号工商注册商标。"人钟"商标是中国近代第一件经中央政府核准注册的纺织品商标，是申新纺织公司的主要商标品牌。随着集团的不断扩大，荣氏企业的商标渐成体系，根据不同的产品、等级、生产厂家设置了不同的商标，以便于进行区分和市场定位。

无锡荣巷大公图书馆

1915年，荣德生在家乡无锡荣巷建造创设大公图书馆，投入了巨额资金，并向社会公众开放。大公图书馆成为当时无锡地区最具规模、最有影响、管理也最完善的私人图书馆。

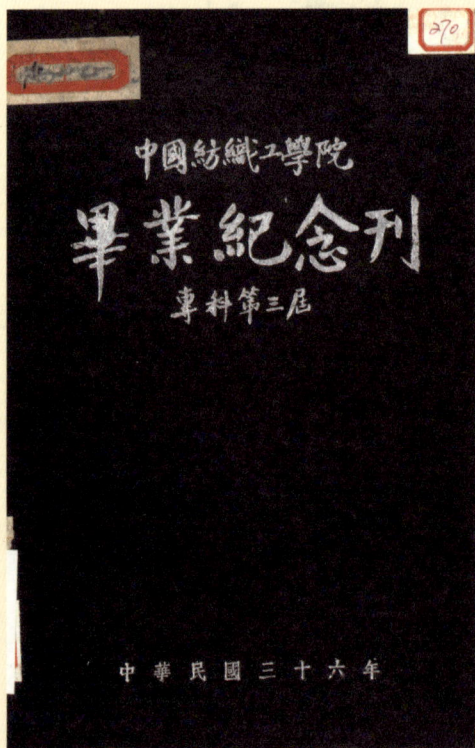

1947年中国纺织工学院第三届毕业纪念刊

荣氏企业在长期的商业竞争中，意识到人才是企业乃至国家发展的基础。为了进一步发展纺织工业，让中国纺织业自强于世界民族之林，荣氏家族在抗战期间创办了中国纺织染专科学校，抗战胜利后改为中国纺织染工程学院（解放后并入华东纺织工学院，现为东华大学）。学院教育完全为生产服务，学生毕业后，就可以到荣氏企业集团工作，为荣氏申新纺织厂以及国内其他纺织企业培养了一批优秀技术人才。

此刊为第三届专科毕业纪念刊，全刊内容丰富，资料详实，分为序言、校董、师长、题词、弁言、宏文、生活照片、什文等部分，包含学校教师、职工、学生资料。刊中文章散发着浓浓的时代气息、学习气息和生活气息，尤其是什文部分都是学生所写，有关于生产技术的总结，有关于人生的感悟和体会，还有一些生活随笔和小诗歌。这些文章、照片记录了那个时代学生的学习和生活状态，为研究民国时期的教育、社会思潮、生活状态提供了很好的资料。

中国纺织染工程学院主席校董荣德生先生

荣德生先生不但是申新、茂新、福新企业集团的奠基人之一，也是中国纺织染工程学院创始人。

中国纺织染工程学院校董荣鸿元先生、荣尔仁先生、荣鸿三先生

　　荣鸿元先生是荣宗敬先生的长子，是校董兼任院长；荣尔仁为荣德生先生的次子，校董之一；荣鸿三先生，是荣宗敬先生的次子，也是校董之一。

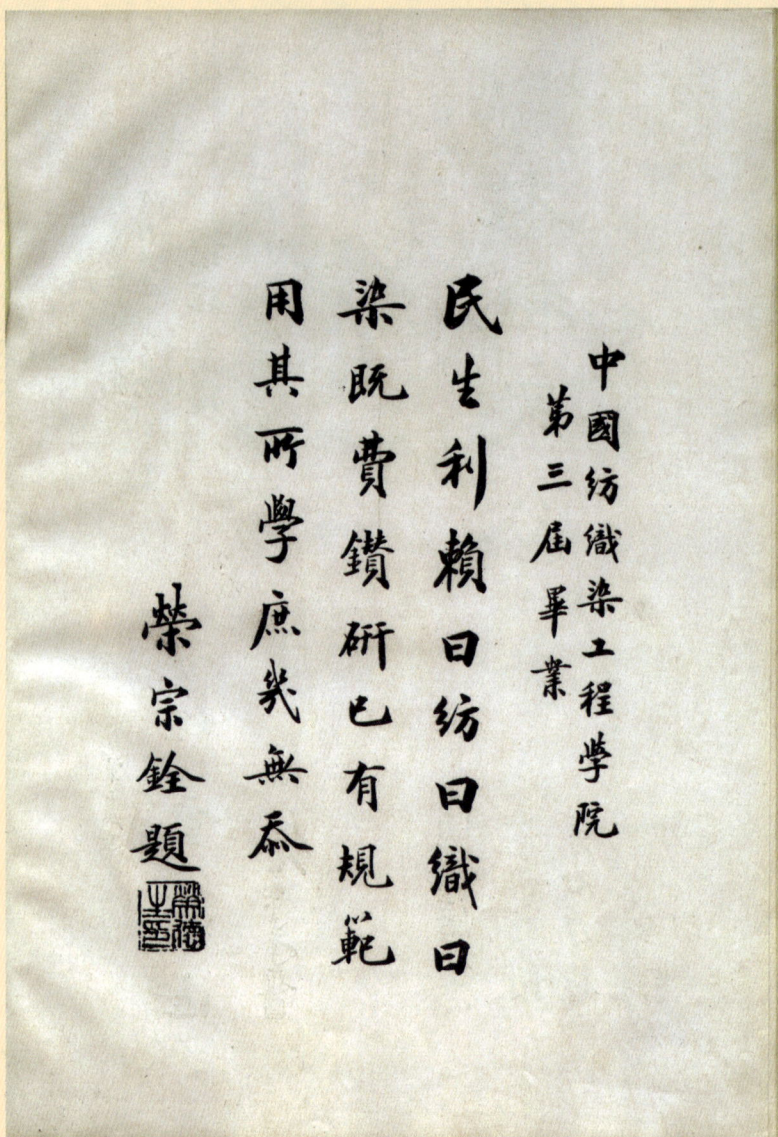

荣宗铨（字德生）先生为纪念刊题词

全文：

中国纺织染工程学院第三届毕业

民生利赖，日纺、日织、日染，既费钻研，已有规范，用其所学，庶几无忝。

荣宗铨题

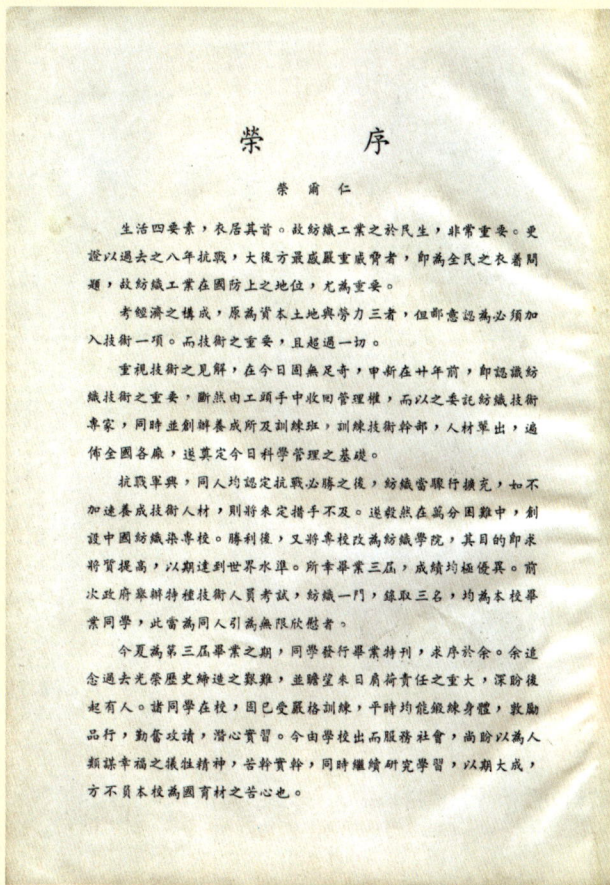

荣尔仁先生为纪念刊作序文

全文：

生活四要素，衣居其首。故纺织工业之于民生，非常重要。更证以过去之八年抗战，大后方最感严重威胁者，即为全民之衣着问题，故纺织工业在国防上之地位，尤为重要。

考经济之构成，原为资本土地与劳力三者，但鄙意认为必须加入技术一项。而技术之重要，且超过一切。

重视技术之见解，在今日固无足奇，申新在廿年前，即认识纺织技术之重要，断然由工头手中收回管理权，而以之委托纺织技术专家，同时并创办养成所及训练班，训练技术干部，人材辈出，遍布全国各厂，遂奠定今日科学管理之基础。

抗战军兴，同人均认定抗战必胜之后，纺织当骤行扩充，如不加速养成技术人材，则将来定措手不及。遂毅然在万分困难中，创设中国纺织染专校。胜利后，又将专校改为纺织学院，其目的即求将质提高，以期达到世界水准。所幸毕业三届，成绩均极优异。前次政府举办特种技术人员考试，纺织一门，录取三名，均为本校毕业同学，此当为同人引为无限欣慰者。

今夏为第三届毕业之期，同学发行毕业特刊，求序于余。余追念过去光荣历史缔造之艰难，并瞻望来日肩荷责任之重大，深盼后起有人。诸同学在校，固已受严格训练，平时均能锻练［炼］身体，敦励品行，勤奋攻读，潜心实习。今由学校出而服务社会，尚盼以为人类谋幸福之牺牲精神，苦干实干，同时继续研究学习，以期大成，方不负本校为国育材之苦心也。

中国纺织染工程学院部分教职员的照片和资料，其中大多数都是拥有高学历的知识分子，许多是从国外留学归来。

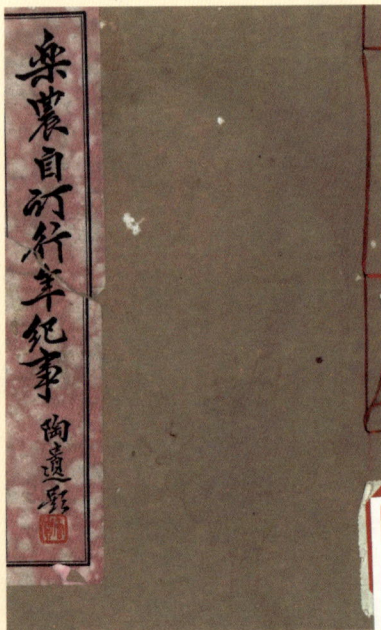

1943年排印本荣德生年谱《乐农自订行年纪事》

荣德生，名宗铨，字德生，号乐农。《乐农自订行年纪事》是他在抗日战争寓居上海期间，用编年体的方式，真实记载自己从出生至六十岁的人生经历、思想变迁和事业的成功与失败。1944年荣德生70岁生日时，其子荣毅仁为祝贺父亲寿诞，将"纪事"委托上海建东印刷公司，用木活字印刷，线装出版。钱孙卿为其题签作序，在序中称颂此书为"中国实业史也"。

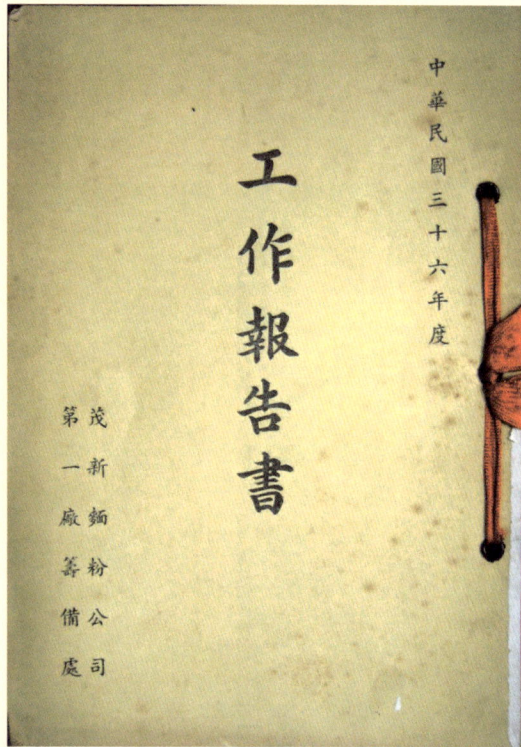

1947年茂新面粉公司第一厂复兴筹备工作报告书

1948年天元麻毛棉纺织厂开幕日全体同仁合影

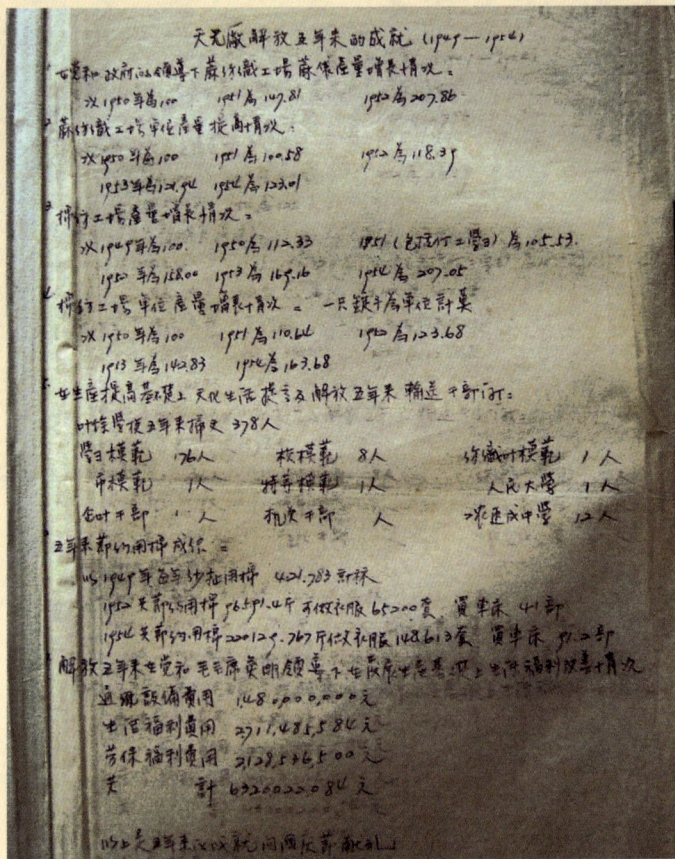

天元（麻纺）厂解放五年来的成就（1949～1954）

全文：

1、在党和政府的领导下麻纺织工场麻袋产量增长情况：

以1950年为100，1951年为147.81，1952年为207.86。

2、麻纺织工场单位产量提高情况：

以1950年为100，1951（年）为100.58，1952（年）为118.39，1953年为121.94，1954（年）为123.01。

3、棉纺工场产量增长情况：

以1949年为100，1950（年）为112.33，1951（年）（包括停工学习）为105.53，1952年为158.00，1953（年）为169.16，1954（年）为207.05。

4、棉纺工场单位产量增长情况：一只锭子为单位计算：

以1950年为100，1951（年）为110.14，1952（年）为123.68，1953年为142.83，1954（年）为163.68。

5、在生产提高基础上文化生活提高及解放五年来输送干部问题：

业余学校五年来扫文（盲）378人，学习模范176人，校模范8人，纺织业模范1人，市模范1人，特等模范1人，人民大学1人，企业干部1人，机关干部 人，工农速成中学12人。

6、五年来节约用棉成织（绩）：

以1949年每年纱扯用棉421.783计算，1952（年）共节约用棉96591.4斤，可做衣服65200套，买车床41部；1954（年）共节约用棉220129.767斤，（可）做衣服148613套，买车床91.2部。

7、解放五年来在党和毛主席英明领导下，在发展生产基础上生活福利改善情况：

通风设备费用1480000000元（指旧币，下同），社会福利费用2711485584元，劳保福利费用2128536500元，共计6320022084元。

以上是五年来的成就向国庆节献礼。

无锡普仁医院档案

保管单位： 无锡市档案馆
内容及评价：

无锡普仁医院档案形成于1930年至1948年。清光绪二十九年（1903），无锡圣公会（属美国圣公会江苏教区）在无锡孤老院巷沿街的三间平房内设立诊所，聘请上海圣约翰大学医科毕业生但以理担任医师，这是无锡普仁医院的前身。1908年春，无锡圣公会在二上塘（今中山路）建造三间平屋，建立圣安德烈医院门诊部，中文名称为普仁医院，这是无锡境内第一家西医医院。开办之初，医院门诊不分科，不设病房，有药房、男女候诊室及诊察室各一间，手术室设备简陋，仅可做些小手术。有中、美医师各1人及药剂师1人，美国医师李克乐博士任院长。1912年新病房落成，次年开始有女护士看护病人。1918年医院创办护士学校，招收中学毕业的男女青年。到1919年，普仁医院有病床60张。每星期三下午设有免费门诊，免费接诊量最高达到一天350人次。同时，医院与本地豪绅富商联系较密，每年都接受捐款，以作慈善之用。1930年，医院设内、外、妇产、眼、五官、泌尿等科，开始进行分科门诊。1937年秋，无锡遭侵华日军飞机轰炸，医院无法正常开业即行解散，至1938年秋复业。1941年12月，普仁医院由侵华日军管理，次年7月由日本同仁会接办，并改名为同仁会无锡医院。抗战胜利后，医院交还给无锡圣公会，并于1945年10月复名为普仁医院，由杨四箴兼任院长。解放以前，普仁医院是无锡地区唯一的一所正规化医院，为当时无锡民众的疾病医治及卫生保健发挥了重要作用。1954年，普仁医院改为无锡市第二人民医院，成为无锡市综合性医院之一。

无锡普仁医院档案对人们从医疗、宗教、慈善等多个角度对无锡地区的历史状况进行了解和研究有较大的作用。

普仁医院大门建筑风格为欧式教会风格，大门后依稀可见院内的楼房，这样的规模在当时的无锡是比较少的。

二院前身——普仁医院大门（摄于1930年左右）

1935年普仁医院护校第六届毕业纪念，前排右一为李克乐先生。

1943年普仁医院护校第十三届毕业纪念

1942年普仁医院孙保垣院长就职纪念全体摄影

1947年普仁英语研究班欢送李克乐院长（后排左二）暨夫人（前排左四）返美留影

普仁医院医职人员合影，前排居中者为李克乐先生。

普仁医院四十周年纪念摄影，居中者为时任院长威尔逊先生（1948年3月16日）。

孙元良《国民日记》

保管单位： 江阴市档案馆

内容及评价：

孙元良《国民日记》形成于1931年至1936年。共9册，约20万字。

孙元良原籍浙江绍兴，1904年出生于四川成都，黄埔军校一期毕业，曾任国民革命军第88师师长、第22集团军司令官、国民党军第5绥靖区司令官等职，1949年去台湾，2007年在台北去世。1931年孙元良时任旅长，1936年升至中将师长，兼任首都（南京）警备副司令等职。他的抗日思想坚定，曾上书蒋介石："准备对日作战以打破现状，整军经武以挽危亡。"他于1932年率军在上海一带抗日作战，鼓励官兵：牺牲光荣，苦斗日寇。在战斗中，孙旅共阵亡官长13员，伤62员。孙元良深受蒋介石器重，并且广泛接触当时军界要员，这些在他的日记中多有反映。

孙元良的《国民日记》系统记述了那一时期的军旅生涯，其对于研究民国军队的历史演变，以及客观评价民国军队在抗日战争中的历史贡献，都具有重要的史料价值。

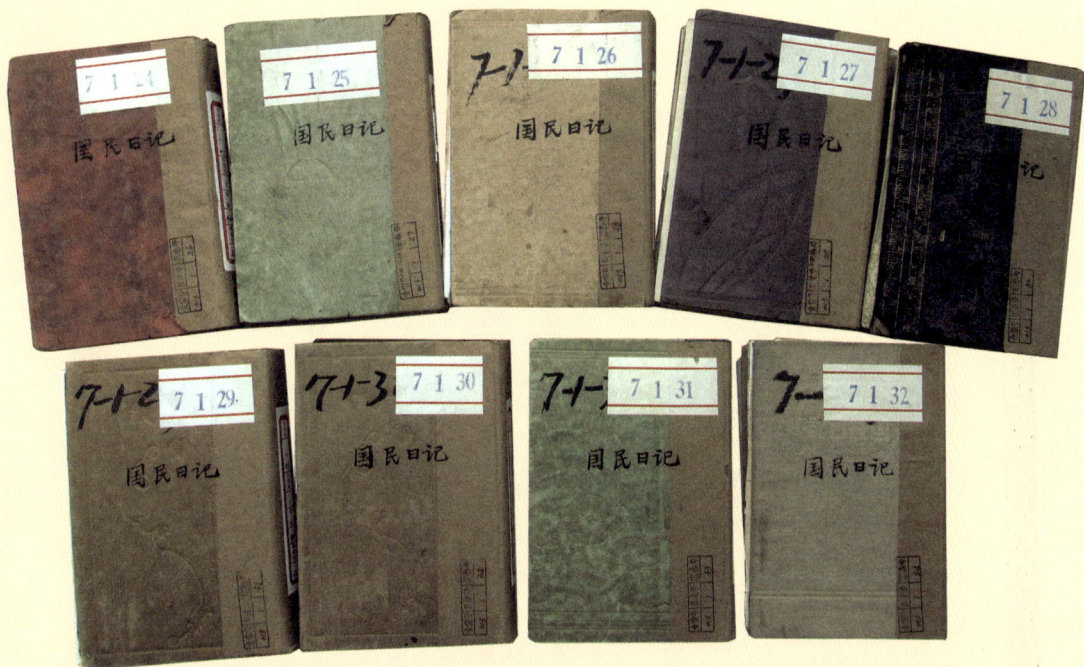

《国民日记》封面

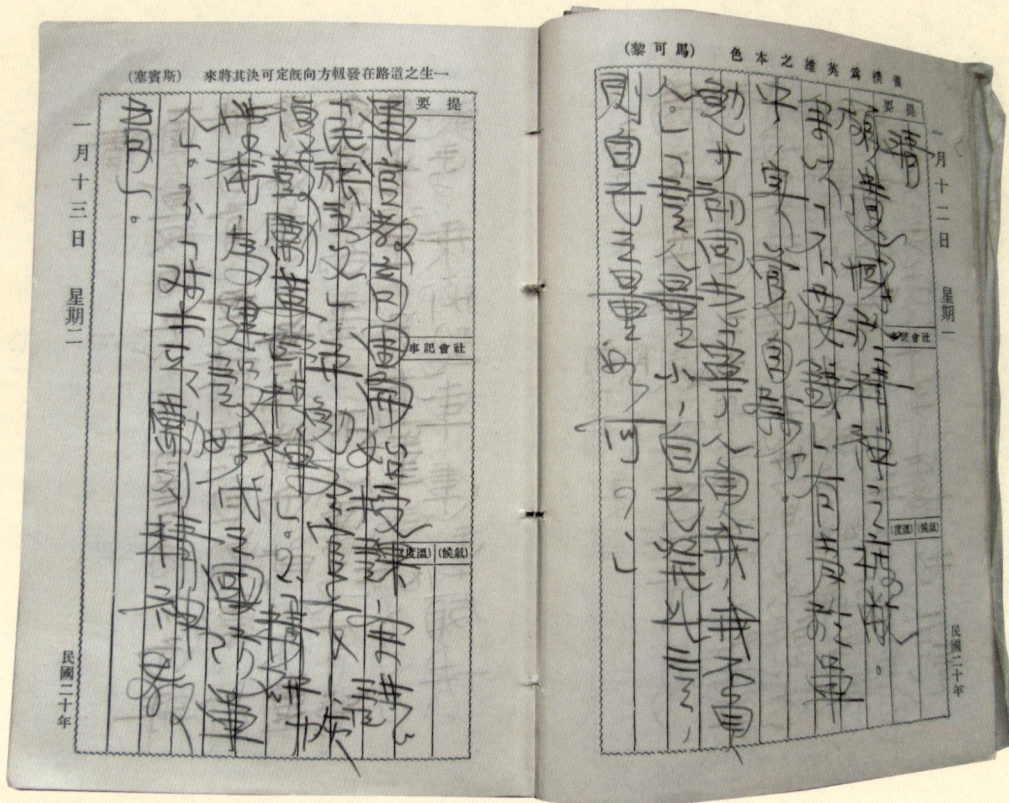

1931年日记，记述"军官教育团开始授课，余讲'民族主义'"。

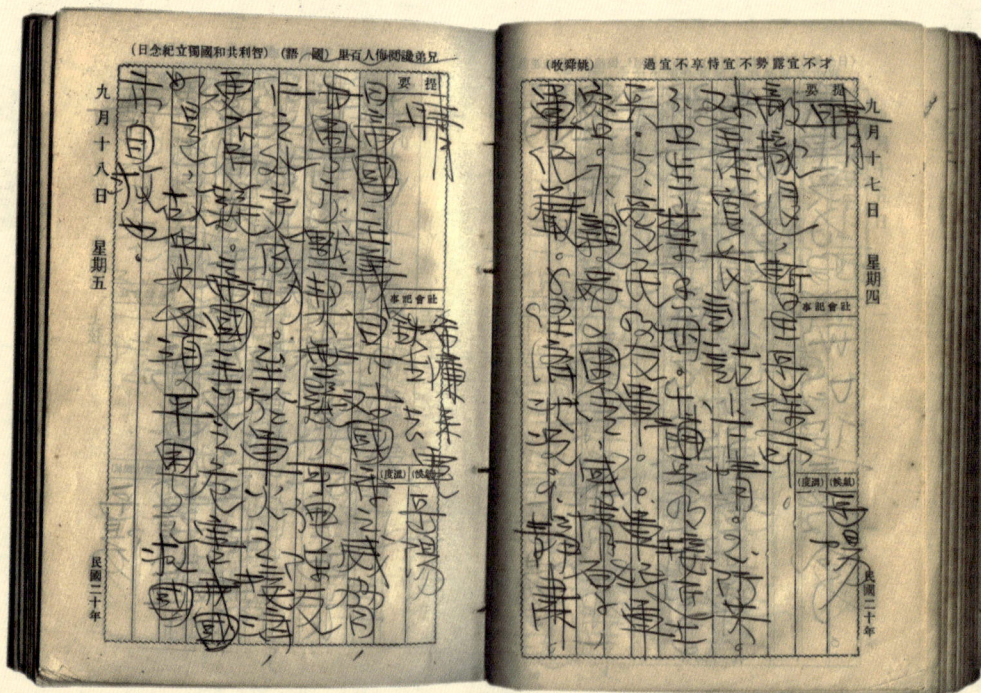

1931年于岳阳日记，内中谈到日本帝国主义对我国之危害。

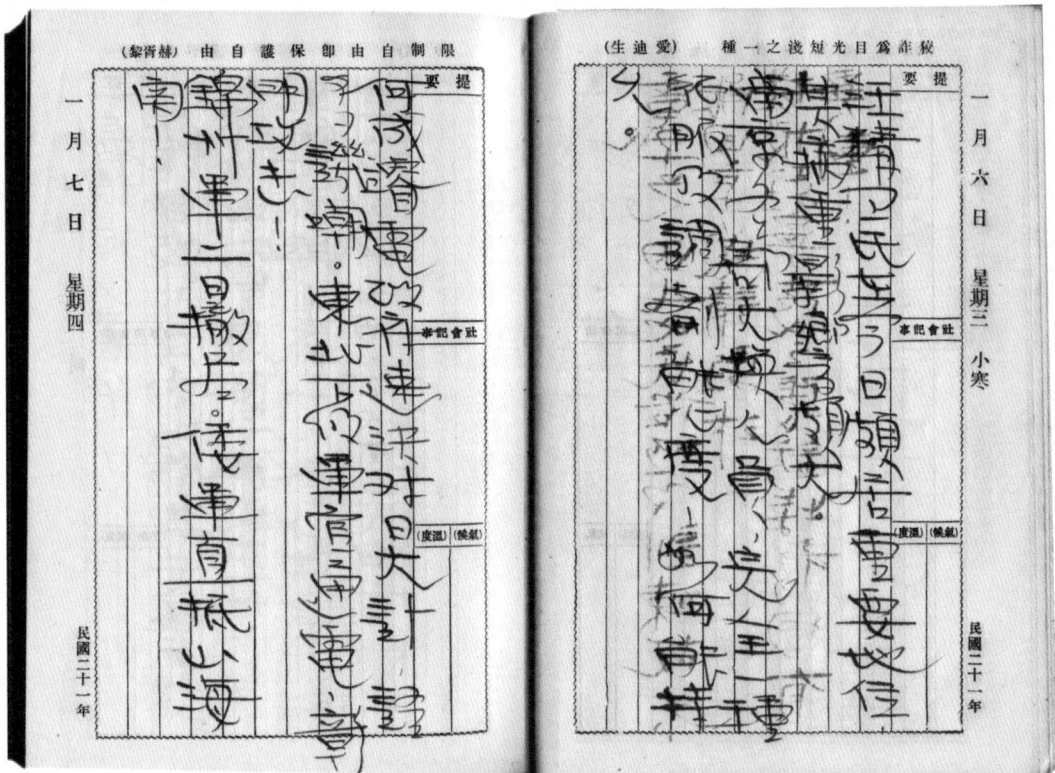

1932年日记，记述有"东北下级军官通电彰明攻击！锦州军二日撤尽。倭军直抵山海关！"

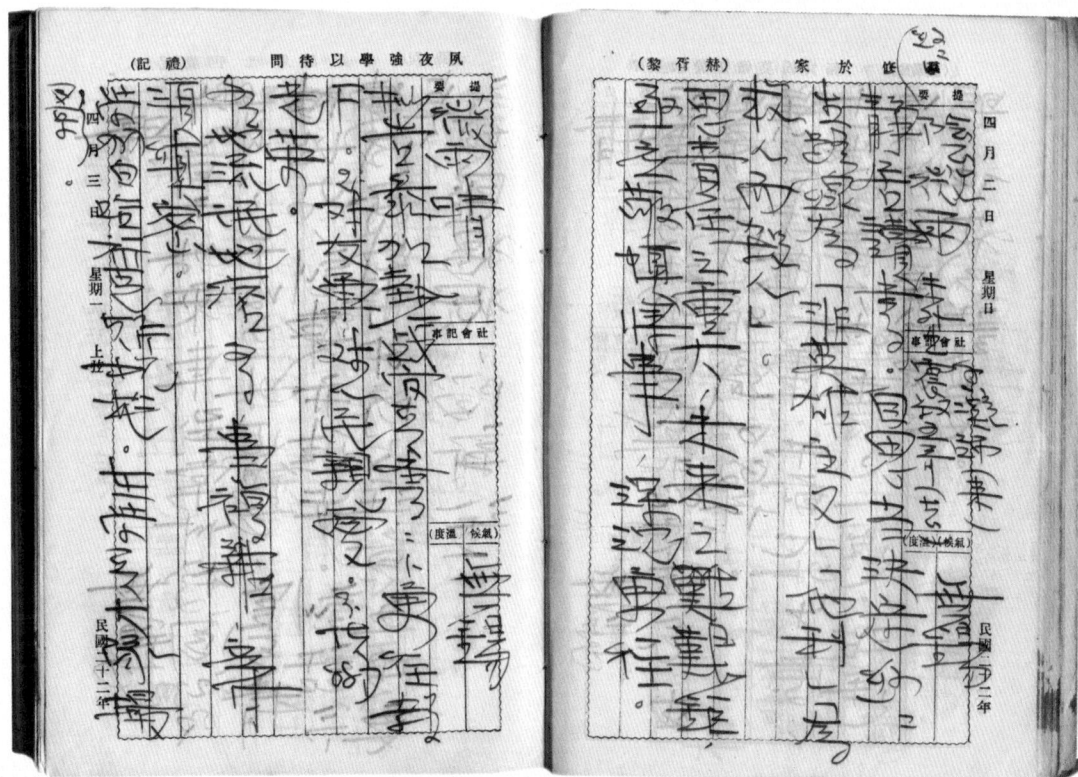

1933年于无锡日记，记述"思责任之重大，未来之难艰巨，亟应敬慎将事"。

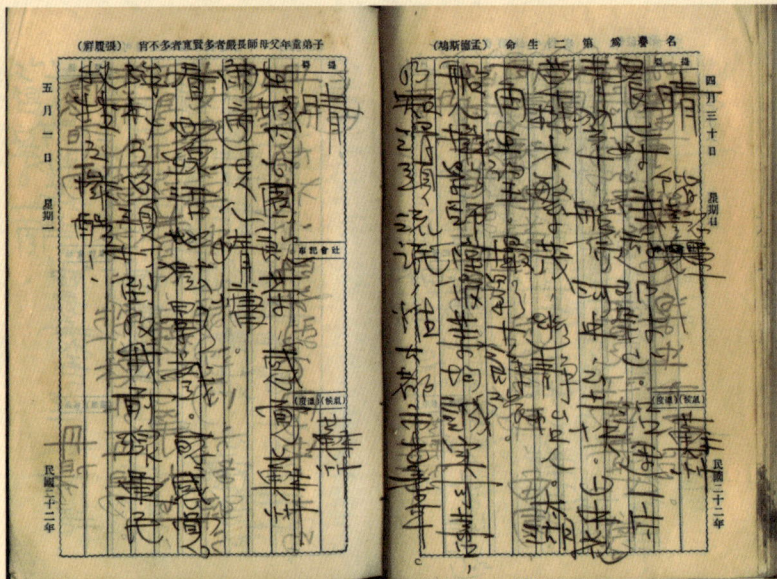

1933年于苏州日记，谈及前线军民情况。

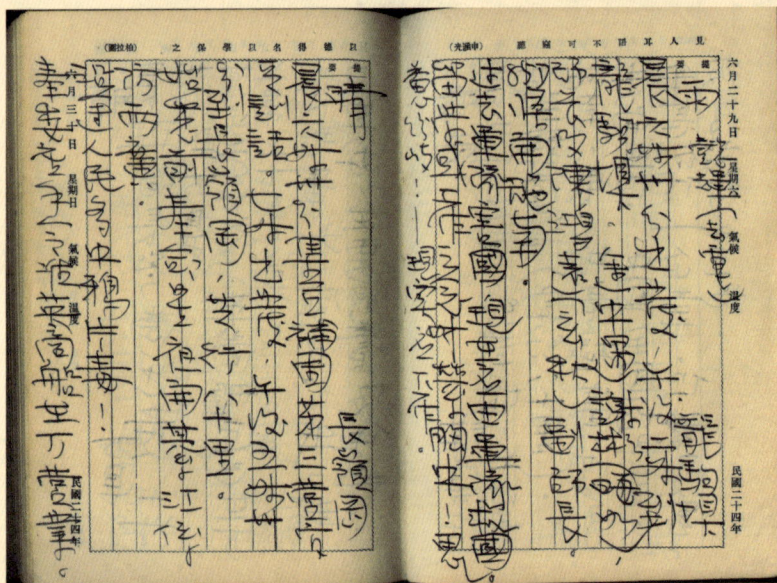

1935年日记，记有"过去军队害国，现在应由军队救国"。

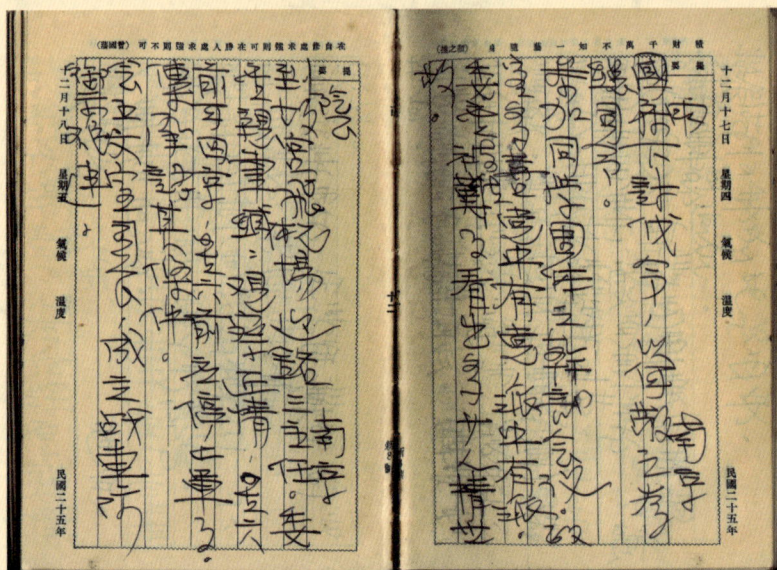

1936年于南京日记，记有"国府下讨伐令"内容。

无锡庆丰纺织厂档案

保管单位： 无锡市档案馆

内容及评价：

无锡庆丰纺织厂档案形成于1934年至1957年。1920年，唐保谦与蔡缄三等人集资创办庆丰纺织厂，于1922年建成投产，后成立庆丰纺织股份有限公司。1926年由留学回国的唐保谦之子唐星海接任厂长，唐星海将从美国学到的技术和管理知识用于工厂改革，推行欧美工业管理方法，聘请技术人员进行技术改造，加快了庆丰的发展。1934年，庆丰增建漂染工场，成为全国一流的纺织印染全能工厂。庆丰生产的棉纱、棉布产品以质量优良而著称，为沪宁及邻近各地用户所乐用，尤以"双鱼"牌棉纱为无锡首屈一指的棉纱品牌，被同业推为当时市场的标准纱。至抗日战争前，庆丰公司已拥有纱锭6.47万枚、线锭4024枚、织机725台、发电装机容量6600千瓦，成为无锡七大纺织企业之一。

抗日战争期间，唐星海携无锡庆丰拆运的纱锭4000枚，去常熟支塘、太仓沙溪等原棉产地与人合办小型纱厂。1939年4月又在上海租界开办保丰纺织印染公司等厂。1943年11月收回被日商侵占的无锡庆丰纺织厂后，借用保丰厂的经济实力使庆丰厂逐步恢复发展。1954年庆丰纺织厂公私合营，后转为国营，1966年改为无锡市第二棉纺织厂，企业现为无锡庆丰股份有限公司。

馆藏庆丰纺织厂档案862件，包括从1934年至公私合营前后的企业资产经营管理文件、工作计划及总结、管理制度、与各界来往函件、董事会会议记录以及员工资料等，这些档案充分显示了唐氏庆丰纺织厂内部管理的科学化和规范化，对后人研究近代民族工业发展历史以及企业内部管理具有重要参考价值。作为近代国内最早引入西方经营管理方式的企业之一，庆丰纺织厂在企业日常运作中，管理十分细致，所有与企业有关的决策会议都有记录在案。通过这一时间跨度达20多年的会议记录，可以看到庆丰纺织厂的发展轨迹。

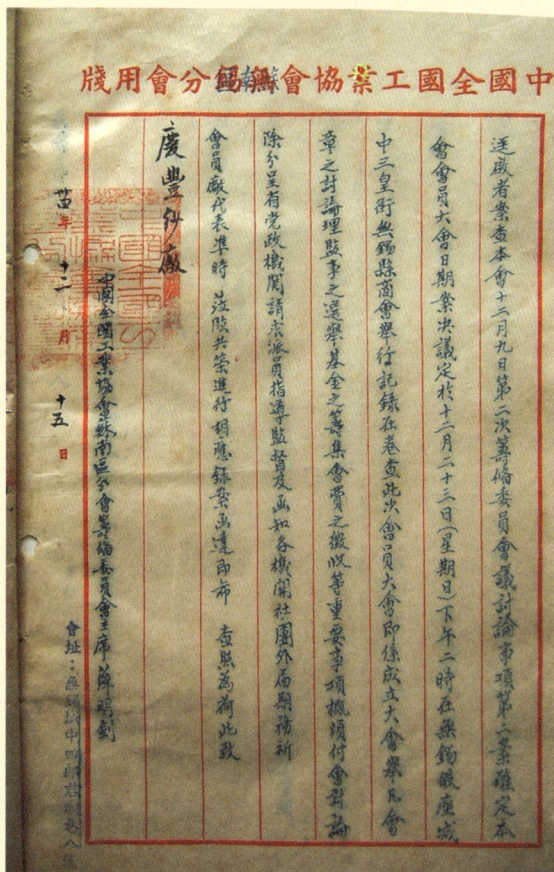

1945年中国全国工业协会苏南区分会关于召开会员大会给庆丰厂的通知

全文：

迳启者：

案查本会十二月九日第二次筹备委员会议讨论事项第二案，确定本会会员大会日期，案决议定于十二月二十三日（星期日）下午二时，在无锡假座城中三皇街无锡县商会举行记录在卷。查此次会员大会即系成立大会，举凡会章之讨论、理监事之选举、基金之筹集、会费之征收等重要事项概须付会讨论。除分呈省党政机关请求派员指导监督及函知各机关社团外，届期务祈会员厂代表准时莅临，共策进行。相应录案函达，即希查照为荷。此致

庆丰纱厂

中国全国工业协会苏南区分会筹备委员会主席 薛明剑

民国卅四年十二月十五日

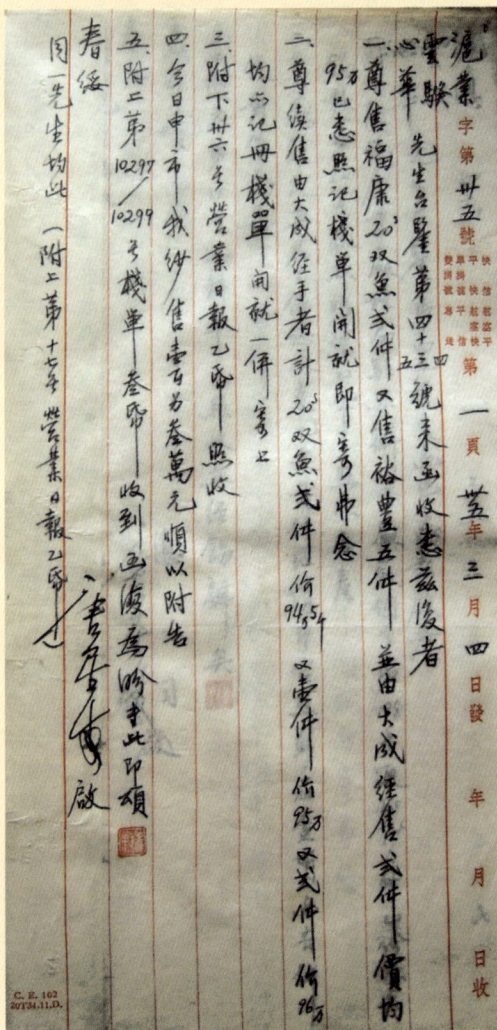

1946年由唐星海签署的上海总公司关于出售双鱼牌棉纱等事宜给无锡庆丰厂的复函

全文：

沪业字第卅五号第一页 （民国）卅五年三月四日发
年 月 日收

云骙、心华先生台鉴：

第四十三四五号来函收悉，兹复者：

一、尊售福康20s双鱼贰件，又售裕丰五件，并由大成经售贰件，价均95万，已悉照记，栈单开就即寄弗念。

二、尊续售由大成经手者，计20s双鱼贰件价94万5千，又壹件价95万，又贰件价96万，均亦记册，栈单开就一并寄上。

三、附下卅六号营业日报乙纸照收。

四、今日申市我纱售壹百另叁万元，顺以附告。

五、附上第10297/10299号栈单叁纸，收到函复为盼。专此。即颂

春绥。

唐星海 启

同一先生均此（附上第十七号营业日报乙纸）

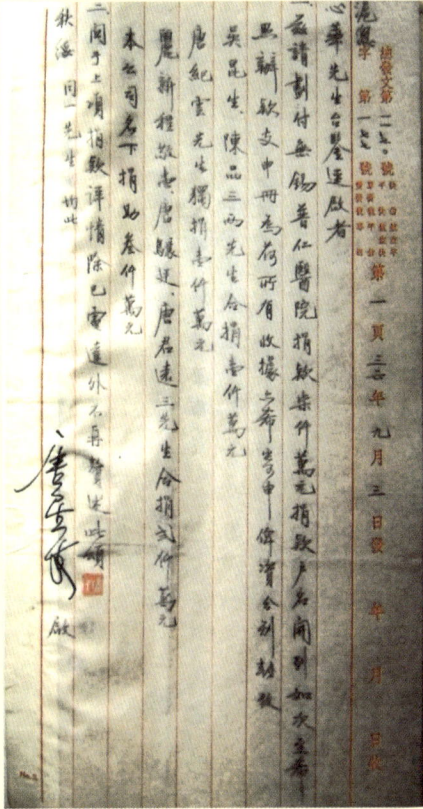

1947年唐星海关于划付无锡普仁医院捐款的函

全文：

总发文第一一七〇号　沪总字第一七七号　第一页　三六年九月三日发

心华先生台鉴迳启者：

一、兹请划付无锡普仁医院捐款柒仟万元，捐款户名开列如次，至希照办。款支申册为荷，所有收据亦希寄申，俾资分别转致。吴昆生、陈品三两先生合捐壹仟万元，唐纪云先生独捐壹仟万元，丽新程敬堂、唐骧廷、唐君远三先生合捐式仟万元，本公司名下捐助叁仟万元。

二、关于上项捐款，详情除已电达外不再赘述。此颂

秋绥

同一先生均此

唐星海 启

1937年（战前）资产负债表　　　　1944年（敌伪时）资产负债表

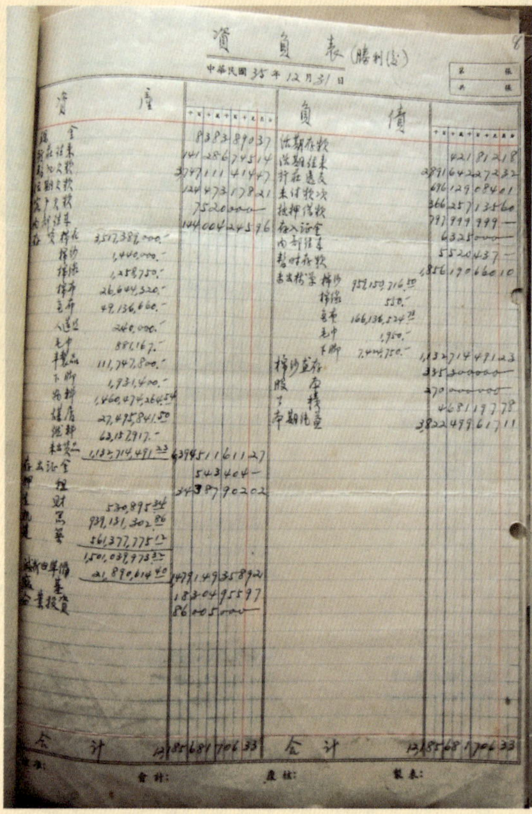
資負表（勝利公）
中華民國35年12月31日

1946年（战后）资产负债表

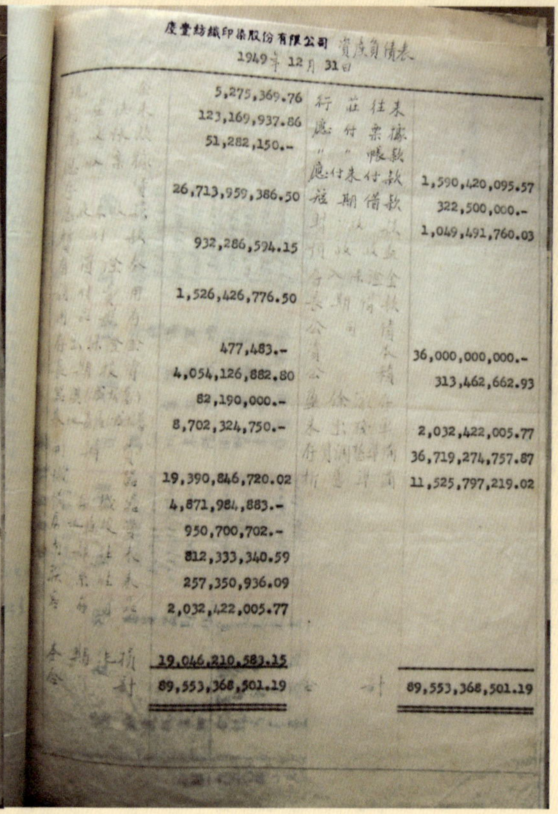
慶豐紡織印染股份有限公司 資產負債表
1949年12月31日

5,275,369.76	行莊往來	
123,169,937.86	應付票據	
51,282,150.-	〃〃帳款	
	應付未付款	1,590,420,095.57
26,713,959,386.50	短期借款	322,500,000.-
		1,049,491,760.03
932,286,594.15		
1,526,426,776.50		
477,483.-		36,000,000,000.-
4,054,126,882.80		313,462,662.93
82,190,000.-		
8,702,324,750.-		2,032,422,005.77
		36,719,274,757.87
19,390,846,720.02		11,525,797,219.02
4,871,984,883.-		
950,700,702.-		
812,333,340.59		
257,350,936.09		
2,032,422,005.77		
本期損 19,046,210,583.15		
合計 89,553,368,501.19	合計	89,553,368,501.19

1949年资产负债表

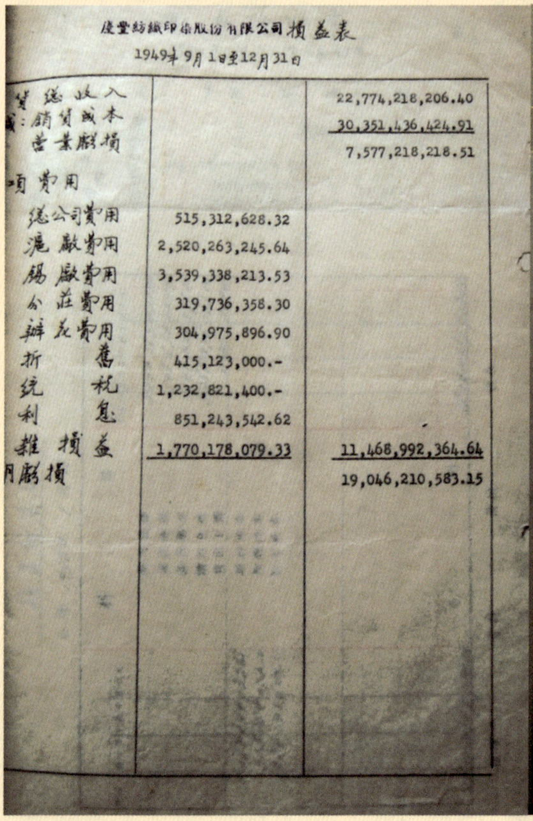
慶豐紡織印染股份有限公司損益表
1949年9月1日至12月31日

總收入		22,774,218,206.40
銷貨成本		30,351,436,424.91
營業虧損		7,577,218,218.51
費用		
總公司費用	515,312,628.32	
滬廠費用	2,520,263,245.64	
錫廠費用	3,539,338,213.53	
分莊費用	319,736,358.30	
辦長費用	304,975,896.90	
折舊	415,123,000.-	
統稅	1,232,821,400.-	
利息	851,243,542.62	
雜損益	1,770,178,079.33	11,468,992,364.64
虧損		19,046,210,583.15

1949年损益表

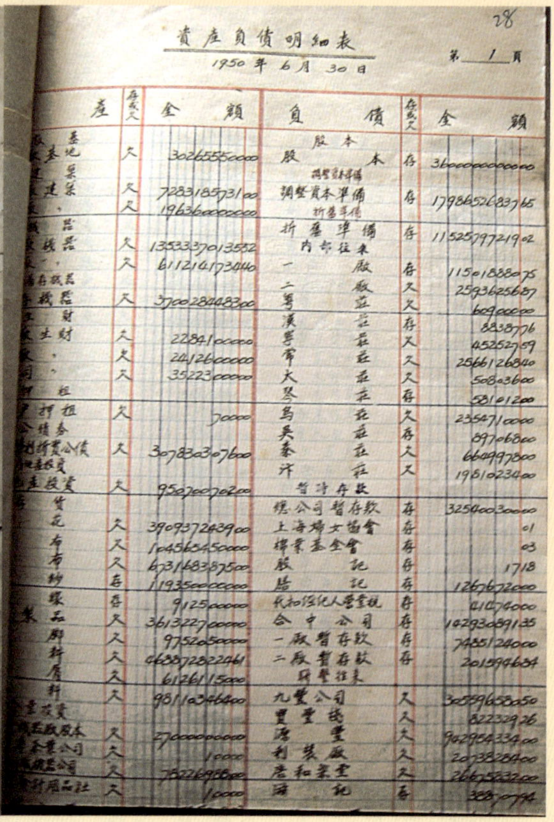
資產負債明細表
1950年6月30日

1950年资产负债明细表

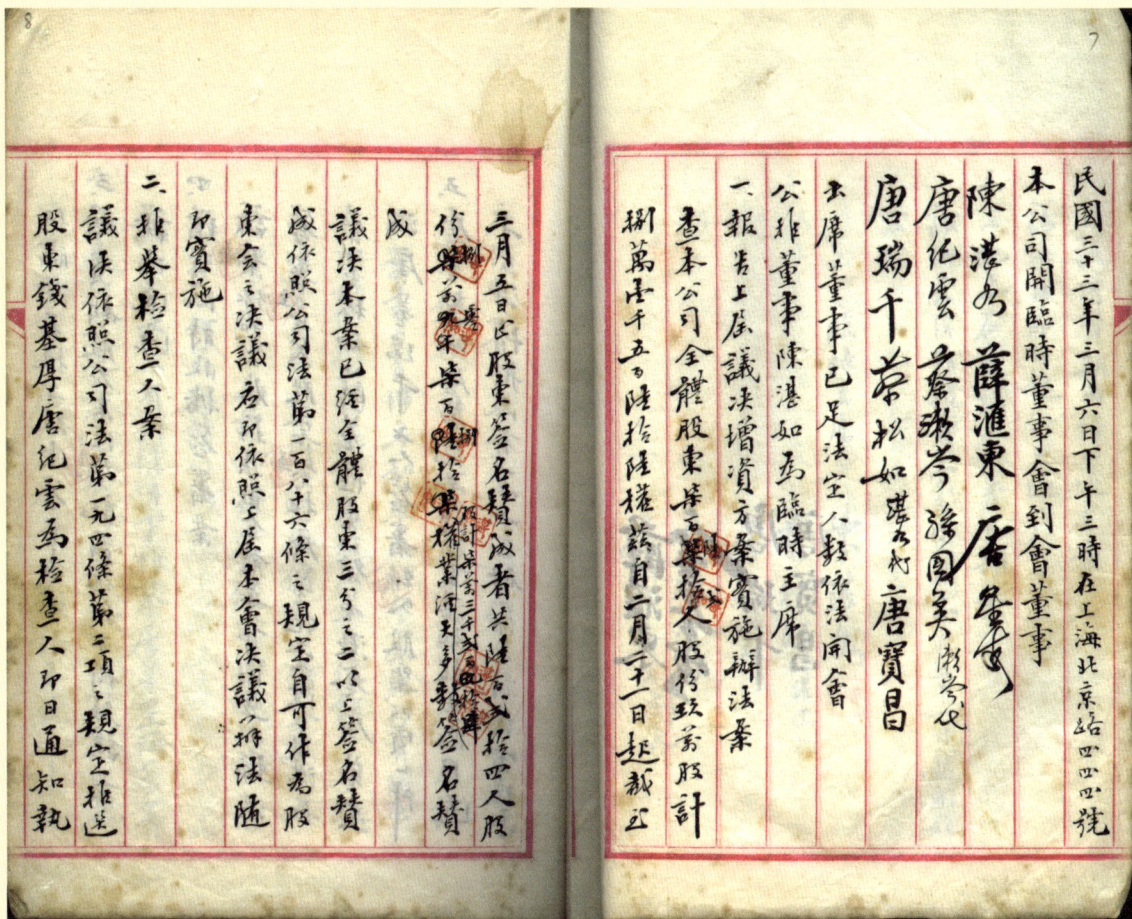

1944年3月6日会议记录（部分）

全文：

民国三十三年三月六日下午三时在上海北京路四四四号本公司开临时董事会，到会董事：陈湛如、薛汇东、唐星海、唐纪云、蔡漱岑、孙国英（漱岑代）、唐瑞千、蔡松如（湛如代）、唐宝昌。出席董事已足法定人数，依法开会。公推董事陈湛如为临时主席。

一、报告上届议决增资方案实施办法案

查本公司全体股东柒百陆拾贰人，股份玖万股，计捌万壹千五百陆拾陆权。兹自二月二十一日起截至三月五日止，股东签名赞成者共陆百贰十四人，股份捌万另柒百捌拾股，计柒万三千贰百十四权，业经大多数签名赞成。

议决本案已经全体股东三分之二以上签名赞成，依照公司法第一百八十六条之规定，自可作为股东会之决议，应即依照上届本会决议办法随即实施。

二、推举检查人案

议决依照公司法第一九四条第二项之规定，推选股东钱基厚、唐纪云为检查人，即日通知执行职务，并提交股东签名表决。

三、增资新股在未经呈准登记前依法不得转让案，议决通过。

四、增资临时收据签署案

议决依照上届办法由全体董事内五人轮流签署至正式股票，互推唐董纪云、陈董湛如、蔡董松如、薛董汇东、蔡董漱岑、唐董星海、唐董瑞千七人签署。

五、唐董星海、唐董纪云、陈董湛如报告征用透平交涉情形，所有一千六百启罗瓦特发电机一座借贷契约草案，业经双方修正签订至一千及四千启罗瓦特发电机两座，亦经根据上届议决案尽力交涉，无如华北轻金属股份有限公司因紧急工场建设急于成立，大使馆方面提出双方买卖契约决定总价为中储备券七百五十万元，俟时局许可得以原价买回，迫令签署。究应如何办理，请公决。

议决在比较有利条件下推举唐董星海签署。

六、报告拟与建安实业公司在常熟合组家庭纺织工业社案，兼总经理唐董星海报告，最近建安实业公司为发展业务起见，向本公司提议利用锡厂一小部分目前停置纱锭二千枚，计细纱机五部，连同一切附属机件，移至常熟就地收花纺纱。本厂以机器作价二千万元为资本，建安以现金二千万元为资本，合成四千万元，利益双方各半，俟后双方同意，结束即行依照清单所列收回机件并附合伙契约草案及机器清单，请公决。

议决通过

临时主席　陈湛如

蔡松如（湛如代）　唐纪云　薛汇东　唐星海　蔡漱岑　孙国英（漱岑代）　唐瑞千　唐宝昌

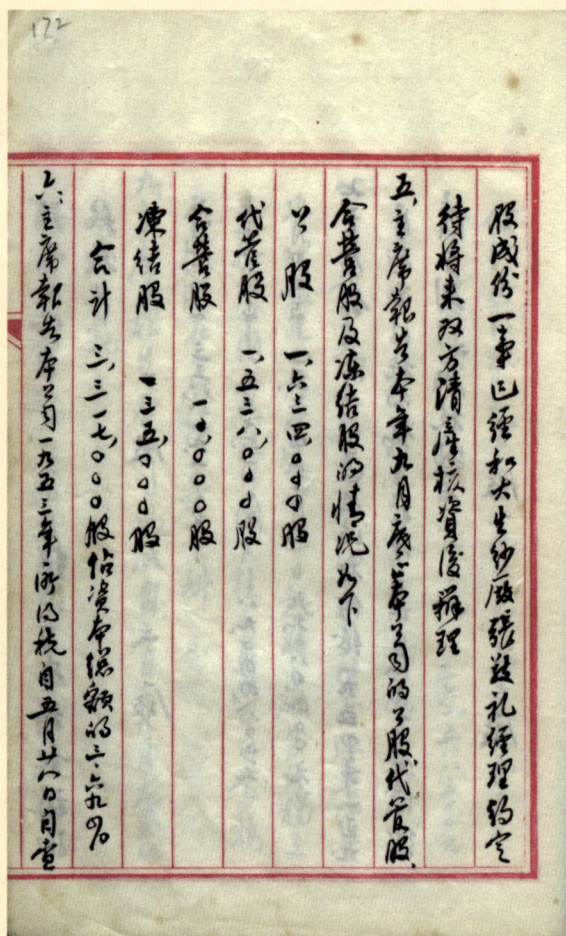

1953年会议记录（部分）

全文（节选）：

……股成份一事已经和大生纱厂张敬礼经理约定，待将来双方清产核资后办理。

五、主席报告本年九月底止，本公司的公股、代管股、合营股及冻结股的情况如下：

公股　　一六三四零零零股

代管股　一五三八零零零股

合营股　一零零零零零股

冻结股　一三五零零零股

合计　　三三一七零零零股，占资本总额的三.六九％

六、主席报告本公司一九五三年所得税自五月廿八日自查……

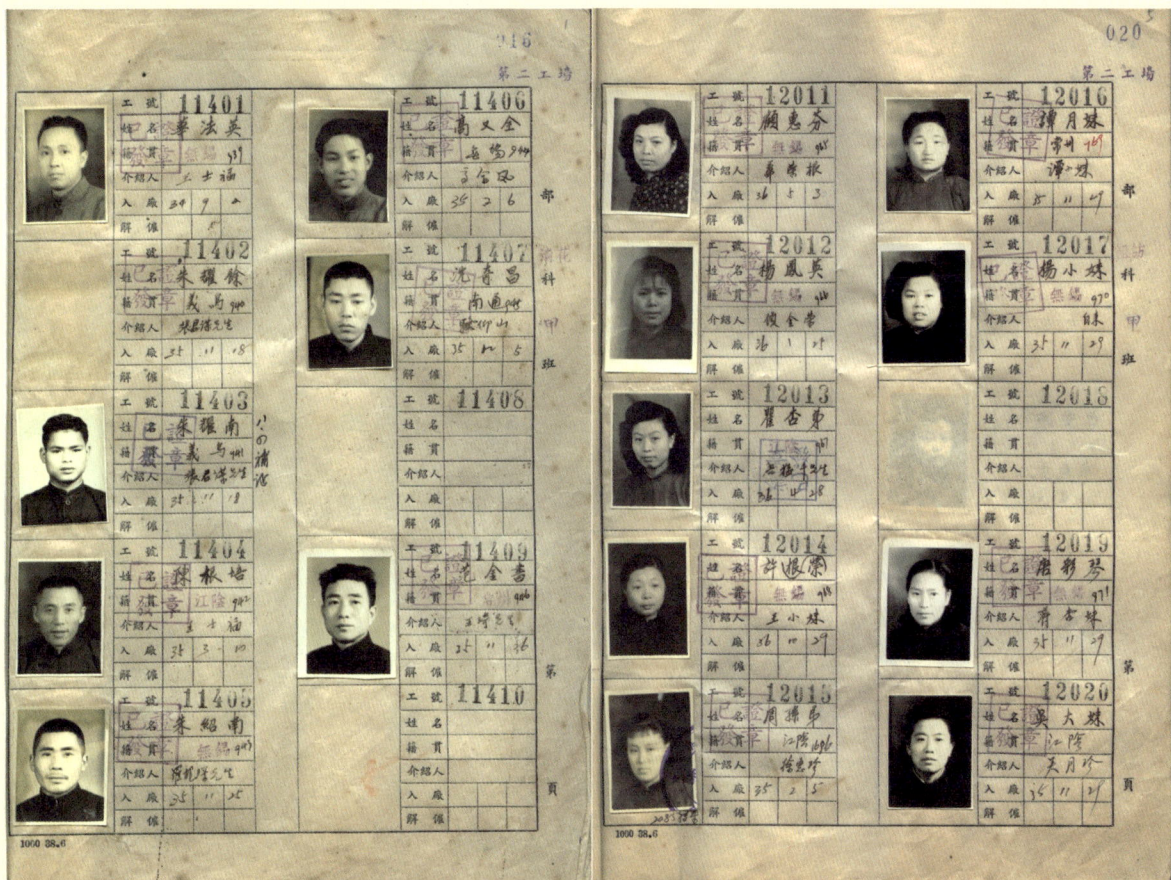

职工登记册（部分）

　　庆丰纺织厂在用人制度上相当严谨，每一个员工的资料都登记在册，并妥善保存。相册的制作也比较科学，封面用牛皮纸做成，结实耐用，还有一定的防水作用。上面标有起始号码，以方便查询。相册内部是员工资料，每页10人，男女分开。个人信息分为：照片、工号、姓名、籍贯、入厂时间、介绍人等。

1934年宜兴县特大旱灾档案

保管单位：宜兴市档案馆

内容及评价：

1934年宜兴发生特大旱灾，致使河道干涸，田土龟裂，秧苗枯黄，农作物大面积受灾。据《宜兴县志》载："夏至日起，连续四十天未下雨，宜兴经徐舍到溧阳，河道中可推车行人，全县稻田龟裂，禾苗枯萎，受灾面积七十二万七千亩，占总田亩百分之六十八，损失稻二百零一万八千担，大豆四千担，价值六百四十万七千元，灾民十余万。八月十七日，新芳桥等地出现饥民抢米风潮，规模少则十余人，多则数千人。"当年《大公报》载："黄梅时节不雨，反亢热"，江南各地"均苦旱"。世界红十字会中华总会《甲戌灾患赈务会议议案》载："江苏：旱灾，最重者溧阳、溧水、江铺（浦）……无锡、丹阳、宜兴十县……"。此次旱灾距今时间不算久远，我们可从留存的大量史料中体会到当时受灾之惨重及民众的疾苦。

宜兴市档案馆馆藏的4张照片部分记录反映了当时的干旱场景。

1934年宜兴县特大旱灾　田土龟裂

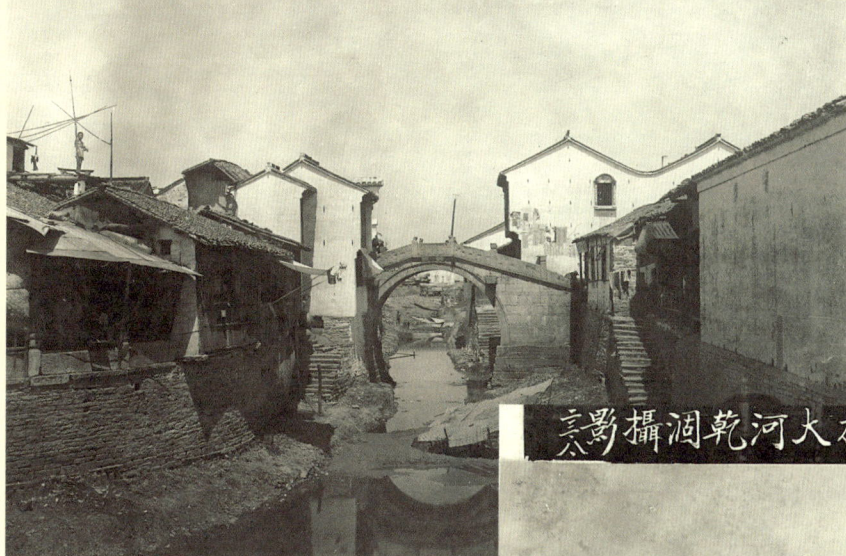

1934年宜兴县特大旱灾　河道干涸

1934年宜兴县特大旱灾　河道干涸

1934年宜兴县特大旱灾　河道行人

1934年不动产卖契官纸

保管单位：无锡市滨湖区档案馆

内容及评价：

1934年11月，冯荣根自愿将鱼池荡田等卖于顾锡云名下，并立此据证明该田产永为得主世产，卖主不得干涉买主自由交易。此文契由当时江苏省财政厅印制，请中人作保，并加盖江苏省财政厅公章及无锡县第四区徐兰镇镇公所图印，确保了绝卖契在当时的合法性。该档案是房地产交易权属的原始凭证，见证了当时不动产买卖的历史。

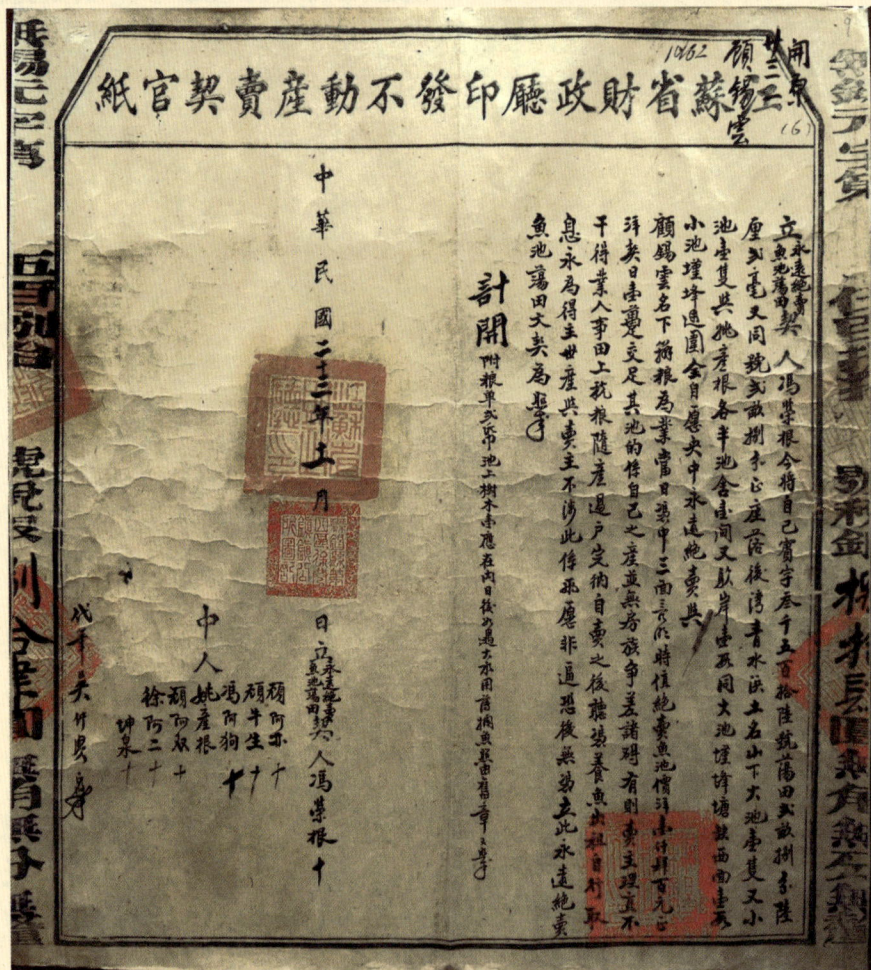

1934年11月绝卖鱼池荡田红契

　　1934年冬月，顾士荣、顾根荣兄弟将自己宾字3517号荡田1亩5分自愿过户与堂弟顾泉根，并永远为顾泉根世产，特立"永远归并鱼池文契"为据，以示永无反悔之意。此文契由官方办完过税手续，贴有国民政府印花税票，并加盖无锡县第四区徐兰镇镇公所图印，契约落款年号、日期、中人、执笔人和画押人一应俱全，内容记载丰富细致。

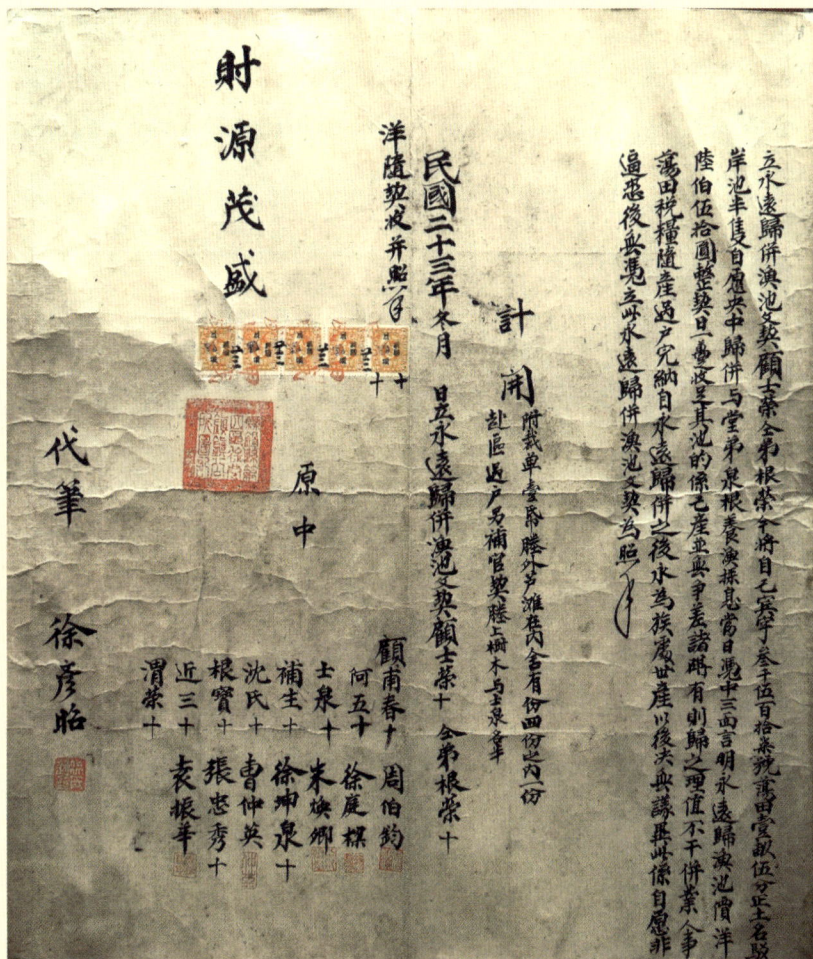

1934年永远归并鱼池文契

　　以上两件文契，形式不同，内容相仿。对于研究民国时期房地产管理和房地产市场交易发展的历史，以及研究当时无锡地区生产、生活和政府征税等情况，具有比较重要的参考价值。

民国《江阴社会调查》

保管单位：江阴市档案馆

内容及评价：

民国《江阴社会调查》形成于1935年。国民党江阴县党部1934年组织开展了一次"江阴社会调查"，历时半年，1935年8月刊发出版了《江阴社会调查》。该《调查》全面系统地反映了1935年3月前江阴地方政治、经济、人口、自然地理等状况，是研究江阴历史的宝贵史料。当时江阴的大宗生产是桑蚕和土布，为此对于这两项的渊源和实际情况都有较详尽的叙述，甚至公产和庙产的统计也相当确实，所以，《江阴社会调查》"赘言"中也有"可作地方信史"之说。

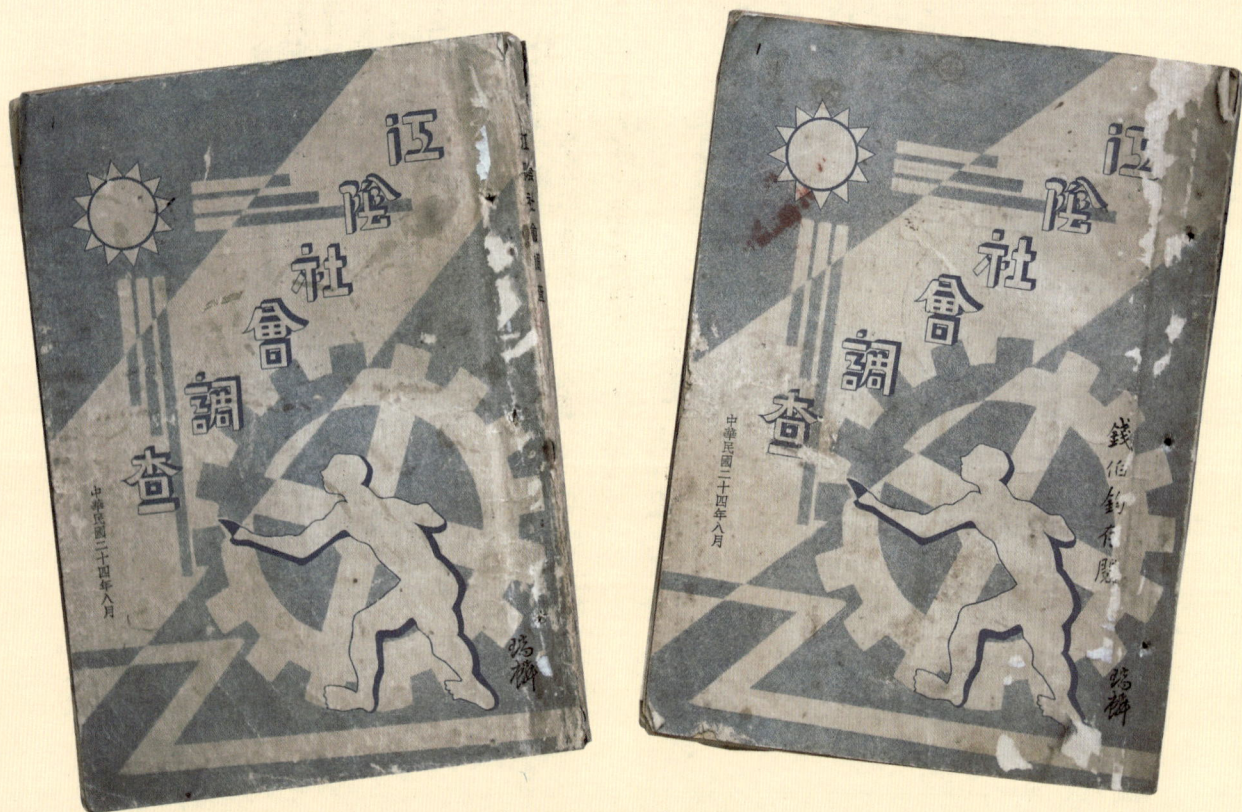

《江阴社会调查》封面

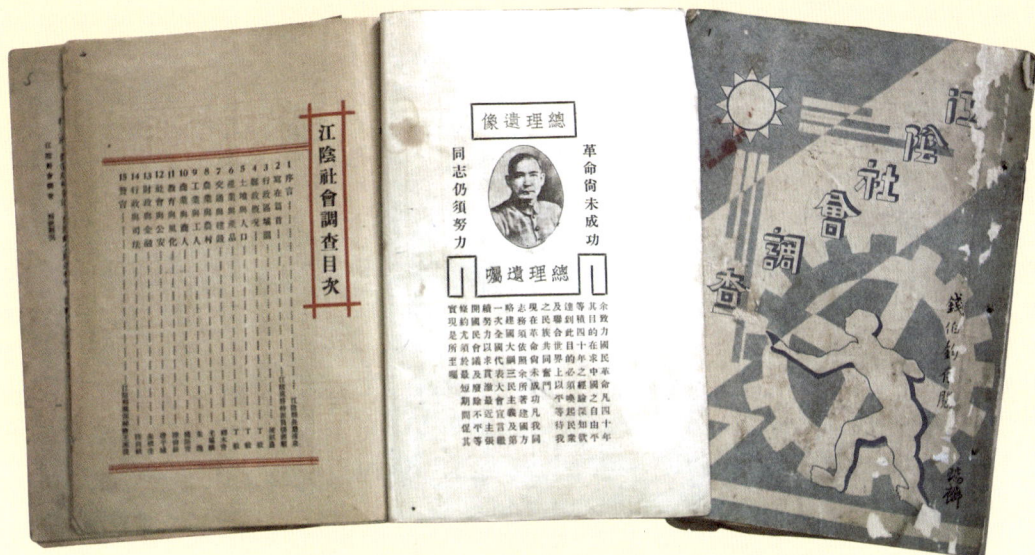

《江阴社会调查》扉页

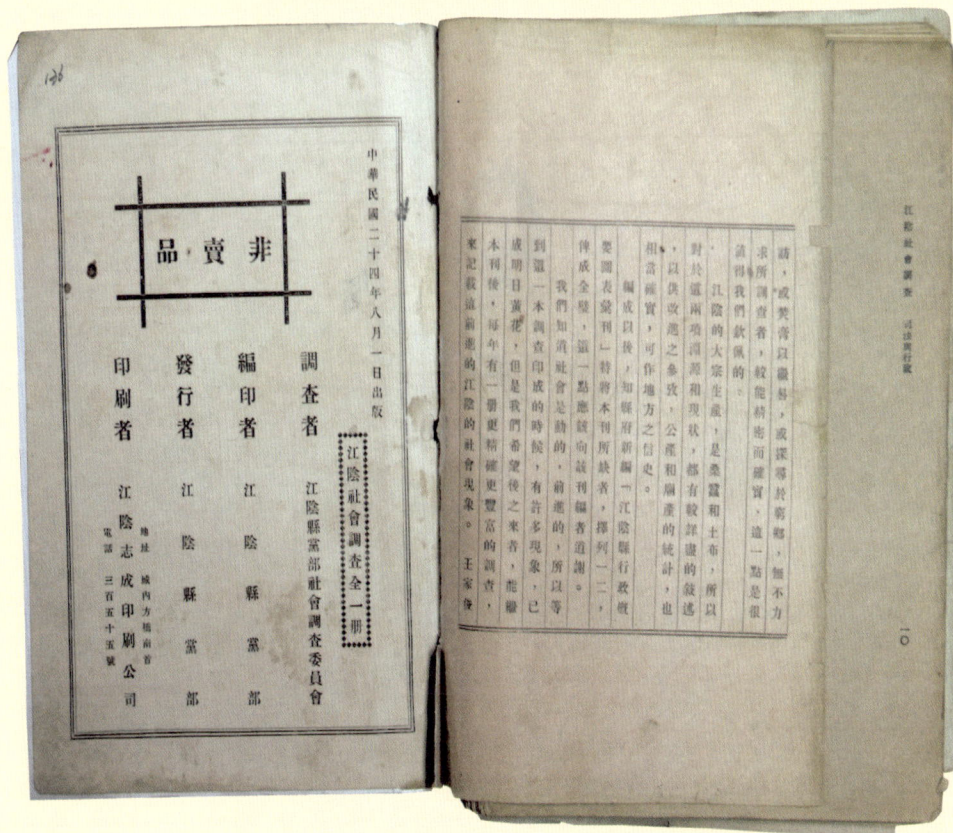

《江阴社会调查》版权页

縣政概況

丁毅

一 史地

(一)境界 西界武進，南達無錫，東鄰常熟，北濱長江。

(二)面積 九九七八八〇平方公里。

(三)形勢 瀕江多山，為婁廓重境。南由運河至無錫縣境。北臨大江，形勢險要。西由陰路達武進縣境。東有橫河，通常熟縣境。建扼嚳於黃山，谿水縈繞匯於沿江各港。

(四)氣候 夏季最熱，達華氏表百度以上，冬季最冷，為三十度以下。春秋兩季，較為溫和，平均在六十度左右。十月降霜，十一月降雪。

(五十)地 分漕田沙田二種，漕田已墾者，為九八萬四千五百九十二畝二分八釐。未墾者，為二萬八千八百八十八畝五分。沙田保沿江漫灘，團築而成，宜稻棉花黃豆。全縣田畝，平均地價為九十元。接漕田土質堅瘠，宜種木棉桑株。

(六)交通 江陰與武進常熟兩縣，自澄錫公路通行後，該輪已先後相繼停駛。北面臨江，上下游，有江輪日行三班，客業頗稱發達，日有輪舟往返一次。至無錫來去輪船，昔有利澄，招商，戴東，日

江陰社會調查 縣政概況 一

县政概况

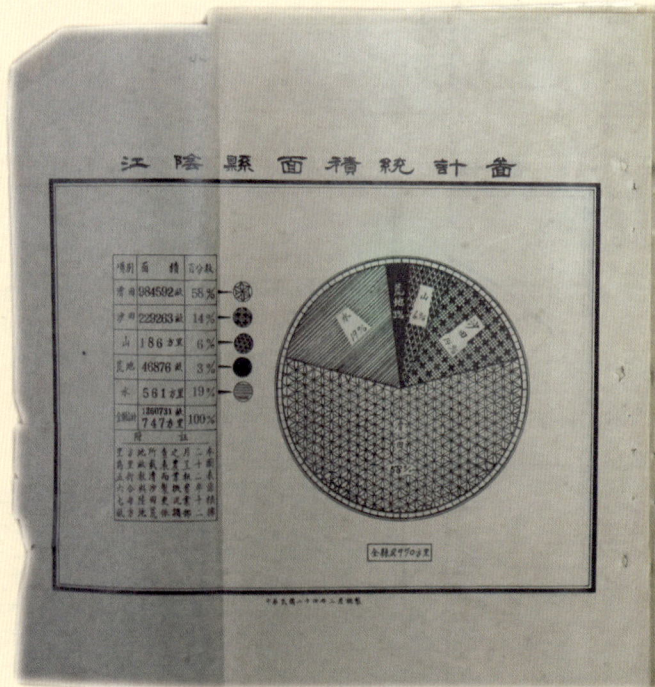

江阴县各类土地统计图表

全县改良私塾调查表

社会与公安

在对地方传统文化进行保护性开发利用的过程中，过去的一些调查资料具有不可替代的作用。例如该《调查》对各类宗教场所的分布、建筑结构、宗教人员情况等都做了详细的记录。江阴在重修君山寺的过程中就曾参考了该《调查》记录的有关内容。

宗教机构调查表

近代无锡社会救助与慈善事业档案

保管单位： 无锡市档案馆

内容及评价：

　　近代无锡社会救助与慈善事业档案形成于1930年至1940年。社会救助与慈善事业是社会发展的产物，救灾恤邻，抚孤济寡，自古就是中华民族的美德。无锡物产丰腴、人文发达，社会救济事业向来受各界重视，列代兴盛。近代战乱及饥荒频繁发生，大量灾民、贫民的存在，使这一时期以社会救济为中心的慈善活动更显活跃。无锡的社会救济机构，先后出现过育婴堂、普济堂、同仁堂、恒善堂、清节堂、孤儿院、溥仁慈善会、红卍字会、劳工医院、平民习艺所等组织，虽然限于经费，或限于地位，其作用有限，但还是对救贫扶困、稳定社会具有一定意义。一些民间人士，特别是一些民族工商企业家热衷社会公益事业，除了为置办义庄或举行其他慈善活动捐钱捐物以外，还热心兴教办学、修路筑桥。例如周舜卿兴建周新镇以及荣德生、陆培之、薛南溟、祝兰舫等人组成"千桥会"（后称百桥公司）等都是突出的例子。

无锡同仁堂1947年度第一期冬令救济名册

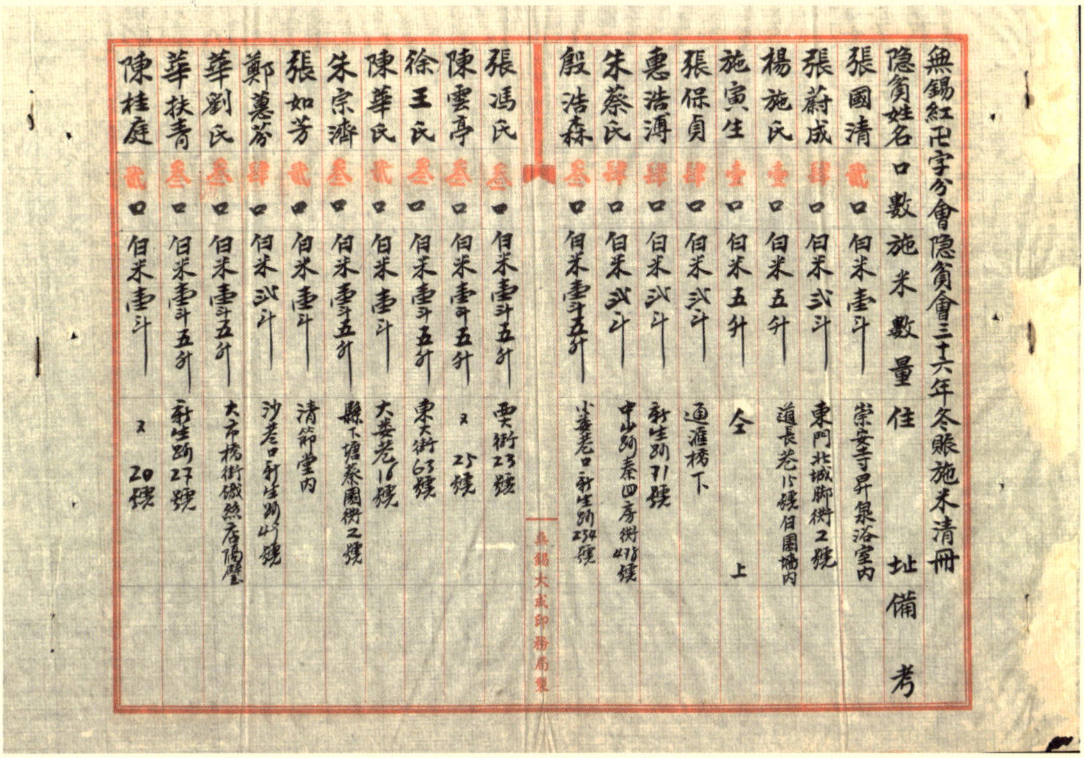

無錫紅卍字分會隱貧會三十六年冬賑施米清冊

隱貧姓名	口數	施米數量	住址	備考
張國清	貳口	白米壹斗	崇安寺昇泉浴室內	
張蔚成	肆口	白米弍斗	東門北城脚街2號	
楊施氏	壹口	白米五升	道長巷15號自園墻內	
施寅生	壹口	白米五升	仝上	
張保貞	肆口	白米弍斗	通滙橋下	
惠浩溥	肆口	白米弍斗	新生路71號	
朱蔡氏	肆口	白米弍斗	中山路秦四房街47號	
殷浩森	叁口	白米壹斗五升	小婁巷口新生路234號	
張馮氏	叁口	白米壹斗五升	雲街23號	
陳雲亭	叁口	白米壹斗五升	又 25號	
徐王氏	叁口	白米壹斗五升	東大街63號	
陳華氏	貳口	白米壹斗	大婁巷16號	
朱宗濟	叁口	白米壹斗五升	縣下塘蔡園街2號	
張如芳	貳口	白米壹斗	清節堂內	
鄭蕙芬	肆口	白米弍斗	沙巷口新生路45號	
華劉氏	叁口	白米壹斗五升	大市橋街鐵線店隔壁	
華扶青	叁口	白米壹斗五升	新生路27號	
陳桂庭	貳口	白米壹斗	又 20號	

无锡红卍字分会隐贫会1947年冬赈施米清册

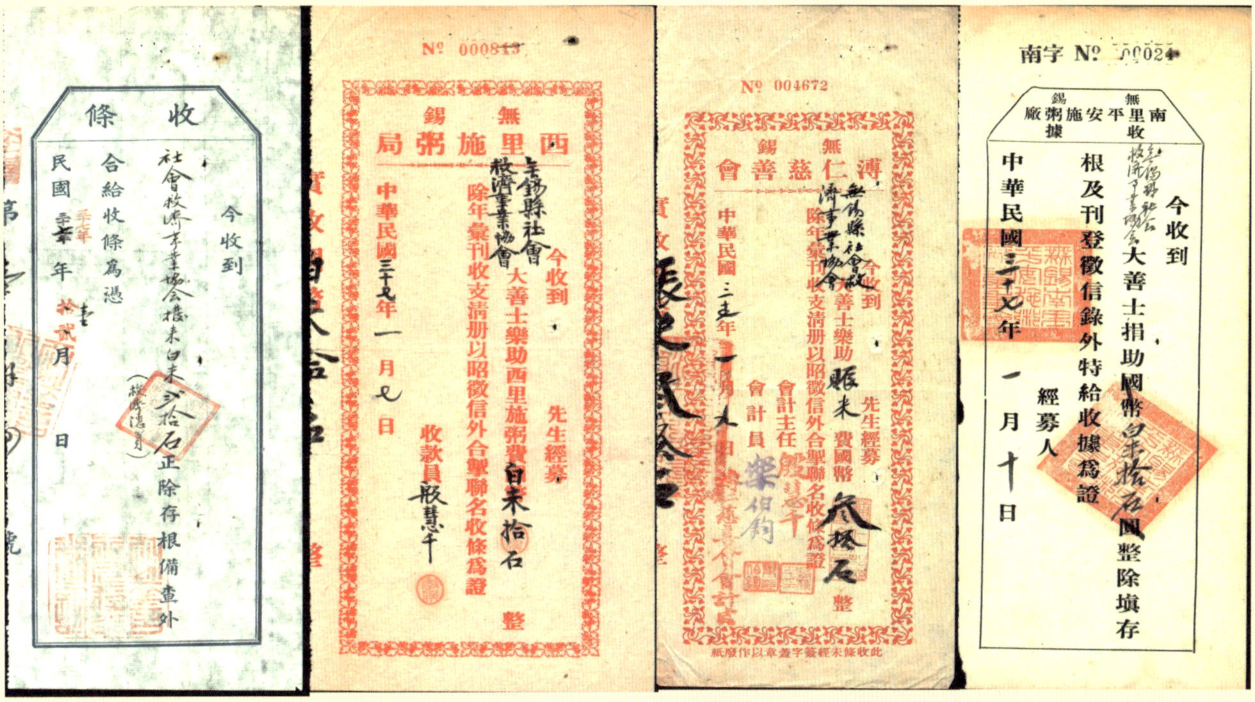

收條
今收到 社會救濟事業協會撥來白米 叁拾石 正除存根備查外 合給收條爲憑
民國 年 月 日

No 000813
無錫西里施粥局
今收到 無錫縣社會救濟事業協會 大善士樂助西里施粥費 白米拾石 整
除年彙刊收支清冊以昭徵信外合掣聯名收條爲證
先生經募
收款員
中華民國三十七年一月七日

No 004672
無錫溥仁慈善會
今收到 無錫縣社會救濟事業協會 大善士樂助 賑米 費國幣 拾石 整
除年彙刊收支清冊以昭徵信外合掣聯名收條爲證
先生經募
會計主任
會計員
中華民國三十七年 月 日
此收條未經蓋章簽字者以廢紙作

南字 No 0002
無錫南里收平安施粥廠收據
今收到 大善士捐助國幣 拾石 圓整除填存根及刊登徵信錄外特給收據爲證
經募人
中華民國三十七年一月十日

1948年无锡县社会救济资料

1935年无锡县地方捐款征收处同人摄影于无锡公园亭畔

1946年庆丰纱厂关于募款救济难民的信函

全文（节选）：

锡总字第二一九号第　页　卅五年十月一日发　年月　日收

总经理钧鉴敬陈者：

一、关于救济苏北难民捐款，日前锡地同业集议，据称第六区棉纺同业公会曾规定，凡外埠各厂依照锭数摊认半数，其余半数经各厂在沪当局商定，送由无锡县商会查收汇解。值兹冬令将届，苏北难民急待救济，县商会屡次催缴。查此项苏北难民捐，我厂在沪究已付过若干？锡地应再付出若干？敝处未奉尊处示及，又闻沪上缴出半数，系照报出锭数计算，兹锡地同业决定，照各厂八月份实开锭数计算，可资节省。本厂八月份报开锭数三万二千枚，应缴捐款三百二十万元，是否照缴？请示遵理。

……

敬请台安

锡厂　谨启

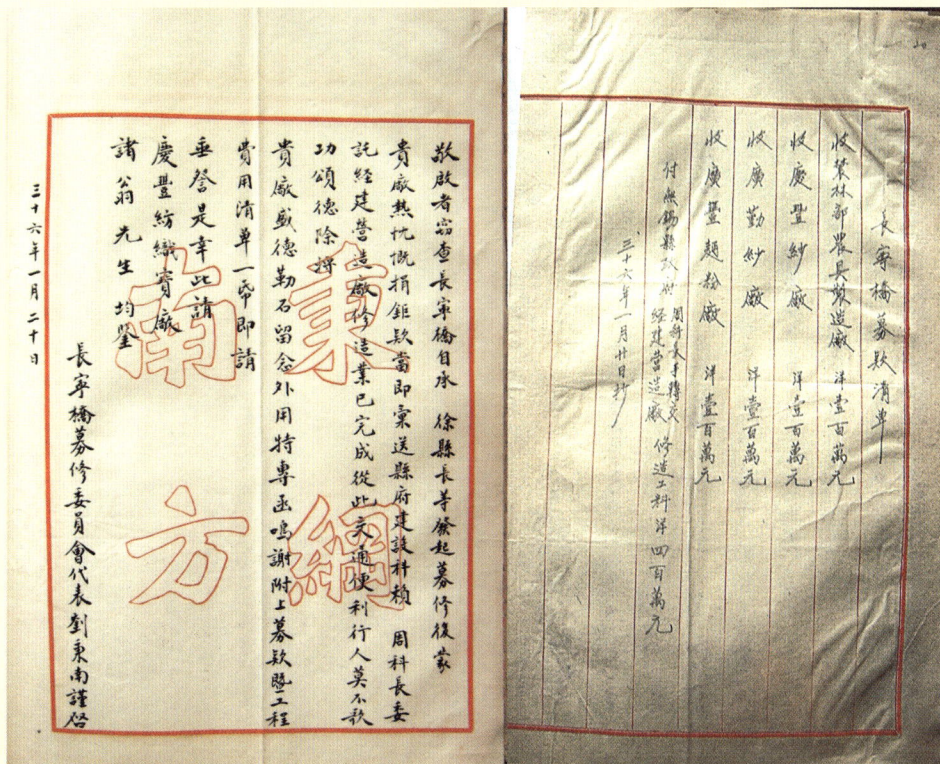

1947年广勤路长宁桥募款清单

全文：

收农林部农具厂　洋壹百万元；

收庆丰纱厂　洋壹百万元；

收广勤纱厂　洋壹百万元；

收广丰面粉厂　洋壹百万元；

付无锡县政府周科长手转交经建营造厂修造工料　洋四百万元。

三十六年一月廿日抄

敬启者：

窃查长宁桥自承徐县长等发起募修后，蒙贵厂热忱慨捐巨款，当即汇送县府建设科，赖周科长委托经建营造厂修造，业已完成。从此交通便利，行人莫不歌功颂德。除将贵厂盛德勒石留念外，用特专函鸣谢，附上募款暨工程费用清单一纸。即请垂察是幸。此请

庆丰纺织宝厂　诸翁先生均鉴

长宁桥募修委员会代表刘秉南　谨启

三十六年一月二十日

1934年荣德生兴资建造的无锡宝界桥

百桥公司建造的无锡大公桥、武进雪堰镇大港桥

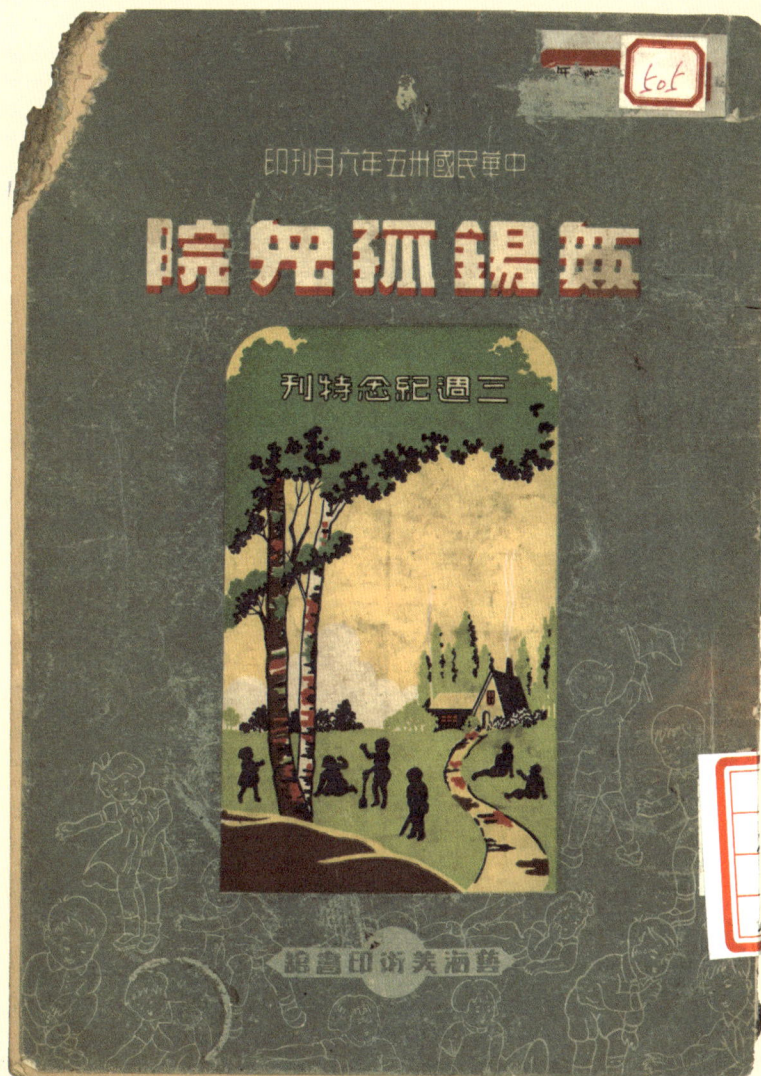

《无锡孤儿院》三周年纪念刊封面

　　无锡孤残儿童由机构集中供养最早可追溯到清嘉庆元年(1796)，由本乡绅士创建育婴堂，专门收养社会弃婴。1920年，无锡圣公会教友曾捐资创办无锡孤儿院收养孤儿。后来的无锡孤儿院创办于1943年5月23日，经费来源以私人出资和社会募捐为主，当时诸多有声望之人都曾是其董事。孤儿院虽是民办组织，但非一般意义上的社会收容所，主办者将其办成一所各项规章制度健全严谨的类似寄宿学校的机构。

　　1946年6月，值无锡孤儿院创办三周年之际，院方特别印制了一册纪念特刊。纪念刊首页是国民党陆军二级上将汤恩伯题写的"幼有所长"四字，时任江苏省省长王懋功以及75岁高龄的侯鸿鉴等社会名流都为这所孤儿院题词，可见各界对孤儿收养、教育的重视。当时钱孙卿先生担任孤儿院董事长，陈汉文先生担任常务董事兼院长，他们各自为此刊撰写了序文和发刊词。

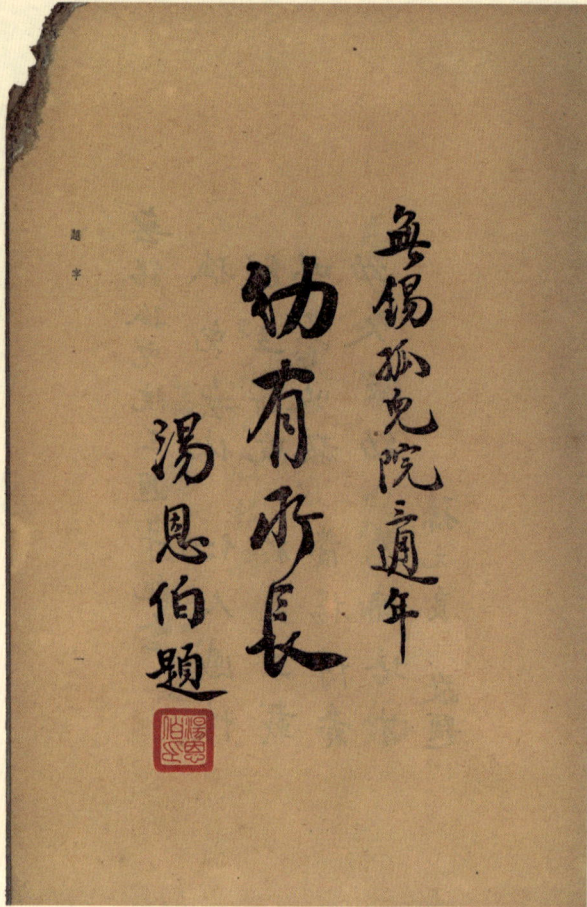

汤恩伯题词"幼有所长"

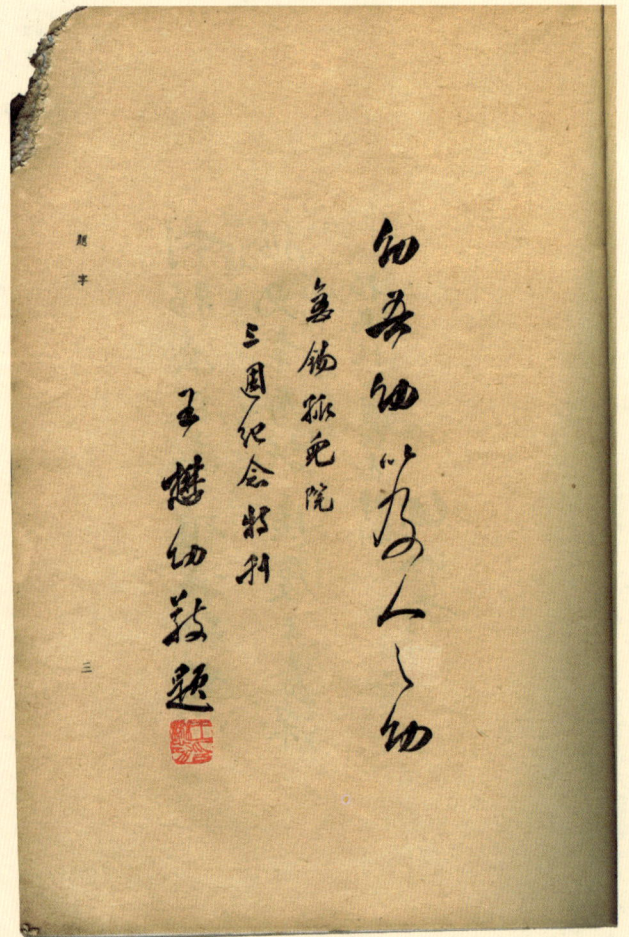

王懋功题词"幼吾幼以及人之幼"

董事长钱孙卿先生、常务董事兼院长陈汉文先生

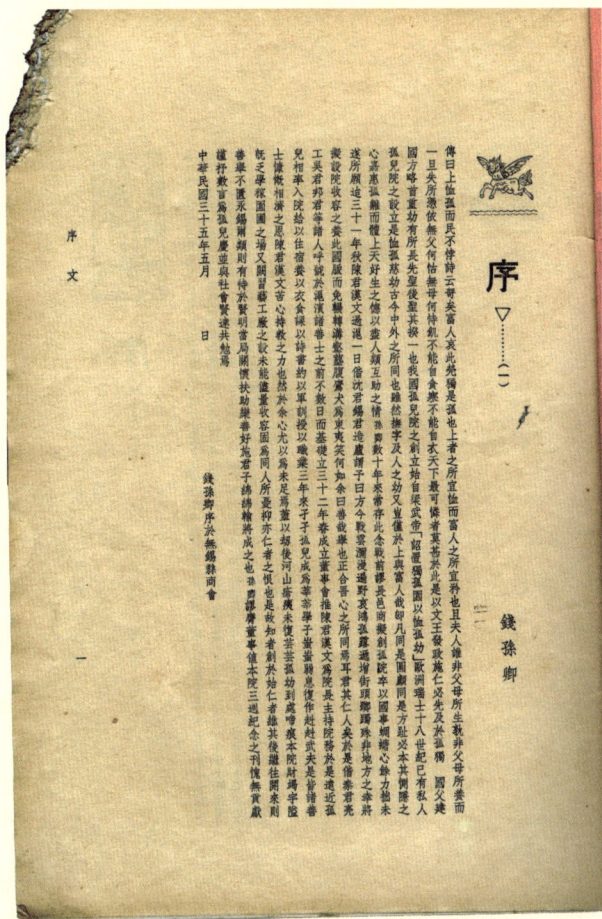

钱孙卿撰序

全文：

传曰上恤孤而民不悖，诗云哿矣富人，哀此茕独。是孤也，上者之所宜恤，而富人之所宜矜也。且夫人谁非父母所生，孰非父母所养，而一旦失所凭依，无父何怙无母何恃，饥不能自食，寒不能自衣。天下最可怜者莫甚于此。是以文王发政施仁，必先及于孤独。

国父建国方略，首重幼有所长，先圣后圣其揆一也。我国孤儿院之创立，始自梁武帝"诏置孤独园以恤孤幼"。欧洲瑞士十八世纪，已有私人孤儿院之设立。是恤孤慈幼，古今中外之所同也。虽然抚字及人之幼，又岂仅于上与富人哉。即凡同是圆颅同是方趾，必本其恻隐之心，嘉惠孤雏而体上天好生之德，以尽人类互助之情。孙卿数十年来常存此念，战前谬长邑商，拟创孤院，卒以国事蜩螗，心余力拙未遂所愿。迨三十一年秋陈君汉文过沪，一日偕沈君锡君造庐，谓予曰：方今战云弥漫，遍野哀鸿，孤露递增，街头踯躅，殊非地方之幸。将拟设院收容之养，此国脉而免辗转沟壑，葬腹鹰犬，为东夷笑，何如？余曰：善哉举也！正合吾心之所同焉，耳君其仁人矣。于是偕秦君亮工吴君邦君等诸人呼号于沪滨诸善士之前，不数日而基础立，三十二年春成立。董事会推陈君汉文为院长主持院务，于是远近孤儿相率入院，给以住宿，养以衣食，课以诗书，约以军训，授以职业。三年来孑孑孤儿成为莘莘学子，茕茕弱息复作赳赳武夫，是皆诸善士慷慨相济之恩，陈君汉文苦心持教之力也。然于余心，尤以为未足焉。盖以劫后河山疮痍未复，芸芸孤幼到处啼痕，本院财竭宇隘，既乏学稼园圃之场，又阙习艺工厂之设，未能尽量收容。固为同人所忧，抑亦仁者之恨也。是故知者创于始，仁者维其后，继往开来则善举不匮，永锡尔类，则有待于贤明当局关怀扶助，乐善好施君子绵绵输将成之也。孙卿谬膺董事，值本院三周纪念之刊，愧无贡献，谨抒数言为孤儿庆，并与社会贤达共勉焉。

中华民国三十五年五月 日 钱孙卿序于无锡县商会

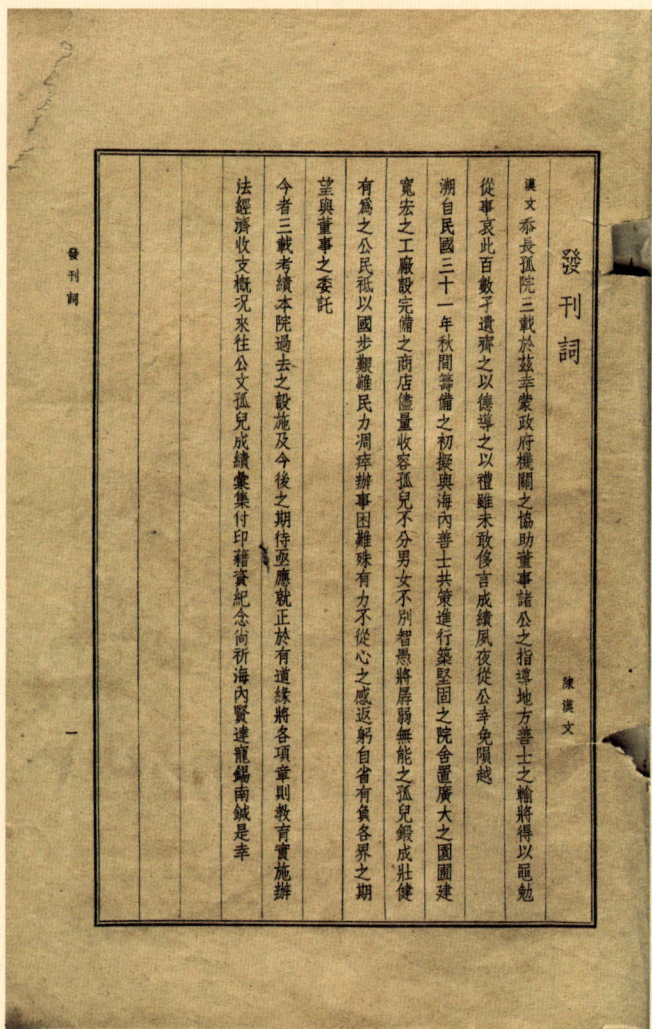

陈汉文撰发刊词

全文：

发刊词

汉文忝长孤院三载，于兹幸蒙政府机关之协助，董事诸公之指导，地方善士之输将，得以黾勉从事。哀此百树孑遗，齐之以德，导之以礼，虽未敢侈言成绩，夙夜从公幸免陨越。

溯自民国三十一年秋间筹备之初，拟与海内善士共策进行，筑坚固之院舍，置广大之园圃，建宽宏之工厂，设完备之商店，尽量收容孤儿，不分男女，不别智愚，将孱弱无能之孤儿锻成壮健有为之公民。只以国步艰难，民力凋瘵，办事困难，殊有力不从心之感，返躬自省，有负各界之期望与董事之委托。

今者三载考绩，本院过去之设施及今后之期待，亟应就正于有道，缘将各项章则、教育实施办法、经济收支概况、来往公文、孤儿成绩汇集付印，藉资纪念，尚祈海内贤达宠锡南针是幸。

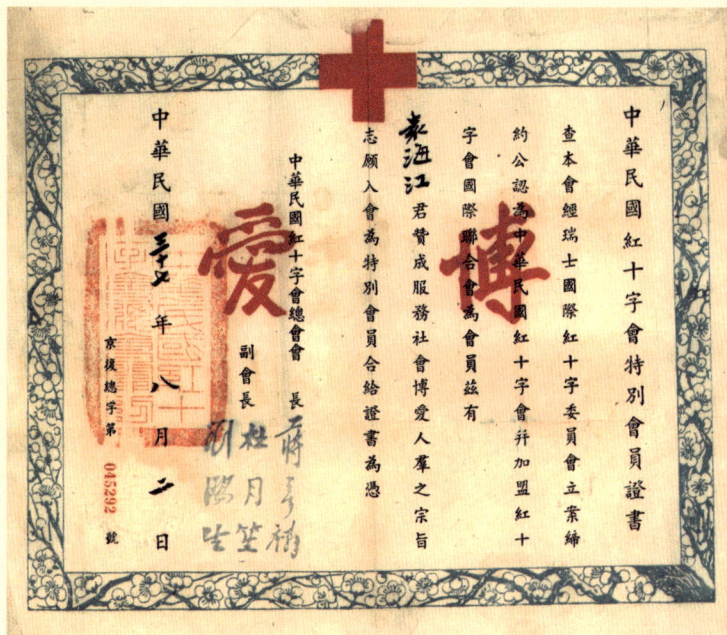

1948年中华民国红十字会颁发的特别会员证书

全文：

中华民国红十字会特别会员证书

　　查本会经瑞士国际红十字委员会立案缔约公认为中华民国红十字会，并加盟红十字会国际联合会为会员。兹有袁海江君赞成服务社会博爱人群之宗旨，志愿入会为特别会员，合给证书为凭。

中华民国红十字会总会　会　长　蒋梦麟

副会长　杜月笙

刘阳生

中华民国三十七年八月二日

相关知识：

　　中华民国红十字会起源于1904年成立的"东三省红十字普济善会"，后由盛宣怀、沈敦和邀集中外人士于1904年3月10日成立"万国红十字会上海支会"，1906年加入国际红十字组织。辛亥革命后成为"中国红十字会"，1933年随着《中华民国红十字会管理条例实施细则》的通过，更名为"中华民国红十字会"。是从事战时救援医护协助行动和重大灾害救济活动的人道主义社会救助团体。中华人民共和国成立后改组为中国红十字会。

　　无锡县红十字会成立于1924年，孙鹤卿任会长。1925年，无锡城被直系军阀齐燮元部溃兵包围10天，红十字会逐渐形成城内城外两个组织。各自设立医疗所和妇婴收容所，收容伤员和难民。事后开展捐募经费、救护救灾等工作，但因经费拮据，会务活动一直处于时断时续的状态。无锡解放后的1949年5月9日，无锡县红十字会更名为无锡市红十字会。1951年，经过改组，成立了新的无锡市红十字会。

民国江阴县商会档案

保管单位：江阴市档案馆

内容及评价：

民国江阴县商会档案形成于1945年至1949年。江阴市档案馆馆藏的民国时期江阴县商会档案主要包括国民党当局着手筹备成立江阴县商会和同业公会文件，江阴县政府支持商会、同业公会开展工作文件，处理同业公会和商家的不法行为、限制商家涨价、保护民众利益以及反映当时江阴商家基本情况的文件等。

抗日战争胜利之初，国民党江阴地方当局就着手筹备恢复成立江阴县商会和同业公会。商会、同业公会是行业自律组织，通过自己管理自己，敦促会员守法经营；同时商会、同业公会具有维护会员合理利益以及协助政府对地方经济进行管理的职责。民国时期是江阴民族工商业发展的重要时期，留下的相关资料对于研究地方经济发展历史具有重要意义。民国档案的行文格式、印鉴、纸张以及各具特色的书法等也都值得品鉴。

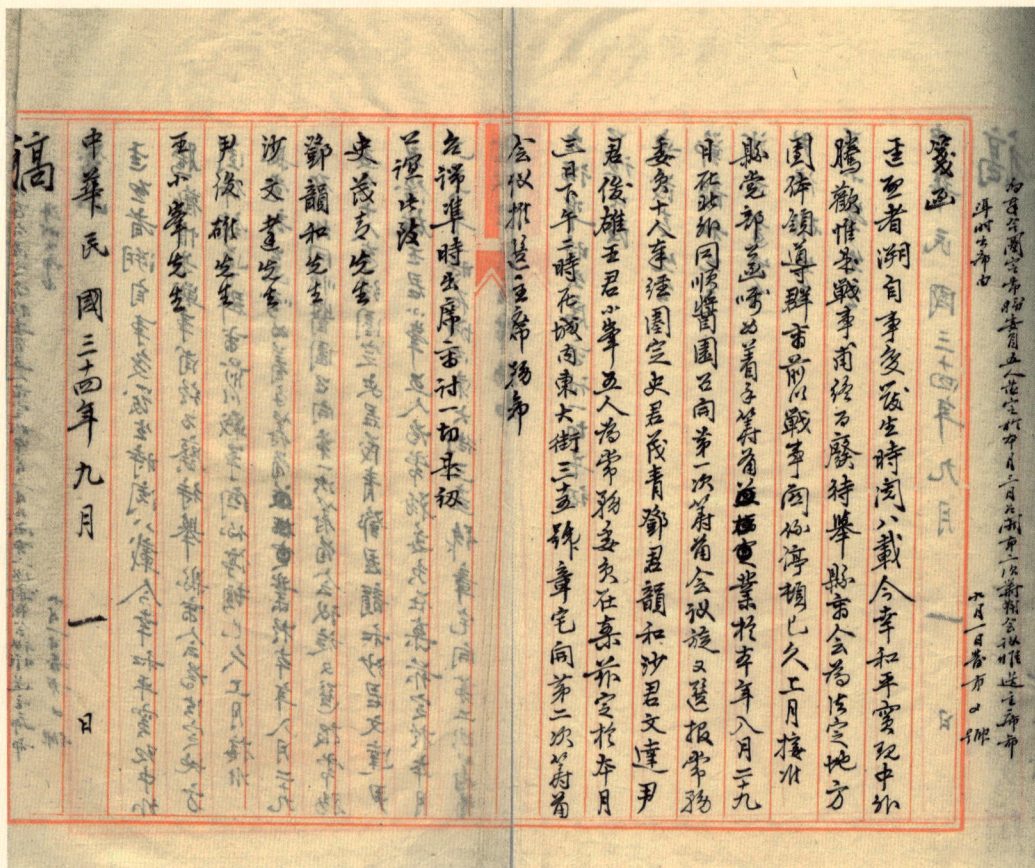

1945年9月县商会奉令召开第二次筹备会议的通知

全文：

笺函迳启者：

溯自事变发生，时阅八载，今幸和平实现，中外腾欢。惟是战事甫终，百废待举。县商会为法定地方团体，领导群商。前以战事关系，停顿已久。上月接准，县党部公函嘱为着手筹备。业于本年八月二十九日在北外同顺酱园召开第一次筹备会议，旋又选报常务委员十人。奉经圈定史君茂青、邓君韶和、沙君文达、尹君俊雄、王君小峰五人为常务委员在案。兹定于本月三日下午二时，在城内东大街三十五号章宅开第二次筹备会议，推选主席。

务希台端准时出席，商讨一切，是纫公谊。此致

史茂青先生

邓韶和先生

沙文达先生

尹俊雄先生

王小峰先生

中华民国三十四年九月一日

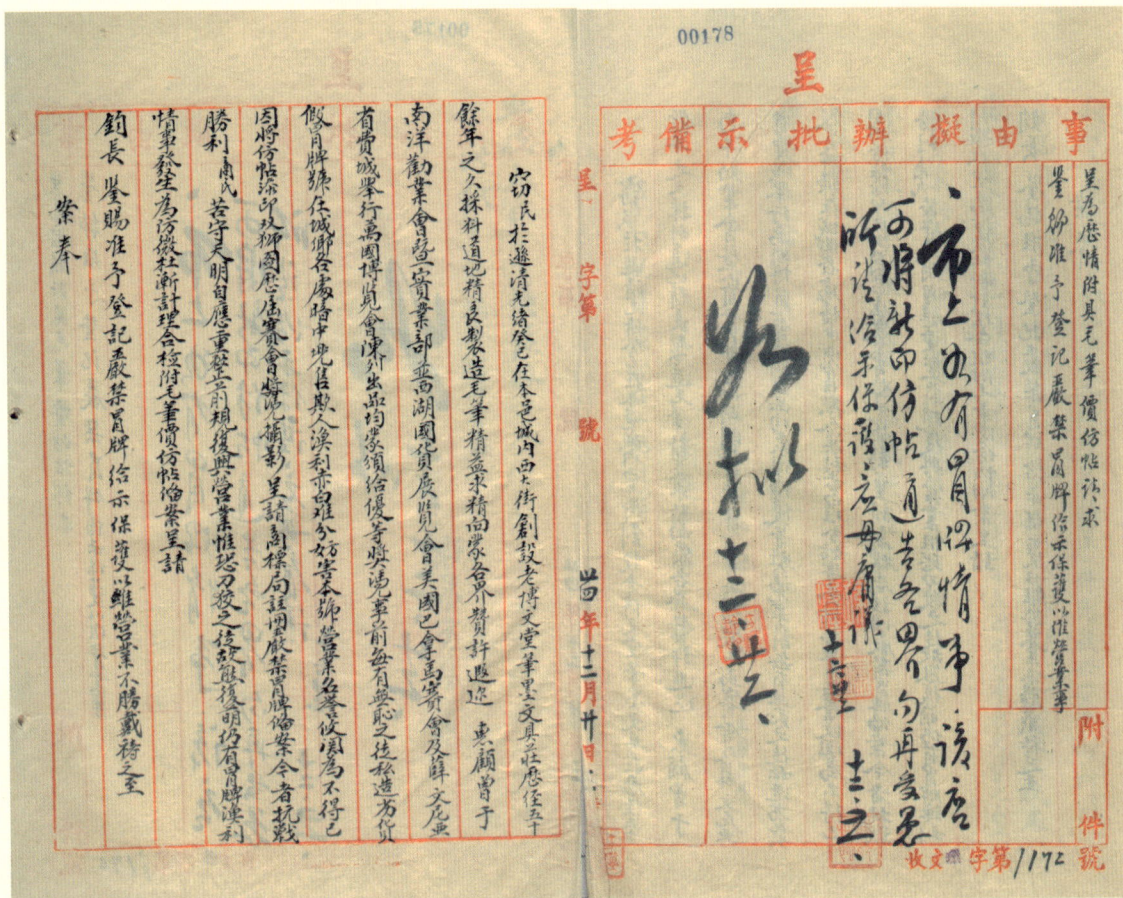

江阴老博文堂笔墨文具庄1945年12月为请求准予登记严禁冒牌给县政府的呈文及县政府批示

全文：

呈为历情附具毛笔价仿帖请求鉴赐准予登记严禁冒牌给示保护以维营业事

窃民于逊清光绪癸巳在本邑城内西大街创设老博文堂笔墨文具庄，历经五十余年之久，采材道地精良，制造毛笔精益求精。向蒙各界赞许，遐迩惠顾。曾于南洋劝业会暨实业部并西湖国货展览会、美国巴拿马赛会及薛文尼亚省费城举行万国博览会陈列出品，均蒙颁给优等奖凭。事前每有无耻之徒，私造劣货，假冒牌号，在城乡各处暗中兜售，欺人渔利，赤白难分，妨害本号营业，名誉攸关。为不得已，因将仿帖添印双狮图、历届赛会奖凭摄影，呈请商标局注册，严禁冒牌备案。今者抗战胜利，商民苦守天明，自应重整前规，复兴营业。唯恐刀狡之徒，故态复萌，仍有冒牌渔利情事发生。为防微杜渐计，理合检附毛笔价仿帖备案呈请钧长鉴赐准予登记，严禁冒牌，给示保护，以维营业，不胜戴祷之至。

案奉钧府三十四年十一月八日社字第十九号批示本号呈一件"为复兴营业仰祈鉴赐准予登记给示保护由"，内开"呈件均悉，仰赴税捐征收处缴纳营业牌照税（遵赴征收处，徐局长云本年国令营业税免征，且乏商照，尚未办理）再以核办，此批。"重申前情，仰祈鉴核，准予给示保护，不胜戴德。谨呈

江阴县政府 县长 方

呈具人 梅剑卿（年籍在卷）

商 号 老博文堂

粘呈毛笔价仿帖一纸于后

（批示）市上如有冒牌情事，该店可将新印仿帖通告各界，勿再受愚。所请给示保护应毋庸议。

十二.五.

1946年7月锡澄长途汽车股份有限公司
填报的江阴县商会入会登记表

无锡丽新纺织厂、协新毛纺织染厂档案

保管单位：无锡市档案馆

内容及评价：

无锡丽新纺织厂、协新毛纺织染厂档案形成于1945年至1956年。1920年，唐骧廷与程敬堂等人集资筹建丽新纺织印染公司，于1922年投产，是当时无锡染织业资本最雄厚、设备最完备的企业。唐骧廷召回正在上大学的儿子唐君远协助自己，并以高薪聘请专业人才和培训技术人员，改工头制为工程师制，实行严格的科学管理，提高设备利用率，改革技术，应对市场竞争，从而使丽新蒸蒸日上。到抗日战争前夕，丽新已由普通染织厂发展成为纺织、印染全能工厂。1934年，唐、程等人又集资创办具有毛纺、织、染、整全套设备的协新毛纺织染厂，也是无锡第一家精纺呢绒厂。协新厂致力于提高产品质量，并随时根据市场需要，调整产品品种，生产各类精纺、粗纺呢绒、毛料，力求产销对路。协新呢绒花色品种多、价格便宜、质量优良，深受市场和消费者欢迎，尤其是首创"不蛀呢绒"蜚声中外，畅销全国。抗日战争开始无锡沦陷时，丽新和协新厂在遭受很大损失后，被日军占据。

唐骧廷父子和程敬堂在抗战时避居上海，以剩余资金及招股集资开设昌兴纺织印染公司。同时利用准备扩建无锡协新厂的进口设备，在上海开设了协新上海厂。抗战胜利后，唐氏立即着手恢复在无锡的纺织企业，丽新厂至1947年已恢复到纱锭3万余枚、布机700余台的规模。同时恢复了染部。协新厂到1947年已恢复了纺、织、染部。丽新厂于1954年公私合营，1966年转为国营，分设无锡市第三棉纺织厂和无锡市印染厂，第三棉纺织厂后为无锡丽新纺织有限公司。协新厂于1955年公私合营，后转为国营。1970年起专门生产精纺呢绒，现为无锡协新毛纺织有限公司。

无锡市档案馆现存两厂的各类档案材料，对研究唐氏集团乃至我国民族工业的发展具有重要参考价值。

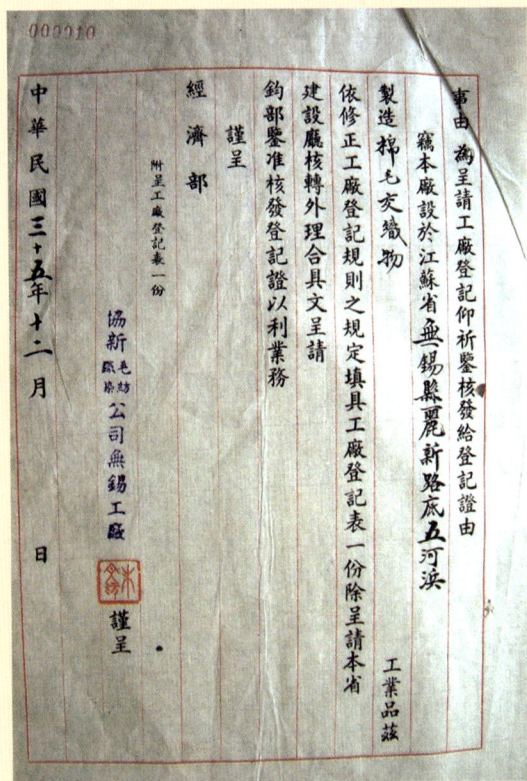

1946年无锡协新毛纺织染公司为核发登记证给经济部的呈文

全文：

窃本厂设于江苏省无锡县丽新路底五河浜，制造棉毛交织物工业品。兹依修正工厂登记规则之规定，填具工厂登记表一份，除呈请本省建设厅核转外，理合具文呈请钧部鉴准核发登记证以利业务。

　　谨呈

　　经济部

　　附呈工厂登记表一份

　　　　　　协新毛纺织染公司无锡工厂 谨呈

　　　　　　中华民国三十五年十二月 日

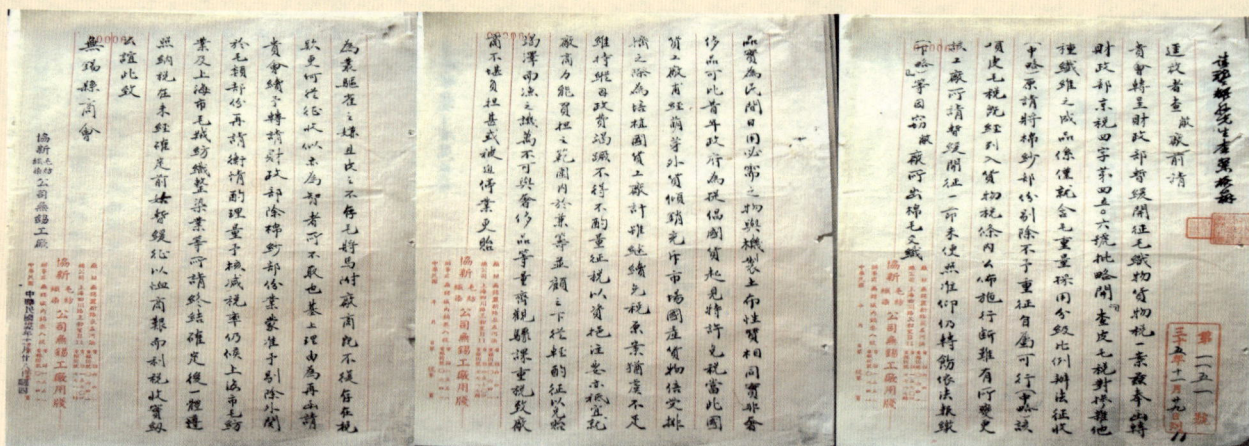

1946年无锡协新毛纺织染公司为请暂缓开征毛织物货物税给无锡县商会的函

全文：

迳启者：

查敝厂前请贵会转呈财政部暂缓开征毛织物货物税一案，兹奉函转财政部京税四字第四五〇六号批略开："查皮毛税对掺杂他种纤维之成品系仅就含毛重量采用分级比例办法征收（中略），原请将棉纱部分剔除不予重征自属可行（中略），该项皮毛税既经列入货物税条内公布施行，断难有所变更，该工厂所请暂缓开征一节未便照准，仰仍转饬依法报缴（下略）"等因。窃敝厂所出棉毛交织物实为民间日用必需之物，与机制土布性质相同，实非奢侈品可比。昔年政府为提倡国货起见，特许免税。当此国货工厂甫经萌芽，外货倾销充斥市场，国产货物倍受排挤之际，为培植国货工厂计，虽继续免税原案犹虞不足维持，纵因政费竭蹶不得不酌量征税，以资挹注，要亦只宜就厂商力能负担之范围内于兼筹并顾之下从轻酌征，以免贻竭泽而渔之讥。万不可与奢侈品等量齐观，骤课重税，致厂商不堪负担甚或被迫停业，更贻为丛驱雀之嫌，且皮之不存毛将焉附，厂商既不复存在，税款更何从征收？似亦为智者所不取也。基上理由，为再函请贵会续予转请财政部，除棉纱部分业蒙准予剔除外，关于毛类部分再请衡情酌理量予核减税率，仍候上海市毛纺业及上海市毛绒纺织整染业等所请终结确定后一体遵照纳税，在未经确定前姑暂缓征，以恤商艰而利税收。实纫公谊。此致

无锡县商会

协新毛纺织染公司无锡工厂

中华民国卅五年十一月廿八日 星期四

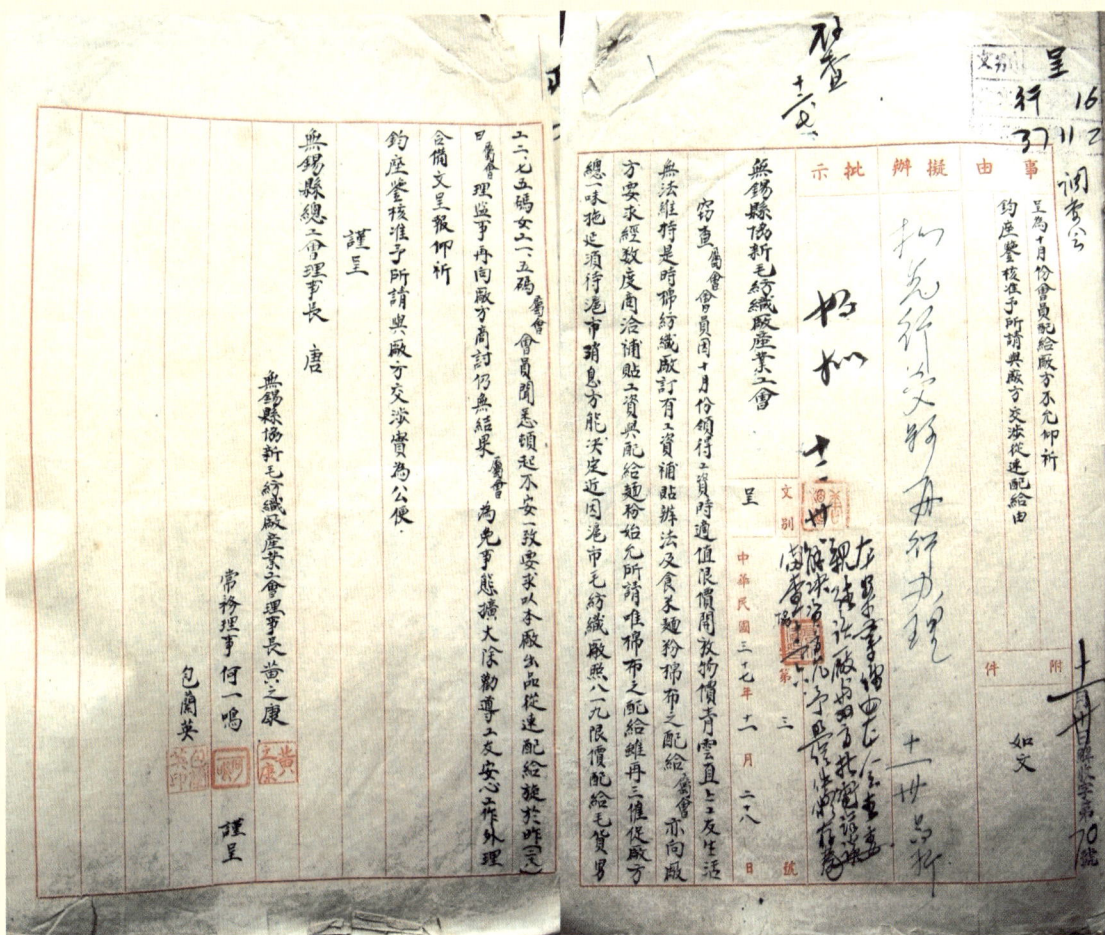

1948年11月，无锡县协新毛纺织厂产业工会为会员配给厂方不允，请求县总工会与厂方交涉的呈文。

全文：

　　窃查属会会员因十月份领得工资时，适值限价开放，物价青云直上，工友生活无法维持。是时棉纺织厂订有工资补贴办法，及食米面粉棉布之配给。属会亦向厂方要求，经数度商洽，补贴工资与配给面粉。始允所请，唯棉布之配给虽再三催促，厂方总一味拖延，须待沪市消息方能决定。近因沪市毛纺织厂照八一九限价配给毛货，男工二.七五码、女工一.五码。属会会员闻悉顿起不安，一致要求以本厂出品，从速配给。旋于昨（二十八）日属会理监事再向厂方商讨，仍无结果。属会为免事态扩大，除劝导工友安心工作外，理合备文呈报。仰祈钧座鉴核，准予所请，与厂方交涉，实为公便。

　　谨呈

　　无锡县总工会理事长　唐

　　　　　　　　　　　无锡县协新毛纺织厂产业工会理事长　黄之康

　　　　　　　　　　　常务理事　何一鸣　包兰英

　　　　　　　　　　　　　　　　　　　谨呈

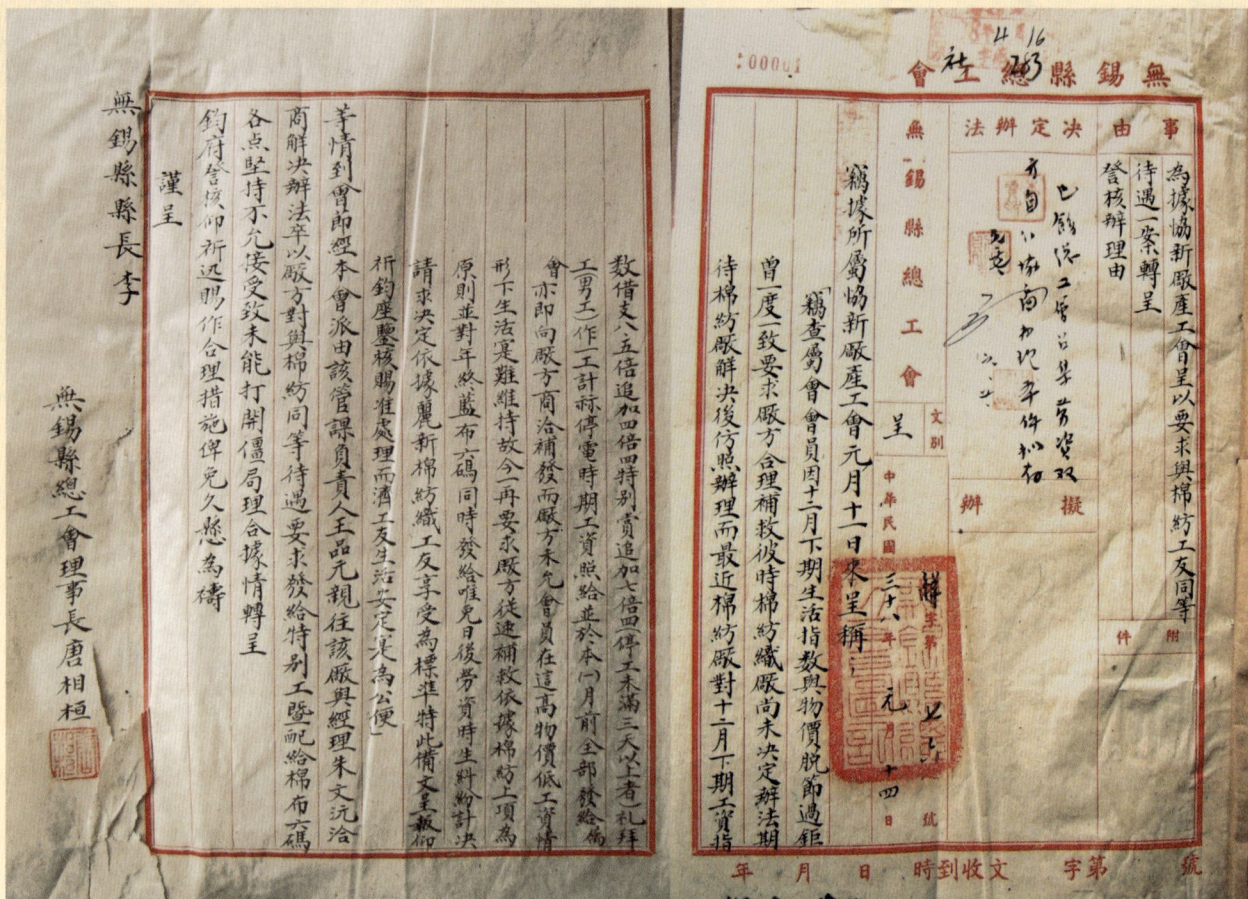

1949年1月无锡县总工会为协调协新厂劳资纠纷给县长的呈文

全文：

窃据所属协新厂产（业）工会元月十一日来呈称："窃查属会会员因十二月下期生活指数与物价脱节过巨，曾一度一致要求厂方合理补救。彼时棉纺织厂尚未决定办法，期待棉纺厂解决后仿照办理。而最近棉纺厂对十二月下期工资指数借支八.五倍追加四倍四，特别赏追加七倍四（停工未满三天以上者），礼拜工（男工）作一工计算，停电时期工资照给，并于本（一）月前全部发给。属会亦即向厂方商洽补发，而厂方未允。会员在这高物价、低工资情形下，生活实难维持。故今一再要求厂方从速补救，依据棉纺上项为原则，并对年终蓝布六码同时发给。唯免日后劳资时生纠纷计，决请求决定依据丽新棉纺织工友享受为标准。特此备文呈报，仰祈钧座鉴核，赐准处理，而济工友生活安定，实为公便。"等情，到会即经本会派由该管课负责人王品元亲往该厂，与经理朱文沅洽商解决办法。辛以厂方对与棉纺同等待遇要求发给特别工暨配给棉布六码各点，坚持不允接受，致未能打开僵局。理合据情转呈钧府察核，仰祈迅赐作合理措施，俾免久悬为祷。

谨呈

无锡县县长　李

无锡县总工会理事长　唐相桓

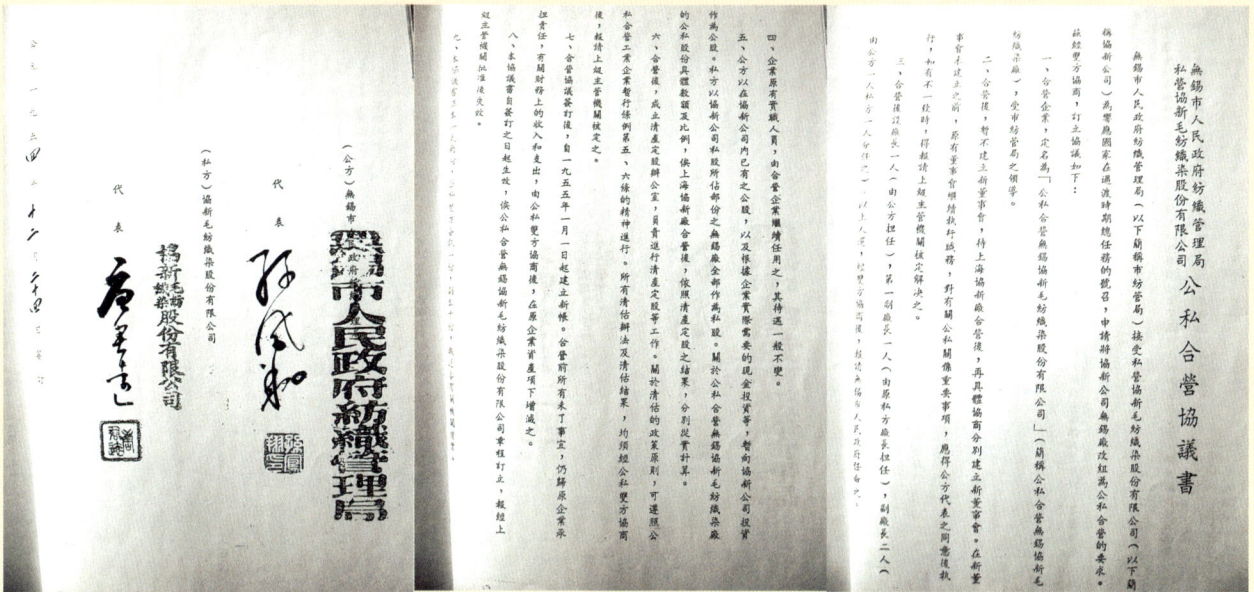

1954年无锡市纺织管理局与私营协新毛纺织染公司公私合营协议书

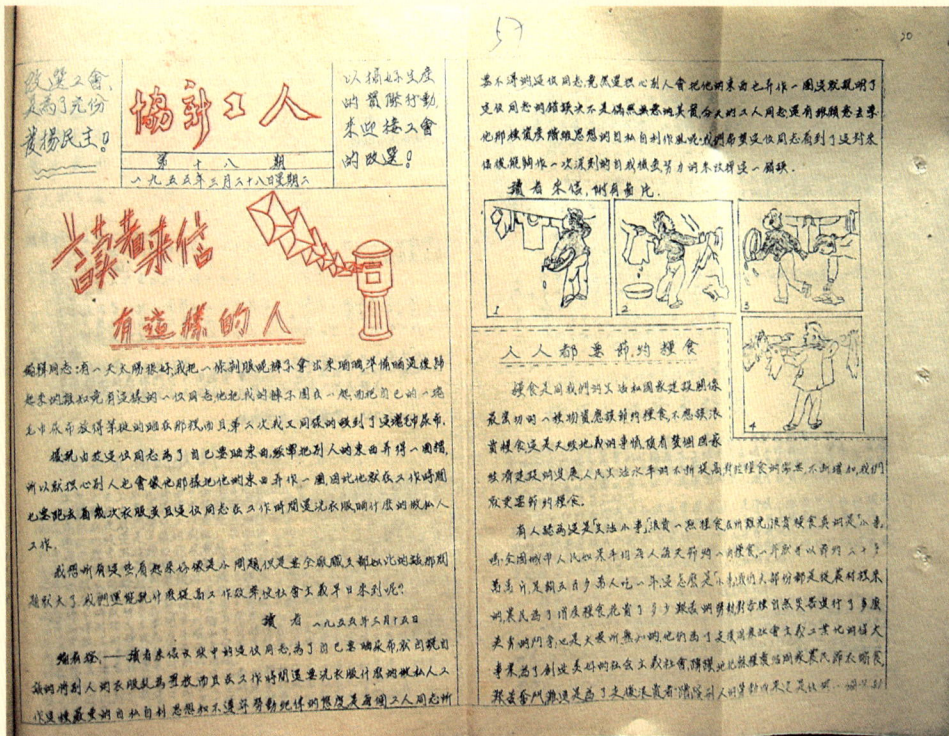

协新厂厂刊《协新工人》选页（1955年第18期）

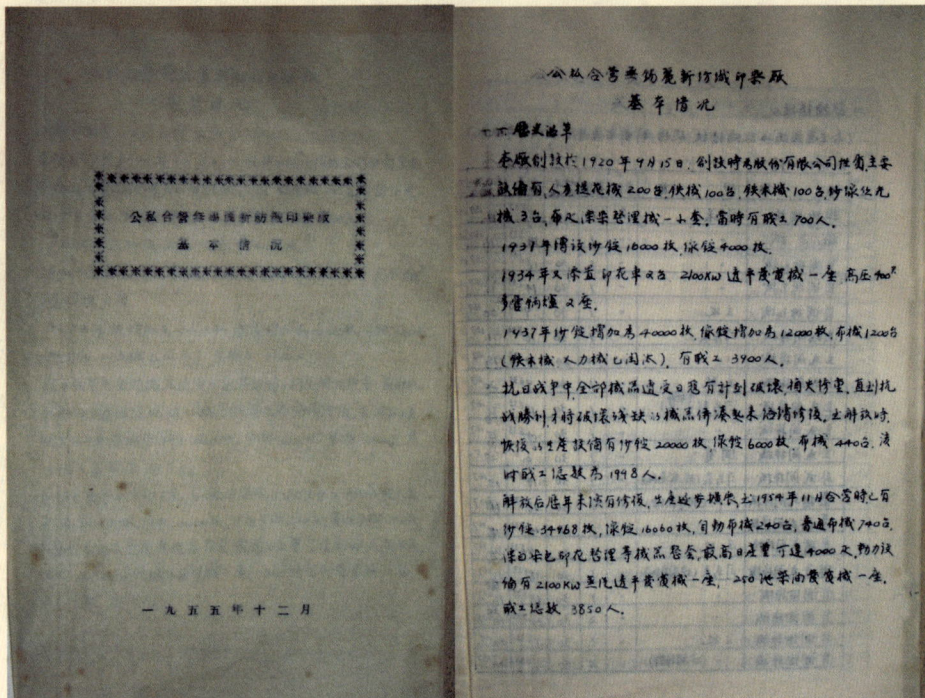

公私合营无锡丽新纺织印染厂基本情况（1955年12月）

全文：

一、历史沿革

本厂创设于1920年9月15日，创设时为股份有限公司性质。主要设备有：人力提花机200台，铁机100台，铁木机100台，纱线丝光机3台，布匹漂染整理机一小套。当时有职工700人。

1931年增设纱锭16000枚，线锭4000枚。

1934年又添置印花车2台，2100kW透平发电机一座，高压400ᴾ.多管锅炉2座。

1937年纱锭增加为40000枚，线锭增加为12000枚，布机1200台（铁木机、人力机已淘汰），有职工3900人。

抗日战争中，全部机器遭受日寇有计划破坏，损失惨重。直到抗战胜利，才将破坏残缺的机器拼凑起来，陆续修复。至解放时，恢复的生产设备有纱锭20000枚，线锭6000枚，布机440台，该时职工总数为1998人。

解放后历年来续有修复，生产逐步扩展。至1954年11月合营时，已有纱锭34968枚，线锭16060枚，自动布机240台，普通布机740台，漂白染色印花整理等机器整套，最高日产量可达4000匹。动力设备有2100kW蒸汽透平发电机一座，250千瓦柴油发电机一座。职工总数3850人。

二、设备情况：（略）

三、职工人数：（略）

四、生产情况：（略）

五、管理组织与工作情况：（略）

六、干部情况：（略）

附表（略）

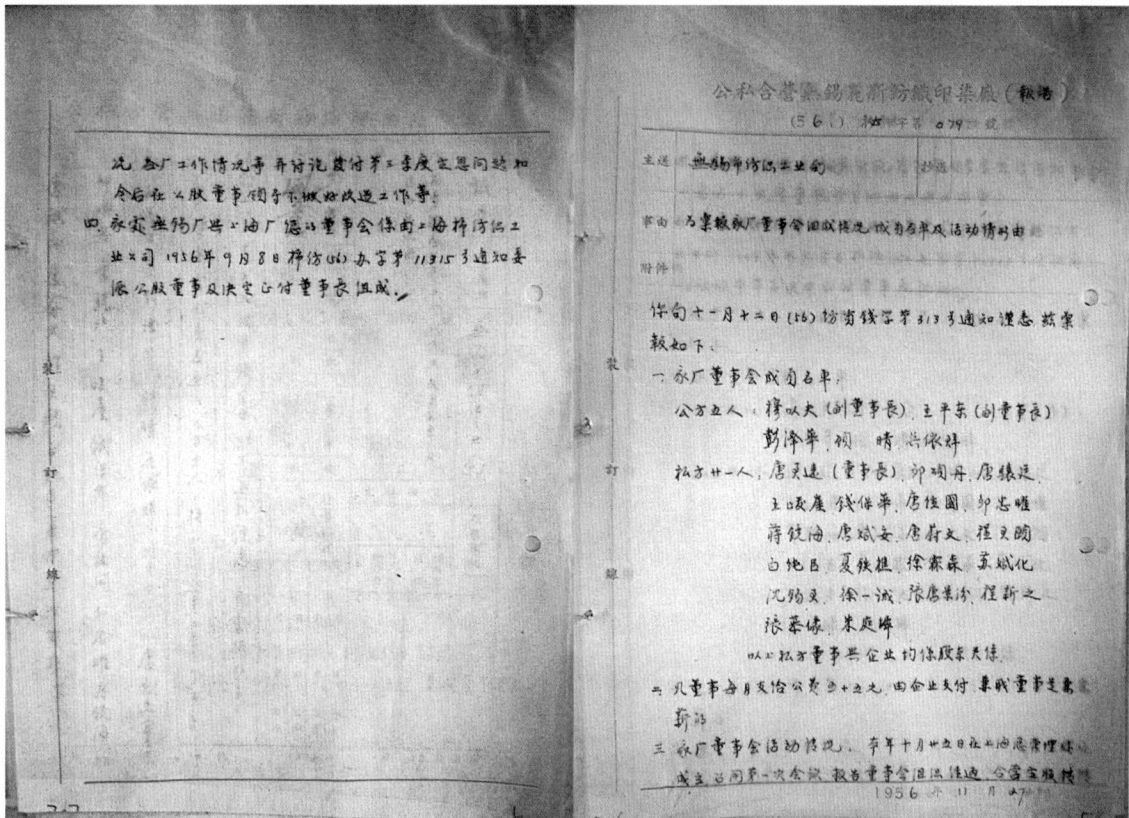

1956年11月丽新纺织印染厂就厂董事会组成情况给无锡市纺织工业局的报告

全文：

无锡市纺织工业局：

你局十一月十二日（56）纺资钱字第313号通知谨悉，兹汇报如下：

一、我厂董事会成员名单：

公方五人：穆以夫（副董事长）、王平东（副董事长）、彭泽华、顾晴、吴依群

私方廿一人：唐君远（董事长）、邹颂丹、唐骧廷、王峻崖、钱保华、唐经国、邹忠曜、蒋镜海、唐斌安、唐蔚文、程君颐、白纯臣、夏铁樵、徐霖森、苏斌化、沈锡君、徐一诚、张唐景汾、程新之、张慕仪、朱庭墀

以上私方董事与企业均系股东关系。

二、凡董事每月支给公费五十五元，由企业支付，兼职董事是兼薪的。

三、我厂董事会活动情况：本年十月廿五日在上海总管理处成立，召开第一次会议，报告董事会组织经过、合营定股情况、各厂工作情况等，并讨论发付第三季度定息问题和今后在公股董事领导下做好改造工作等。

四、我处无锡厂与上海厂总的董事会系由上海棉纺织工业公司1956年9月8日棉纺（56）办字第11315号通知委派公股董事及决定正副董事长组成。

1956年11月27日

无锡协新厂1956年度财务年报封面与部分报表

无锡蚕桑档案

保管单位： 无锡市档案馆

内容及评价：

无锡蚕桑档案形成于1946年至1947年。由于气候温润，地理条件优越，无锡地区饲蚕育茧、制丝织绸已有悠久历史。距今3000多年前，农村栽桑养蚕就已经相当普遍，以后蚕桑业时有兴衰。近代以来，乡间出现成片桑田，蚕桑业成为农村的主要副业生产。随着机器缫丝业的发展，无锡形成丝市中心，20世纪初成为全国闻名的"丝都"，蚕桑业也达到鼎盛。日本侵华战争全面爆发期间，无锡的蚕桑和缫丝业均遭到严重破坏。抗战胜利以后，由于蚕丝是中国重要的传统出口产品，为了获取外汇，政府非常重视该行业的复苏发展，制订了许多鼓励政策措施。除了政府采取扶持保护措施加强指导示范以外，农民为保障自己的利益，纷纷恢复成立蚕桑合作社。这些合作社是由蚕桑农户组成的协作组织，在蚕业技术人员指导下，推进改良桑苗、进行共同育蚕，改变分散经营，改进蚕桑生产技术，促进了蚕桑业的发展。

无锡市档案馆馆藏的这批蚕桑档案，主要是抗战以后至解放前夕的历史记录，内容包括：无锡蚕桑业概况、政府对蚕桑事业的管理扶持及保护、蚕桑合作社运营情况等，其中当时各级政府对蚕桑事业的管理、扶持及保护的相关文件占了很大部分。1946年至1947年，为了挽回蚕桑业的颓势，政府对无锡县以及江阴的桑蚕、茧行进行了全面调查，以求找到解决问题的方法，禁止中间商私贩蚕茧、禁止蚕农私育种及禁止农民砍伐桑树等措施应运而生。这部分档案资料不仅充分反映了当时蚕桑业所面临的严峻局面，同时见证了近代中国蚕丝业曲折发展的历程。

1947年江苏省建设厅关于禁止中间商收购蚕茧的训令

全文：

江苏省建设厅训令　建蚕字第13705号

令饬禁止中间商贩兜收农民鲜蚕转售茧行由

令无锡县政府，据蚕业改进管理委员会案呈称："准中国蚕丝公司三十六年三月三十一日中秘字第四九四九号公函开：'迳启者本年春蚕饲育行将开始，转瞬鲜茧即可上市。查过去每届蚕讯时期多有中间商贩在乡间压价兜收农民鲜茧，转售茧行从中渔利。此种行为不独剥夺蚕农应收之益，且使厂商茧本增高，与蚕丝业复兴前途影响至巨。亟应严密查禁以维农商利益而利增产，拟请通饬各县切实遵办，除分函外相应函达至，希查照办理为荷'等由请通饬各蚕桑县份，切实禁止中间商贩兜收农民鲜茧转售茧行。"等情，据此查中间商贩兜售鲜茧，不仅剥削农民利益，抑且增加茧商成本，自应严予制止。除分令外，合亟令仰该县长切实遵办，毋得视为具文为要。此令。

中华民国三十六年四月三日
厅长　董赞尧

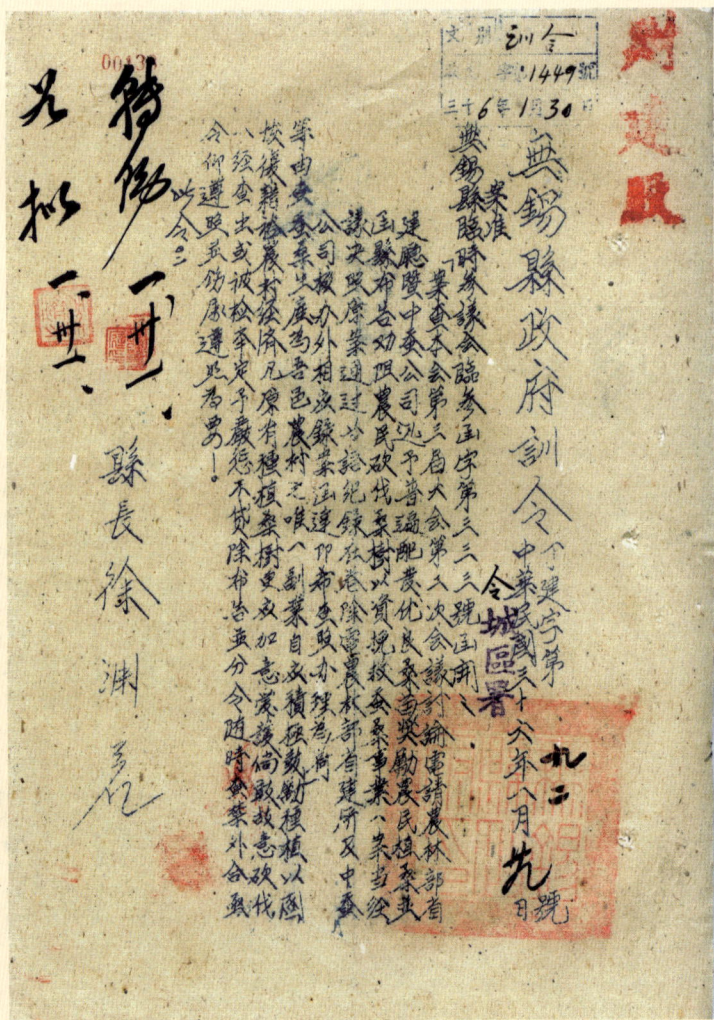

1947年无锡县政府关于鼓励植桑的训令

全文：

无锡县政府训令 丁建字第九二号 中华民国三十六年八月廿九日

案准令城区署无锡县临时参议会临参函字第三三三号函开："案查本会第三届大会第二次会议讨论，电请农林部、省建厅暨中蚕公司迅予普遍配发优良桑苗，奖励农民植桑，并函县布告，劝阻农民砍伐桑树，以资挽救桑蚕事业。一案当经议决照原案通过等语纪录在卷，除电农林部、省建厅及中蚕公司核办外，相应录案函达，即希查照办理为荷"等由，查蚕桑生产为吾邑农村之唯一副业，自应积极鼓励种植，以图恢复，藉裕农村经济。凡原有种植桑树，更应加意爱护，倘敢故意砍伐，一经查出或被检举，定予严惩不贷。除布告并分令随时查禁外，合函令仰遵照并饬属遵照为要。

此令。

县长 徐渊若

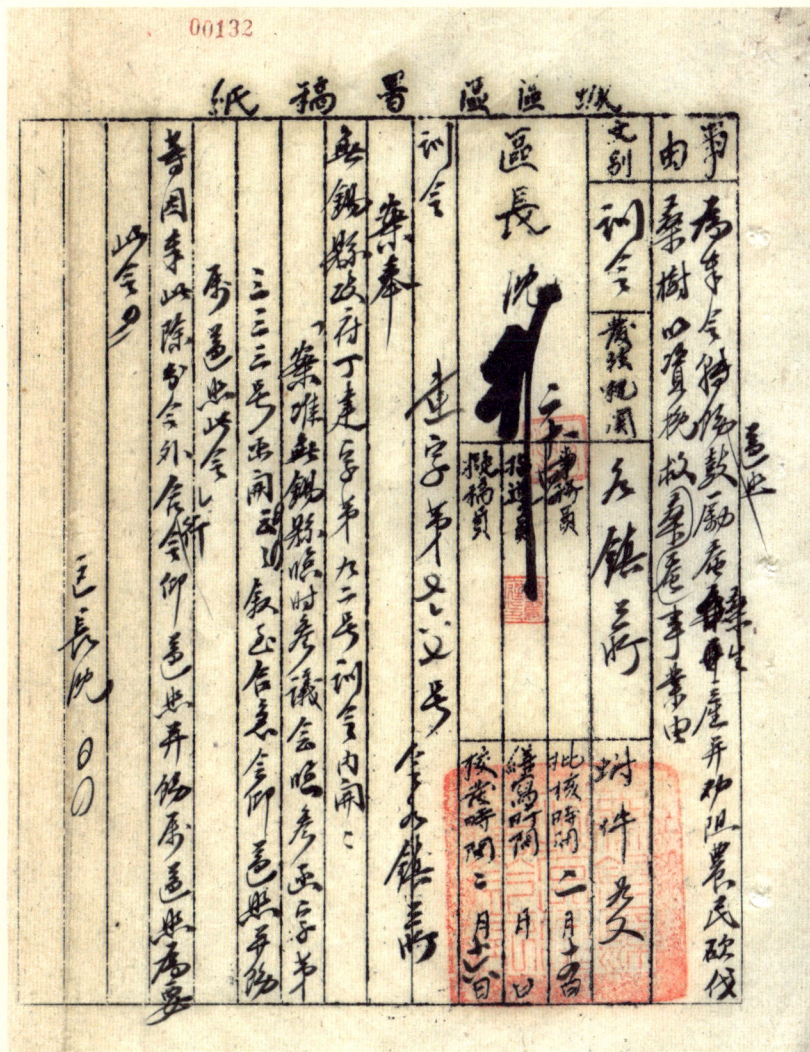

无锡县城区区署关于鼓励植桑劝阻砍伐桑树的训令

全文：

为奉令转饬遵照鼓励蚕桑生产并劝阻农民砍伐桑树以资挽救蚕桑事业由

训令 令各镇并所

案奉无锡县政府丁建字第九二号训令内开："案准无锡县临时参议会照参函字第三三三号函开，叙至合急令仰遵照并饬属遵照。此令"等因，奉此除分令外，合行令仰遵照并饬属遵照为要。此令。

区长 沈

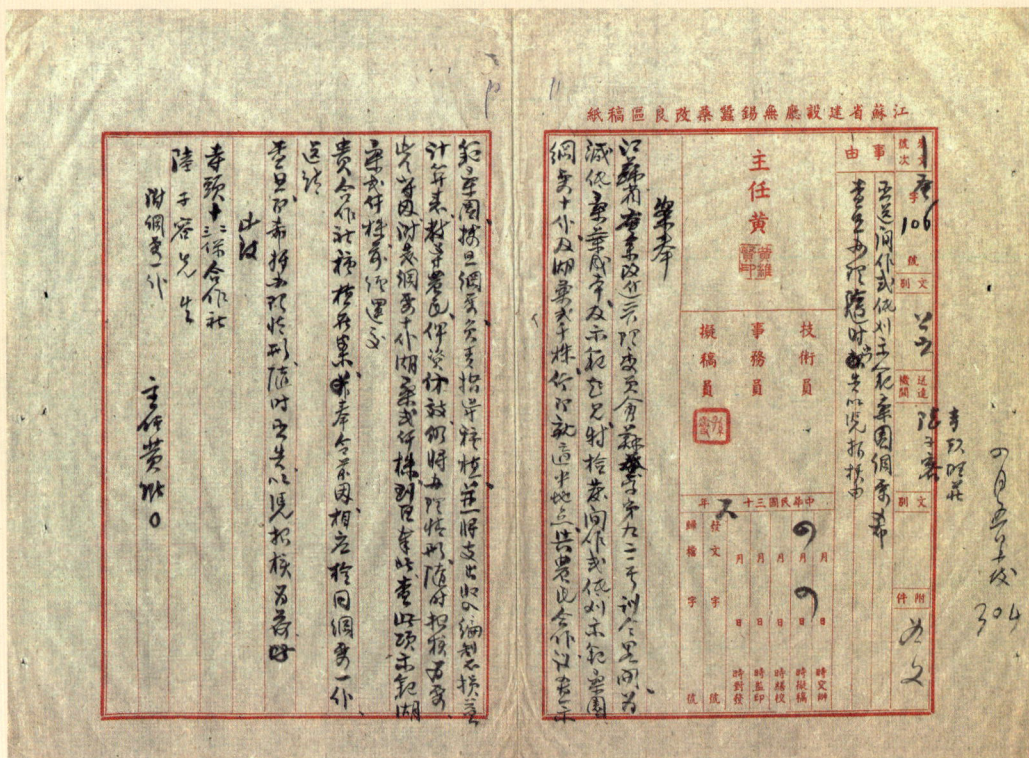

江苏省建设厅无锡蚕桑改良区主任为指导种植示范桑园等因致寺头十二、十三保合作社的公函
（1947年4月4日）

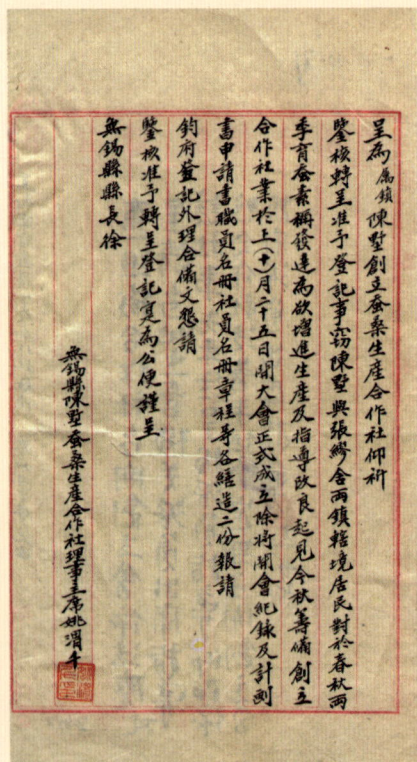

陈墅镇报请成立蚕桑生产合作社的呈文
（1947年11月27日）

全文：

呈为属镇陈墅创立蚕桑生产合作社仰祈鉴核转呈准予登记事

窃陈墅与张缪舍两镇辖境居民对于春秋两季育蚕素称发达，为欲增进生产及指导改良起见，今秋筹备创立合作社，业于上（十）月二十五日开大会正式成立。除将开会记录及计划书、申请书、职员名册、社员名册、章程等各缮造二份，报请钧府登记外，理合备文恳请鉴核，准予转呈登记，实为公便。谨呈

无锡县县长 徐

无锡县陈墅蚕桑生产合作社理事主席 姚渭千

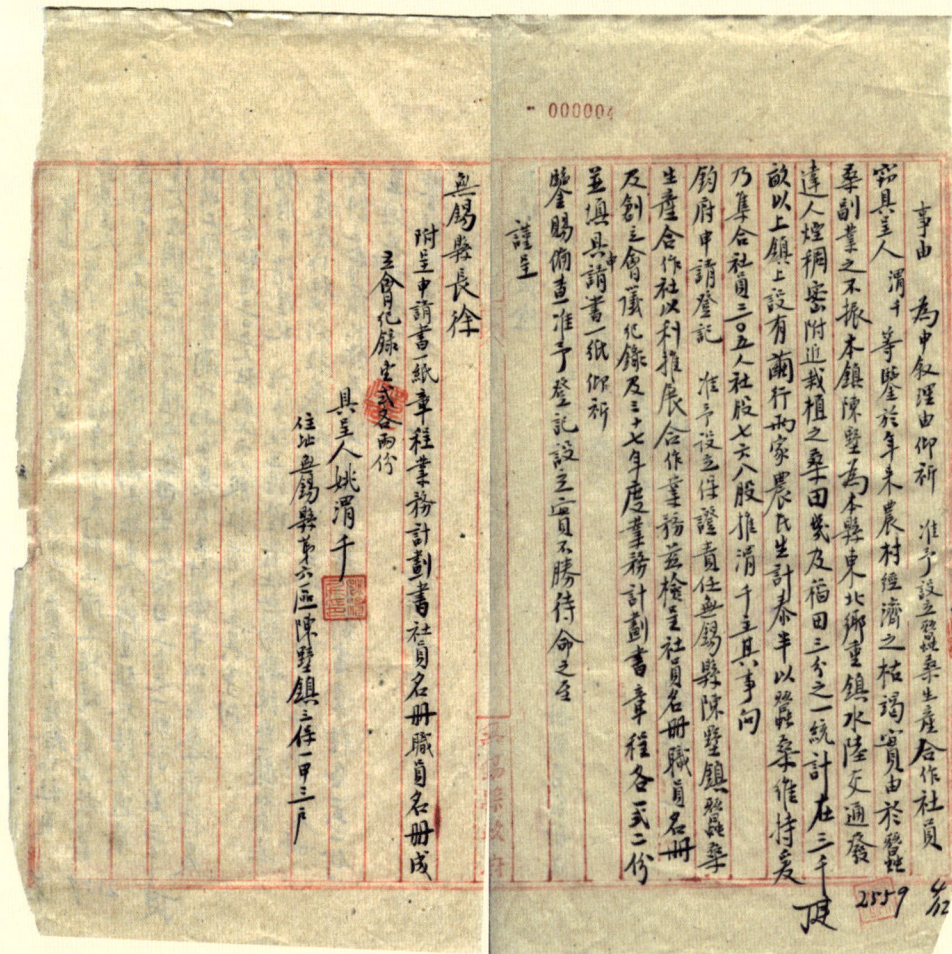

陈墅镇申请成立蚕桑生产合作社的报告（1947年11月27日）

全文：

事由：为申叙理由仰祈准予设立蚕桑生产合作社

员窃具呈人渭千等，鉴于年来农村经济之枯竭，实由于蚕桑副业之不振。本镇陈墅为本县东北乡重镇，水陆交通发达，人烟稠密，附近栽植之桑田几及稻田三分之一，统计在三千亩以上。镇上设有茧行两家，农民生计泰半以蚕桑维持。爰乃集合社员三〇五人，社股七六八股，推渭千主其事，向钧府申请登记准予设立，保证责任无锡县陈墅镇蚕桑生产合作社，以利推展合作业务。兹检呈社员名册、职员名册及创立会议记录，及三十七年度业务计划书、章程各一式二份，并填具申请书一纸，仰祈鉴赐备查，准予登记设立。实不胜待命之至，谨呈

无锡县长 徐

附呈申请书一纸、章程、业务计划书、社员名册、职员名册、成立会记录壹式各两份

具呈人 姚渭千

住址：无锡县第六区陈墅镇三保一甲三户

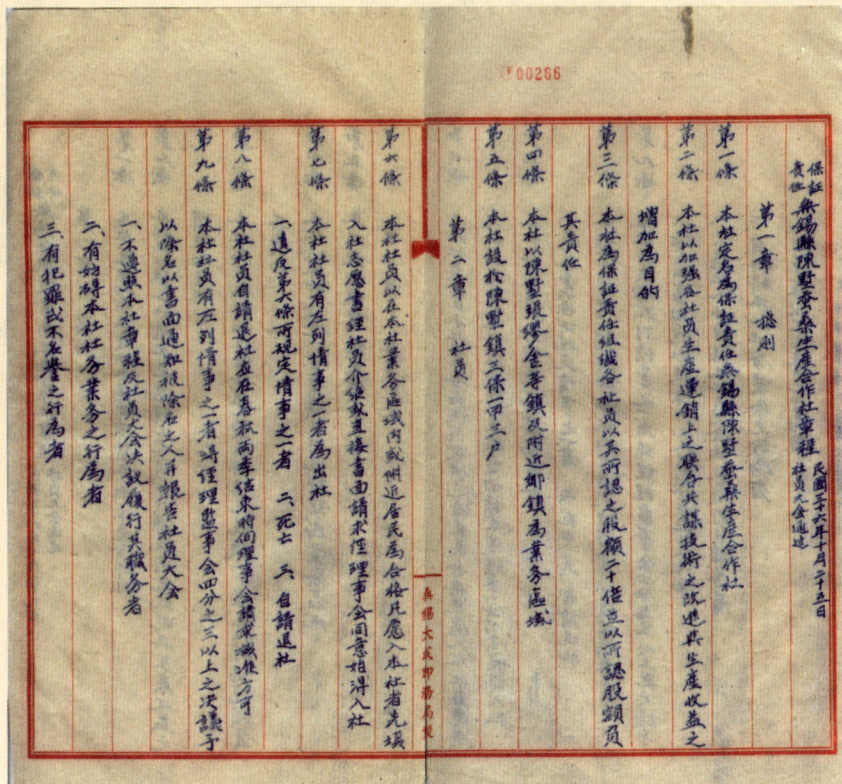

无锡县陈墅蚕桑生产合作社章程（部分）

全文：

保证责任无锡县陈墅蚕桑生产合作社章程

（民国三十六年十月二十五日社员大会通过）

第一章 总则

第一条：本社定名为保证责任无锡县陈墅蚕桑生产合作社。

第二条：本社以加强各社员生产运销上之联合，共谋技术之改进与生产收益之增加为目的。

第三条：本社为保证责任组织，各社员以其所认之股额二十倍并以所认股额负其责任。

第四条：本社以陈墅、张缪舍等镇及附近乡镇为业务区域。

第五条：本社设于陈墅镇三保一甲三户。

第二章 社员

第六条：本社社员以在本社业务区域内或附近居民为合格，凡愿入本社者先填入社志愿书，经社员介绍或直接书面请求，经理事会同意，始得入社。

第七条：本社社员有左列情事之一者为出社：一、违反第六条所规定情事之一者；二、死亡；三、自请退社。

第八条：本社社员自请退社，应在春秋两季结束时，向理事会请求核准方可。

第九条：本社社员有左列情事之一者，得经理监事会四分之三以上之决议，予以除名，以书面通知被除名之人并报告社员大会：

一、不遵照本社章程及社员大会决议，履行其职务者；

二、有妨碍本社社务、业务之行为者；

三、有犯罪或不名誉之行为者。

第三章 社股

第十条：本社社股金额每股国币五千元，社员每人至少认购一股，入社后得随时添认，但至多不得超过股金总额百分之二十。

第十一条：社员认购社股一次缴纳。

第十二条：社员非经本社同意，不得出让其所有之社股，或以作担保债务。

第十三条：出社社员得请求退还其已缴股款。

第四章 组织

第十四条：本社设社员大会及理监事会、社务会。

第十五条：社员大会为本社之最高权力机关，由全体社员组织之。

第十六条：理事会设理事三人，候补理事一人；监事会设监事三人，候补监事一人。并各设主席一人，由理监事分别推选。理事、候补理事、监事、候补监事均由社员大会诸社员中选举之。理事之任期三年，监事任期一年，均得连选连任。

第十七条：社务会由理事、监事共同组织之。

第十八条：社员大会之职权如左：一、选举及罢免理监事；二、审核并接受社业务报告及会计报告；三、通过预算、决算及业务计划；四、通过社员之入社、出社；五、制定或修订各种章程；六、规划社务进行。

第十九条：理事会之职权如左：一、拟订业务计划；二、聘任职员；三、处理社员提出之问题；四、调解社员间纠纷；五、处理社员大会决议交办事项；六、处理其他事务。

第二十条：监事会之职权如左：一、监查本社财产状况；二、监查本社业务执行状况；三、当本社与理事订立契约或为诉上之行为时，代表本社监事为执行前项职务，认为必要时并得召集临时社员大会。

第廿一条：本社设经理、文书、司库、会计各一人，由理事会任用之。

第廿二条：理事、监事皆属义务职，但有必需公务费用时，由理事会之认支付之。惟理事兼任经理及经理以下其他职员时，得酌支薪给。

第廿三条：本社出席联合社之代表，由理事会提出，于社员大会推选之，其任期一年。但出席联合社代表被选为理监事时，以联合社规定之任期为任期。

第五章 会议

第廿四条：社员大会分通常社员大会及临时社员大会，通常社员大会于每一业务年度终了后一个月内召集之，临时社员大会因下列情形召集之：（一）理事会、监事会于执行职务上认为必要时；（二）社员全体四分之一以书面记明提议事项及其理由，请求理事会召开时。前款请求提出后十日内，理事会不为召集之通知时，社员得呈报主管机关自行召集。

第廿五条：社员大会应有全体社员过半数之出席始得开会，出席社员过半数之同意始得决议。但解除理监事职权之决议，须由全体社员过半数之决议；解散本社或与他社合并之决议，有全体社员四分之三以上之出席，社员三分之二以上之同意。

第廿六条：社员大会以理事主席为主席，缺席时以监事主席为主席。监事会召集大会时，由监事主席为主席。社员自行召集大会时，临时公推一人为主席。

第廿七条：社务会每三月召开一次，由理事主席召集之，其主席由理监事互选之。社务会应有全体理监事三分之二出席始得开会，出席理监事过半数之同意始得决议。社务会开会时，经理、副经理及其他职员得列席陈述意见。

第廿八条：理事会、监事会每月召集一次，理事会、监事会由各该会主席召集之。理事会、监事会应各有理监事过半数之出席始得开会，出席理监事过半数之同意始得决议。

第六章 业务

第廿九条：本社业务为蚕桑生产运销事宜。

第三十条：本社业务细则由理事会订定之。

第七章 结算

第卅一条：本社以国历一月一日至十二月卅一日为一业务年度，理事会应于每年度终了时造成业务报告书、资产负债表、损益计算表、财产目录及盈余分配案，至少于社员大会开会（前）十日，经监事会审核后，连同监事会查账报告书报告社员大会。

第卅二条：本社年终结算后有盈余时，得弥救累积损失及付股息，至多年利一分外，其余数由平均分为一百分，按照下列规定办理：（一）以百分之十作公积金由社员大会指定机关存储，或其他确有把握之方法运用生息，公积金除弥补损失外，不得动用；（二）以百分之十五作公益金，由社务会决议，作为发展本社业务区域内合作教育及其他公益事业之用；（三）以百分之十五作理事及事务员之酬劳金，其分配办法由理事会决定之；（四）以百分之六十作社员分配金，按照社员生产运销物品之比例分配。

第八章 解散

第卅三条：本社解散时，清算人由社员大会就社员中选充之，前项清算人应按照《合作社法》规定，清理本社债权及债务。

第卅四条：本社清算后有亏损时，以公积金、股金顺次抵补之，如再不足，由各社员按照第三条之规定负其责任，由清算人拟定分配案，提交社员大会决定之。

第九章 附则

第卅五条：本章程未尽事项，悉依《合作社法》、《合作社法施行细则》及有关法令之规定。

第卅六条：本章程经社员大会通过，呈准主管机关登记后施行。

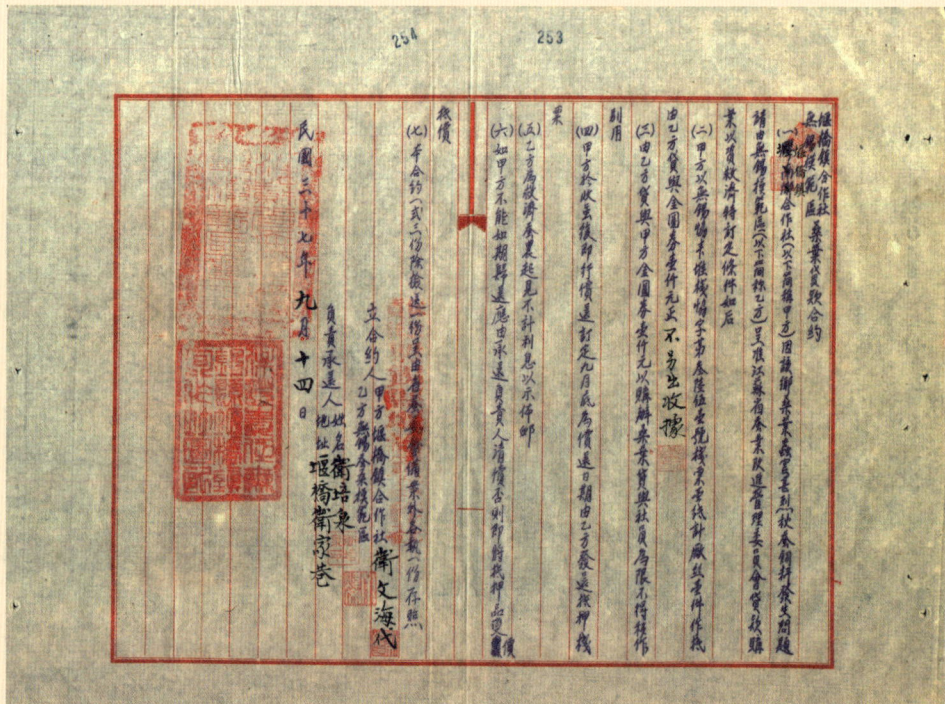

堰桥镇合作社与无锡蚕桑模范区订立的桑业贷款合约（1948年9月14日）

民国时期书信

保管单位： 无锡市滨湖区档案馆

内容及评价：

　　2007年无锡市滨湖区档案馆征集到民国时期毛笔家书21件，这些书信是一户浙商大家族的私人往来信件。信的内容大至国家大事的评议，小至亲属好友的祝福，人情味甚浓。这些书信不仅可以作为书法作品来欣赏，而且也从一个侧面反映了当时南京国民政府时期社会经济发展的状况，具有一定的历史价值。

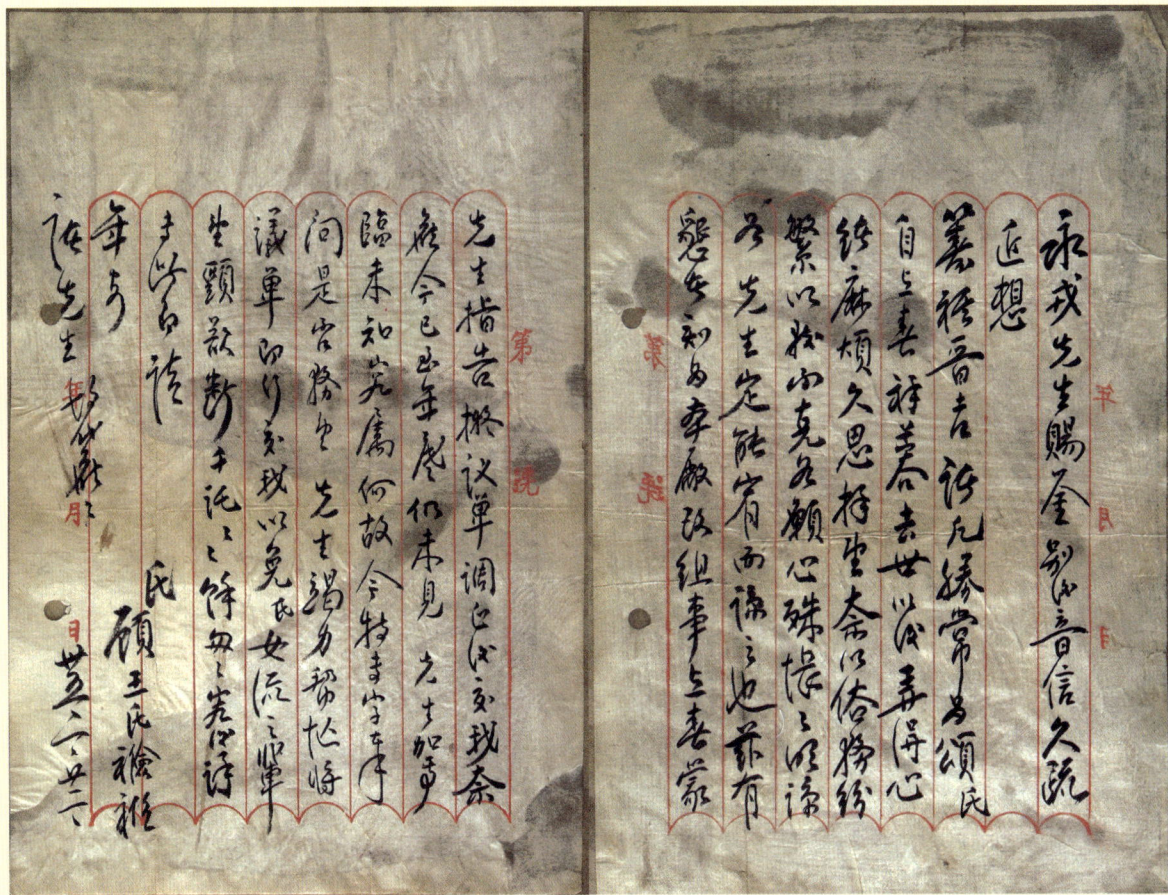

1946年1月家信

1948年1月从台北寄至宁波的家信

1948年11月从台北寄至宁波的家信

1949年2月从台北寄至宁波的家信

民国时期印章

保管单位：无锡市档案馆

内容及评价：

印章作为中华民族文化的瑰宝之一，不仅具有凭证作用，而且具有丰富的历史文化内涵和鉴赏性，"中国印"集中体现了中华文化的特色及其艺术价值。印章种类繁多，制作材质有金属、木头、石头、玉石等。无锡市档案馆馆藏有民国时期各种印章208枚，这些印章按照形状、类型可分为几大类：各时期工商企业的凭信印章，账务收费凭证用章；私人印鉴；民国时期国民政府部门在无锡县的驻设机构和无锡县政府各部门的办公印章，如无锡县警察局长安桥警察所抽查印章等。这些印章都是无锡历史发展的直接见证。

民国时期各类印章

各种材质和类型的印章

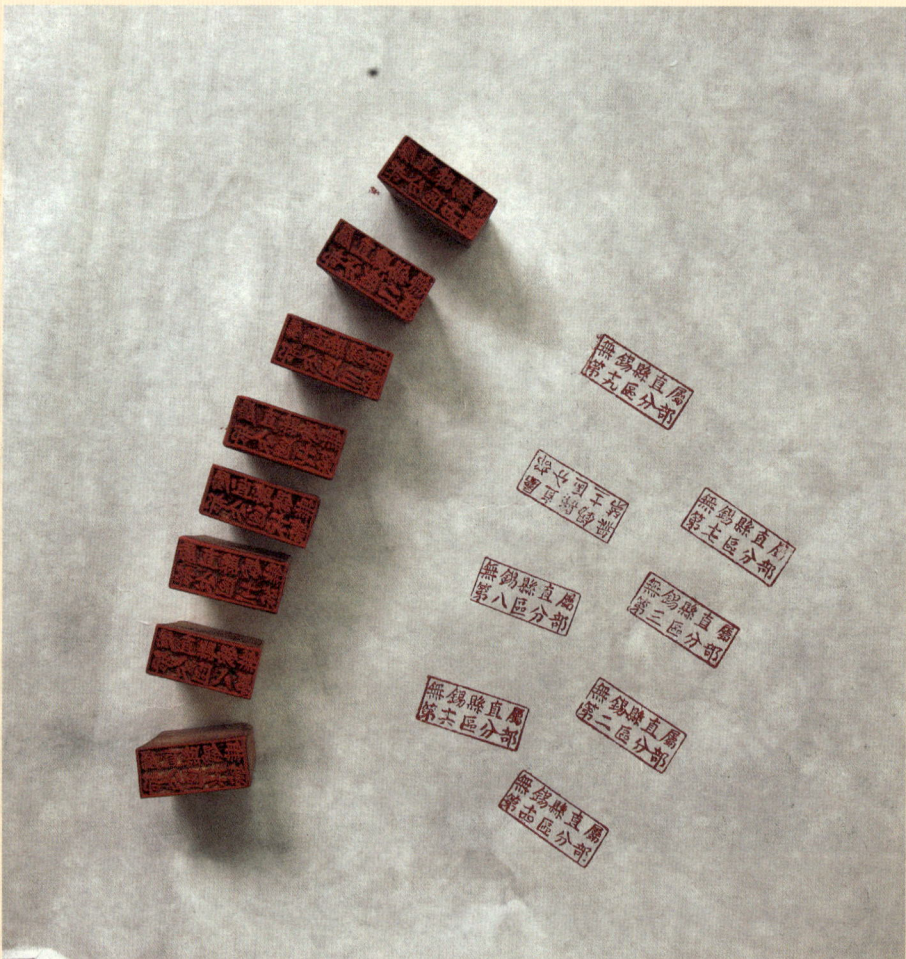

国民党无锡县直属各区分部印章

中国国民党无锡县党部公章

无锡县党部印章

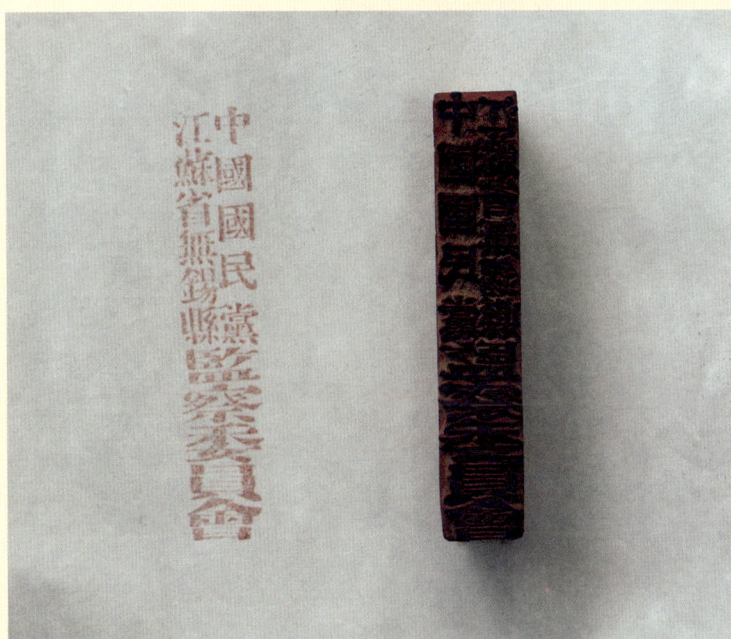

中国国民党江苏省无锡县监察委员会印章

中国国民党江苏省无锡县执行委员会印章

中国国民党江苏省无锡县青年运动委员会印章

中国国民党江苏省无锡县直属第二、第四区分部执行委员会印章

大无锡青年服务总队第叁大队第七中队部印章

无锡县警察局长安桥警察所抽查章、中国国民党无锡县党部收发处章、已在无锡县党部参加党员总登记印章

无锡市军管会布告

保管单位： 无锡市档案馆

内容及评价：

无锡市军管会布告形成于1949年。1949年4月13日，中共华中工委、华中军区司令部政治部和华中行署办事处联合决定，筹建中国人民解放军无锡市军事管制委员会。4月23日无锡解放，4月24日正式成立军管会，统一全市军事、行政管理事宜。军管会主任由管文蔚担任，陈丕显、王必成、廖海光、刘先胜、刘季平、陈国栋、钱敏、顾风为委员。无锡解放初期，百废待兴。为了安定民心，恢复政治、经济、文教、生活等正常管理职能，建立社会新秩序，中国人民解放军华东军区无锡市军事管制委员会颁布了一系列相关命令及布告。无锡市档案馆馆藏的这批档案主要是当时无锡市军管会颁布的治安命令、户口管理规则、甄别录用旧政府机关人员、成立有关管理部门等文件。如《暂行户口管理规则》，规定在军管期间，市民应暂留原地居住，保留原有居住证等证件；若需迁移户口，应先报请公安分局批准。此规则的颁布，对当时安定社会、恢复生产起到了积极作用。1950年1月8日，市公安局进行户口改革试点。后又分3批在城区实行户口改革，彻底废除了沿袭1000多年的保甲户籍制度。

无锡市档案馆馆藏的这些布告，是社会制度变革初期的历史见证。

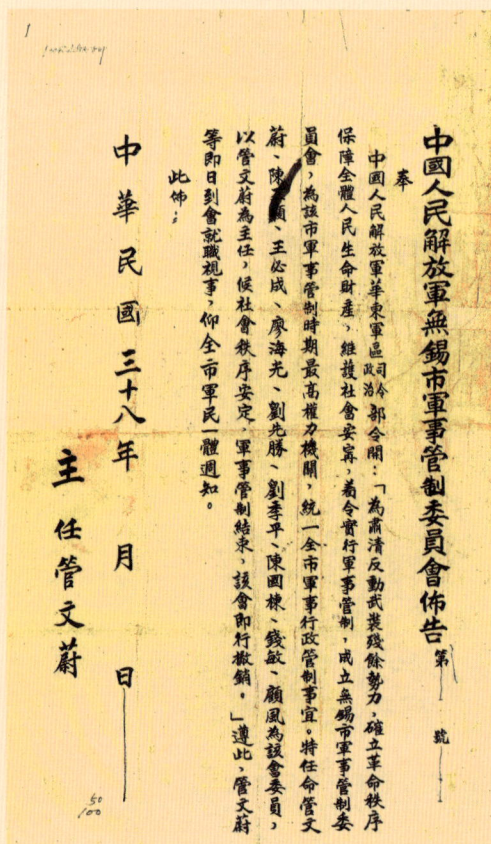

1949年4月无锡市军管会成立布告

全文：

中国人民解放军无锡市军事管制委员会布告

奉中国人民解放军华东军区司令部、政治部令开："为肃清反动武装残余势力，确立革命秩序保障全体人民生命财产，维护社会安宁，着令实行军事管制，成立无锡市军事管制委员会，为该市军事管制时期最高权力机关，统一全市军事行政管制事宜。特任命管文蔚、陈丕显、王必成、廖海光、刘先胜、刘季平、陈国栋、钱敏、顾风为该会委员，以管文蔚为主任，候社会秩序安定，军事管制结束，该会即行撤销。"遵此，管文蔚等即日到会就职视事，仰全市军民一体周知。

此布。

中华民国三十八年　月　日

主任　管文蔚

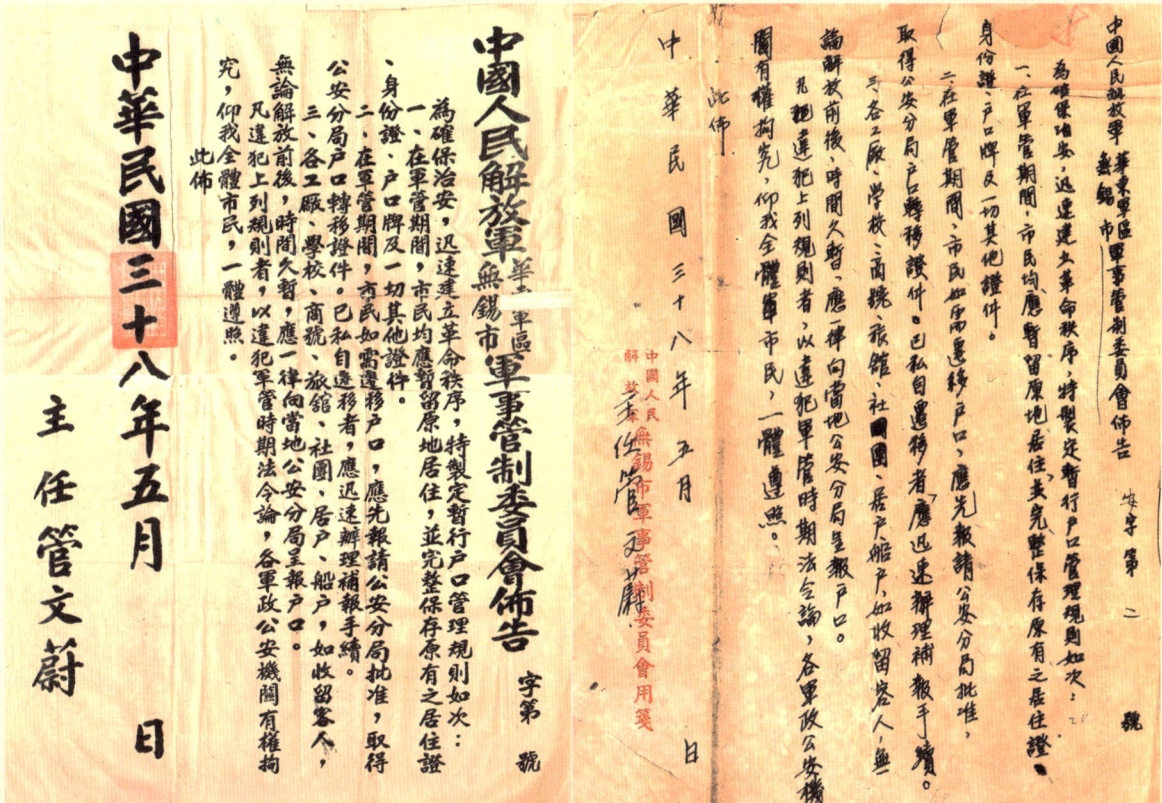

1949年5月《暂行户口管理规则》布告及《暂行户口管理规则》布告手写草稿

全文：

中国人民解放军华东军区无锡市军事管制委员会布告

为确保治安，迅速建立革命秩序，特制定暂行户口管理规则如次：

一、在军管期间，市民均应暂留原地居住，并完整保存原有之居住证、身份证、户口牌及一切其他证件。

二、在军管期间，市民如需迁移户口，应先报请公安分局批准，取得公安分局户口转移证件。已私自迁移者，应迅速办理补报手续。

三、各工厂、学校、商号、旅馆、社团、居户、船户，如收留客人，无论解放前后，时间久暂，应一律向当地公安分局呈报户口。

凡违犯上列规则者，以违犯军管时期法令论，各军政公安机关有权拘究，仰我全体市民，一体遵照。

此布。

中华民国三十八年五月 日

主任 管文蔚

中國人民解放軍無錫市軍事管制委員會命令

字第 號

民國三十八年五月十二日

令無錫市人民政府

一、無錫市文教机关之接管工作已大体就绪，决定成立無錫市人民政府教育局

二、無錫市人民政府教育局管轄管理下列各類學校與文化教育机关：

甲、現無錫市境内之原縣立中等學校

乙、現無錫市境内之私立中等學校

丙、現無錫市境内之公私立小學校

丁、現無錫市境内之地方性社教机关與其他文化教育机关

三、委陳枕白為無錫市人民政府教育局局長，徐靜漁為副局長

仰即遵照办理

此令。

主任 管文蔚

1949年5月关于成立无锡市教育局的命令

中國人民解放軍華東軍區無錫市軍事管制委員會佈告

秘字第 號

本市自解放以來，賴我軍民之努力，革命秩序已初步確立，惟近來尚有少數潛伏之殘餘匪特份子，仍敢乘機活動，冒充我軍政人員，假藉查户口，找房子等為名，乘機搶刼，其破壞治安，危害人民，莫此為甚！本會為確保治安起見；仰我全體軍民，通力合作，積極進行肅清工作，并作如下之規定：

一、凡發現有可疑份子，無論何人，均有檢舉密報之權。

二、凡發現有搶刼、拐騙等情，無論何人，均應隨時報告其就近之公安局，或警備部隊，其情節緊迫者，可以電話作緊急陳報。（電話號碼列後）

三、各鄉（鎮）保甲長，在其轄區内，負有維護治安之責，如有知情不舉，或隱匿不報者，一經查明，定予嚴懲。

四、為嚴格城市紀律，凡無本會或一定機關特許之證件，不得進入民家進行搜查逮捕等情，否則，人民有拒絕之權，如拒絕無效，可逕向本會警備司令部或公安局報告，依法處理。

關於第一、二、三項之規定，其工作殷切或檢報有功者獎，其隱匿窩藏不報者罰。

上各節均有關全市人民生命財產之安全，及社會秩序之安寧，望全體軍民，戮力同心，切實遵行，除通令外，合亟佈告週知，切切！

此佈

附電話號碼

軍管會 六〇八號

警備司令部 一一六七號

市公安局秘書處 五四六號

市公安局局長室 二〇六號

城中分局 二九號

城東分局 九六號

城南分局 一二六號

城西分局 一三二號

城北分局 一二八號

惠山分局 六二〇〇號

中華民國三十八年六月 日

主任 管文蔚

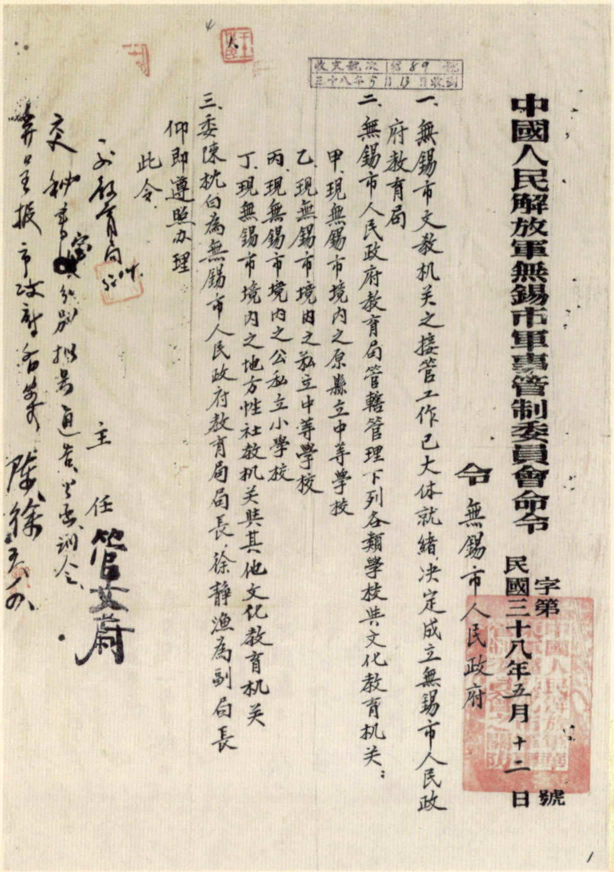

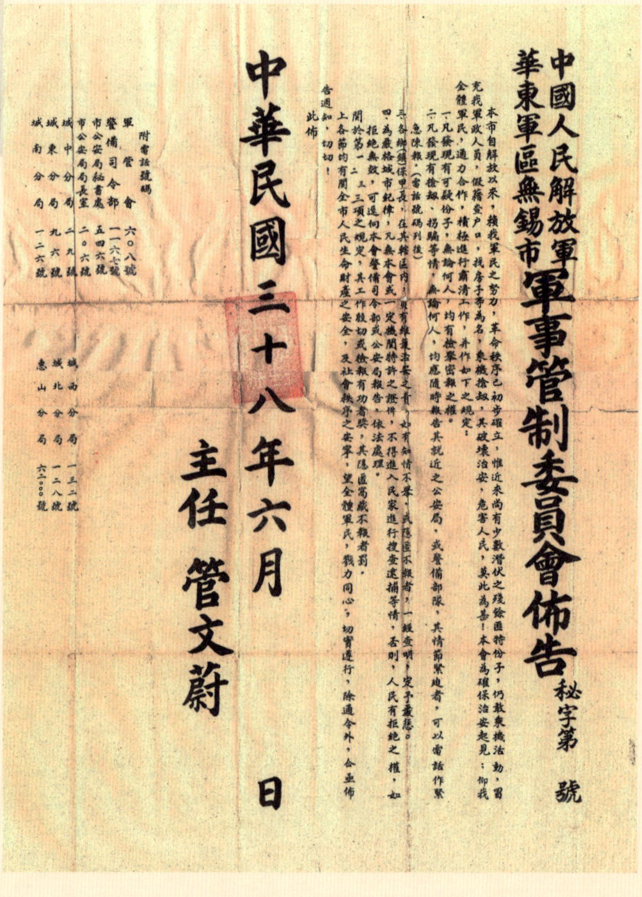

1949年6月关于肃清残余匪特的布告

中华人民共和国成立后档案

无锡市各界人民代表会议档案

保管单位： 无锡市档案馆

内容及评价：

无锡市各界人民代表会议档案形成于1949年至1952年。随着解放战争的节节胜利，全国各地相继解放，国民党旧政权纷纷废除瓦解。中国共产党指出：应当"建立民主集中制的各级人民代表会议制度"，即将成立的"中华人民共和国的国家政权属于人民。人民行使国家政权的机关为各级人民代表大会和各级人民政府"。但是鉴于当时复杂的情况，还没有召开人民代表大会的条件，于是在各个新解放的城市，召开了各界人民代表会议。这是作为普选的人民代表大会的过渡性的组织形式，发挥了加强人民群众与政府的联系、协助政府工作并为召集人民代表大会准备条件的作用。

1949年8月1日，无锡市第一届各界人民代表会议第一次会议召开。至1954年6月，无锡市各界人民代表会议共举行两届11次会议，作出决定、决议45项，处理代表提案1189件。1954年6月30日至7月7日，无锡市第一届人民代表大会第一次会议召开。

无锡市档案馆收藏的45件档案为各界人民代表会议的代表证、代表名单表格、政府聘书，以及会议报告、决议、总结、统计表等，是反映这段历史的现实见证，也记录了解放初期无锡的政治经济等状况。

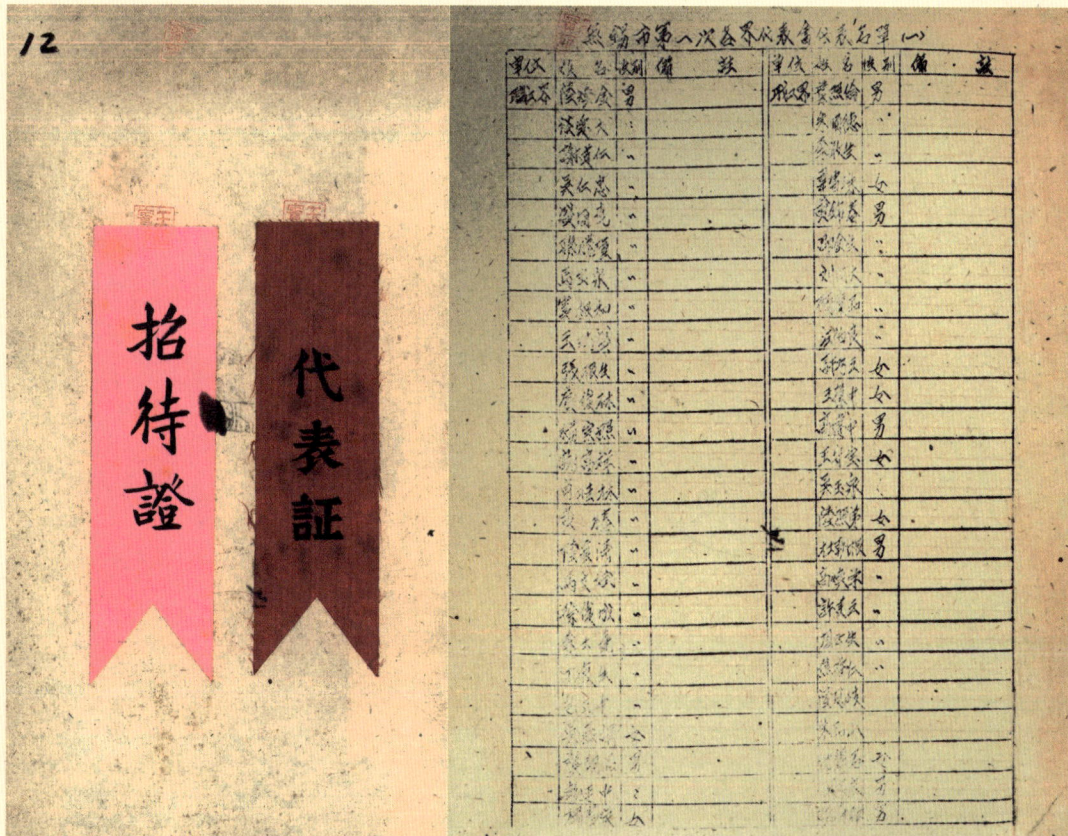

会议代表证与招待证　　　　　　　无锡市第一次各界代表会议代表名单

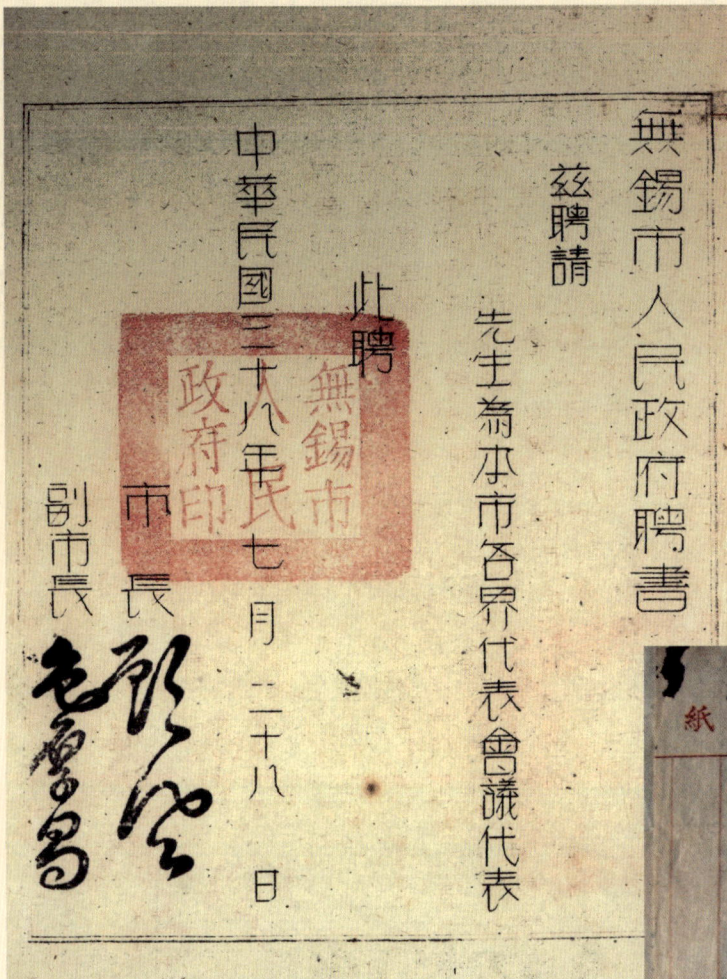

无锡市人民政府颁发的本市各界代表会议代表聘书（样张）

全文：

　　查本市第二届各界人民代表会议已于上年十二月十五日召开，已经会议通过之各案及会议组织情况，理合缮具报告两份送请鉴核备查。谨呈

　　苏南行政公署主任　管、副主任　刘

　　（附呈无锡市第二届各界人民代表会议报告二份）

　　　　　　　　　　　　　　　　市　长　顾
　　　　　　　　　　　　　　　副市长　包

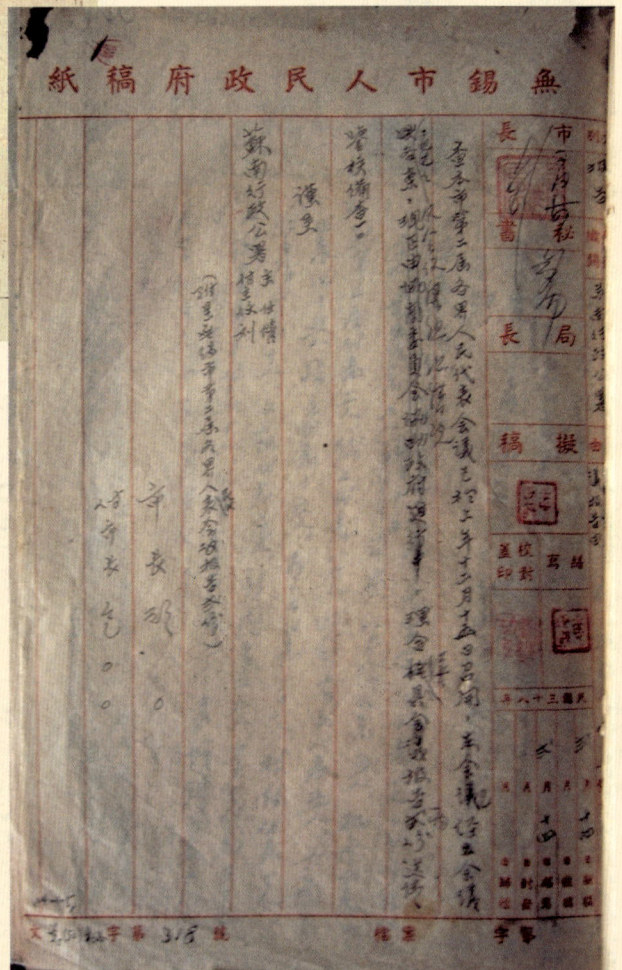

市长顾风、副市长包厚昌就第二届（后改称一届二次）人民代表会议情况给苏南行政公署的报告（1950年2月14日）

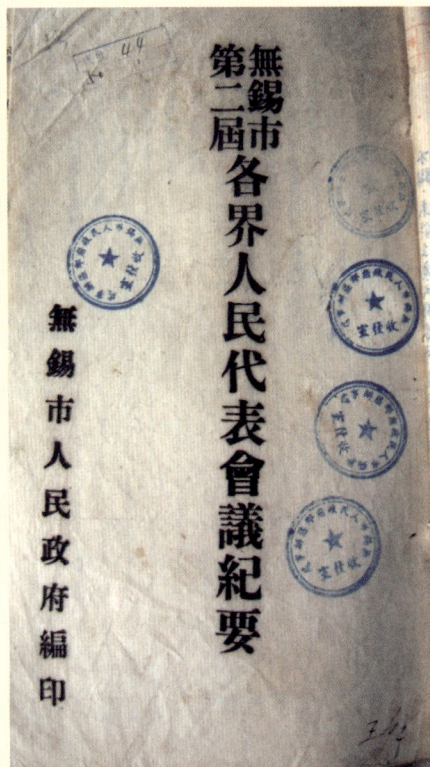

无锡市第二届各界人民代表会议纪要封面

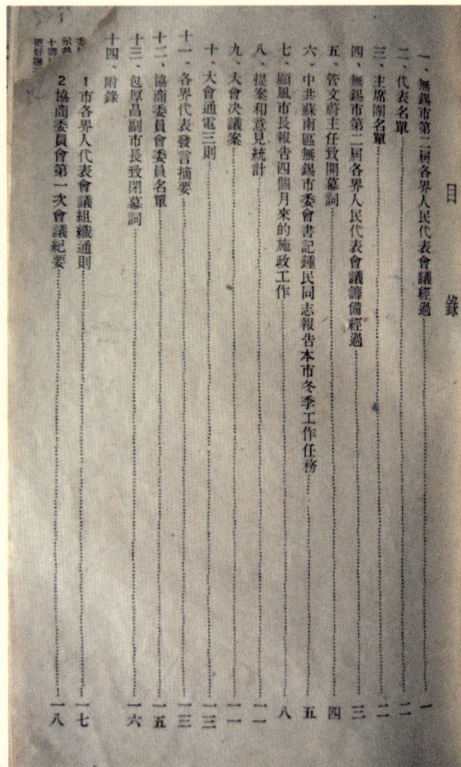

无锡市第二届各界人民代表会议纪要目录

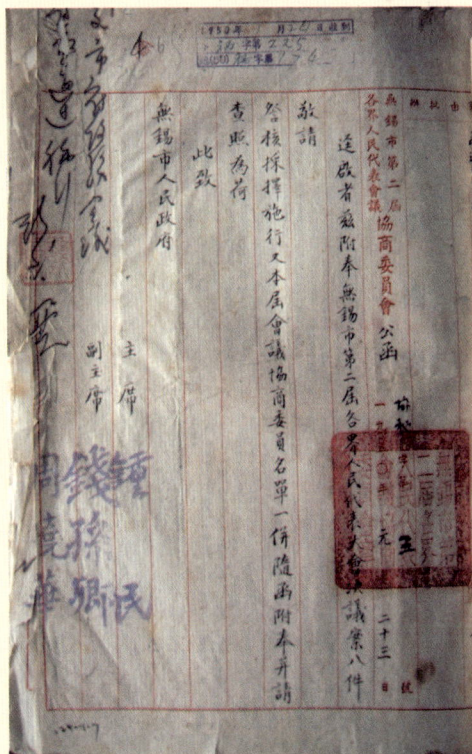

无锡市第二届各界人民代表会议协商委员会
致市政府的公函（1950年1月23日）

全文：

迳启者：

　　兹附奉无锡市第二届各界人民代表大会决议案八件，敬请察核采择施行。又本届会议协商委员名单一并随函附奉并请查照为荷。

　　此致

无锡市人民政府

　　　　　主席　　钟　民

　　　　副主席　　钱孙卿

　　　　　　　　　周晓华

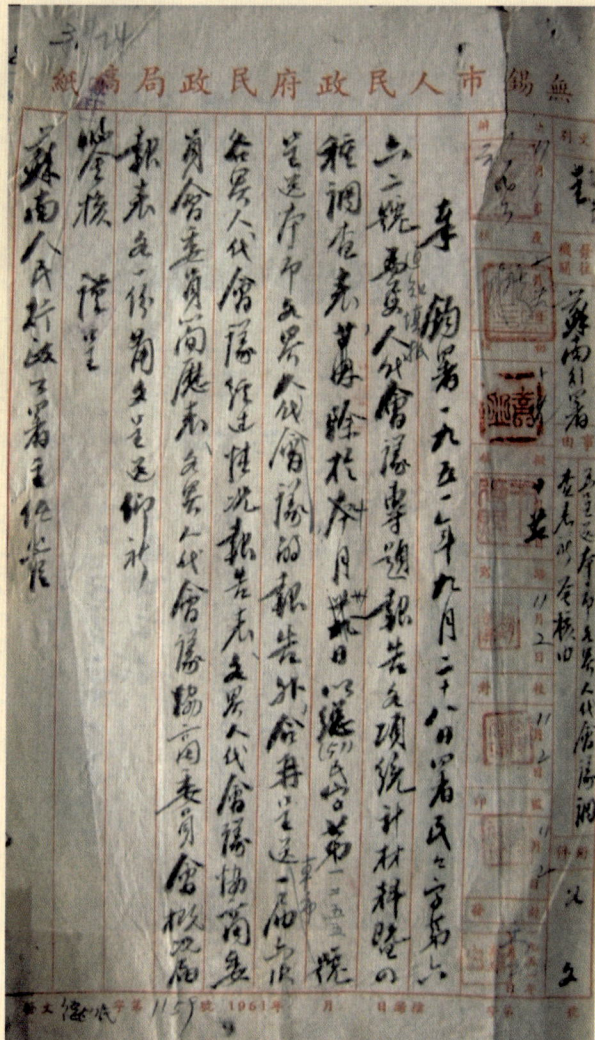

市长顾风关于报送本市一届六次各界人代会议材料给苏南行署的呈文（1951年11月2日）

全文：

奉钧署一九五一年九月二十八日署民民字第六六二号通知，填报人代会议专题报告各项统计材料暨四种调查表，除于十月卅日以总（51）民字第一二五五号呈送本市各界人代会议的报告外，合再呈送本市一届六次各界人代会议经过情况报告表、各界人代会议协商委员会委员简历表、各界人代会议协商委员会概况届报表各一份，备文呈送，仰祈鉴核。谨呈

苏南人民行政公署主任 管

（全衔）市长 顾 风

市长顾风关于报送《召开二届一次人代会决定（草案）》给
苏南行署的呈文（1951年11月21日）

全文：

苏南人民行政公署：

　　兹拟订本市关于召开第二届第一次人民代表会议的决定（草案）乙份，特报请鉴核，祈迅予批准以
利筹备工作开展。

无锡市市长　顾　风

苏南行署关于无锡苏州两市各界人民代表会协商委员会名单准予
备案的批复

全文：

无锡市人民政府：

　　关于本区与无锡、苏州两市各界人民代表会协商委员会名单，经报请华东军政委员会转呈，奉政务
院一九五一年四月廿九日政行齐字第一〇八号批复，均准予备案，兹抄附你市该会名单一份希即知照，
并分别转知！

苏南人民行政公署

一九五一年五月廿四日

毛泽东给吴启瑞的信

保管单位：无锡市档案馆

内容及评价：

吴启瑞是江苏省无锡师范学校附属小学教师。她的公公王立庵是毛泽东当年在湖南省立第一师范读书时的数学老师，曾关心帮助过毛泽东，并鼓励和支持青年毛泽东的理想抱负。1948年吴启瑞的丈夫王人瑞因病去世前，曾嘱咐她"有为难之事，可去找毛大哥"。吴启瑞独自抚养8个孩子，生活非常艰难，万般无奈之下，于1950年5月给毛泽东写了一封信，信中提出"准予三个孩子加入苏南区干部子女班以减轻家庭困难"的请求。毛泽东接信后回了一封信，并将吴启瑞的信批转给时任苏南区党委书记陈丕显。在地方党和政府的关心照顾下，吴启瑞3个孩子的学习和生活困难问题得到妥善解决。1960年6月毛泽东在上海视察期间，给时任上海市委书记处书记的陈丕显写了一封信："丕显同志：再烦你一件事。如有可能，请通知吴启瑞，到此一行，明、后两天内能到即可。只说你要见她。到时，请予以招待，我拟询问她一些事。毛泽东 六月廿二日"。陈丕显派专车将吴启瑞接到上海，毛泽东在上海锦江饭店接见了吴启瑞，回忆王立庵先生，并询问了吴启瑞的家庭情况。接见时留了两张合影，之后毛泽东专门嘱人将照片寄给吴启瑞，并写了第二封信："启瑞同志：七月十九日的信收到，甚为高兴。选集及照片，已寄去了，收到时请告。祝你健康！毛泽东 一九六〇年九月二日"。

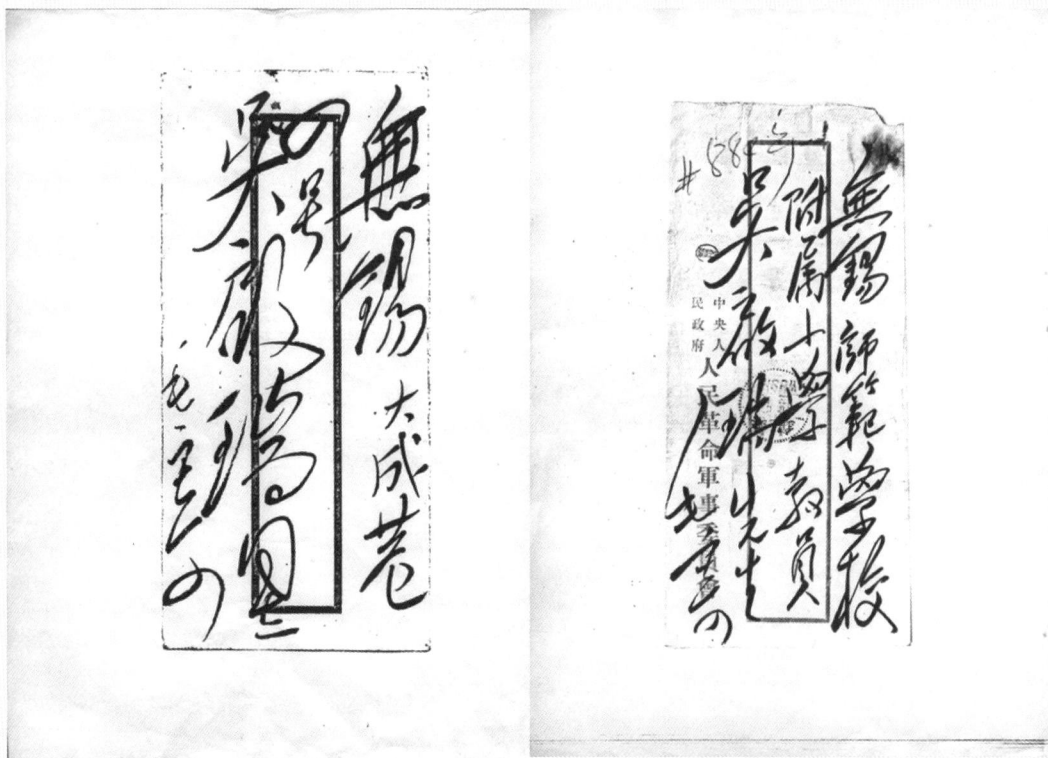

毛泽东亲笔书写的信封

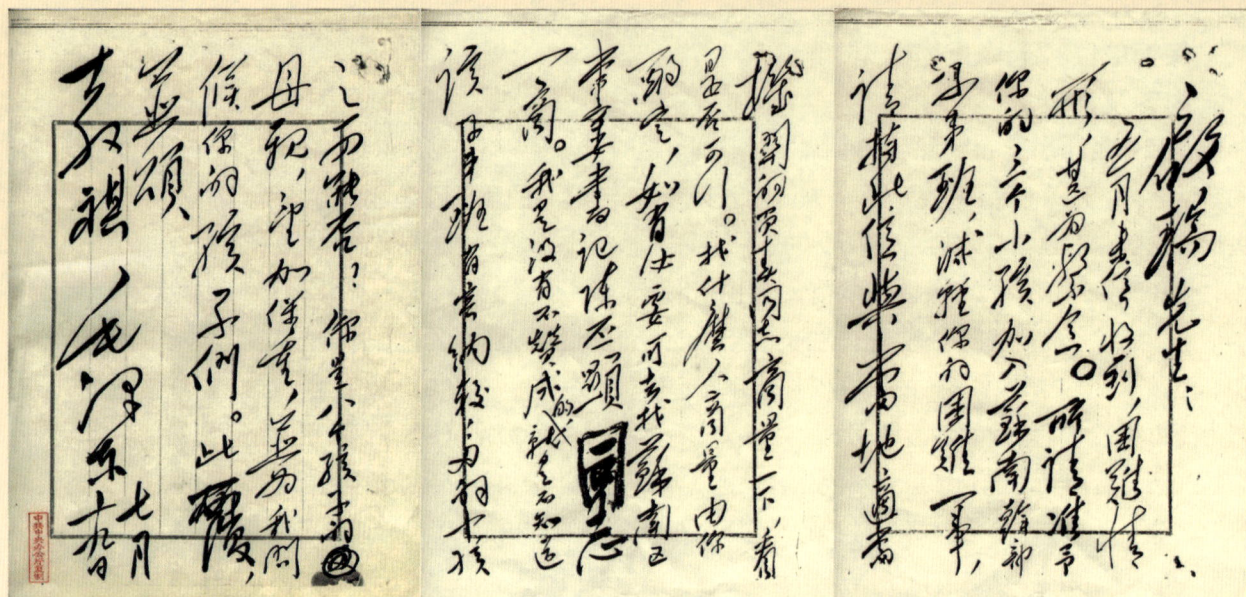

毛泽东写给吴启瑞的信

全文：

启瑞先生：

　　五月来信收到，困难情形，甚为系念。所请准予你的三个小孩加入苏南干部子弟班，减轻你的困难一事，请持此信与当地适当机关的负责同志商量一下，看是否可行。找什么人商量由你酌定，如有必要可去找苏南区党委书记陈丕显同志一商。我是没有不赞成的，就是不知道该子弟班有容纳较多的小孩之可能否？你是八个孩子的母亲，望加保重，并为我问候你的孩子们。此复，并颂教祺。

毛泽东　七月十九日

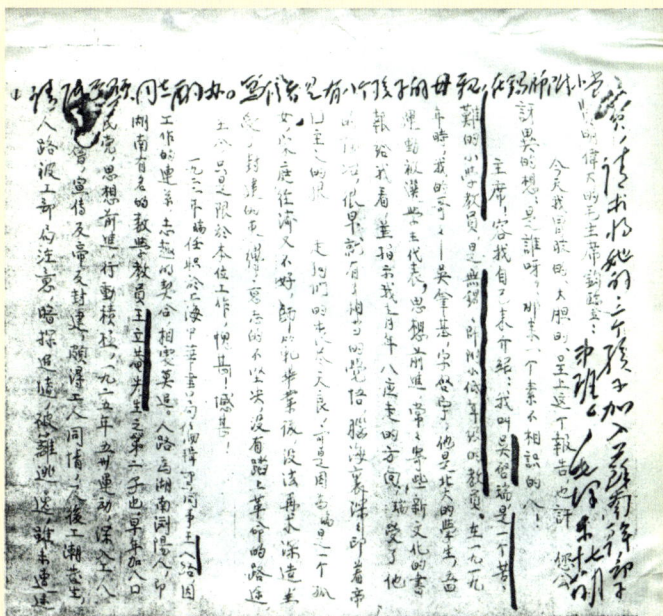

毛泽东在吴启瑞的信上写给苏南区党委陈丕显的批示

全文：

请陈丕显同志酌办。写信者是有八个孩子的母亲，在锡师附小当教员，请求将她的三个孩子加入苏南干部子弟班。

毛泽东 七月十八日

无锡开源乡团结村杨泗桥戽水站石碑

保管单位：无锡市滨湖区档案馆

内容及评价：

无锡解放以后，农村完成了土地改革，农民以极大的热情积极投入农业生产。当时的无锡市郊区团结村属开源乡管辖，为发展农业生产，计划建造一座电力戽水站。1951年春，为了筹措建站资金，团结村成立了募建委员会，募委会除了向本村村民募集外，还奔走上海，寻找无锡开源乡籍在上海发展的工商经营者以及企业募捐，共筹集到资金4430万元（旧币，折合现人民币4430元），在当年9月建成杨泗桥戽水站，这是无锡首家电力戽水站。为纪念此事，村民遂勒石刻碑。

杨泗桥戽水站位于现无锡市滨湖区荣巷街道区域内，滨湖区档案馆工作人员经过现场勘察寻找后，发现了这块长85厘米，宽55厘米，厚20厘米的石碑。该档案具有一定的历史价值，表明素以渔耕名闻遐尔的无锡郊区农民对兴修水利一直十分重视。

2005年，无锡市建造开设了蠡湖展示馆，作为展示无锡蠡湖地区水文、水系、水害、防汛、人文等方面历史及规划与建设的科普教育基地。蠡湖展示馆向滨湖区档案馆暂借杨泗桥戽水站石碑作为展品之一，石碑现存放于无锡市蠡湖展示馆向公众展示。

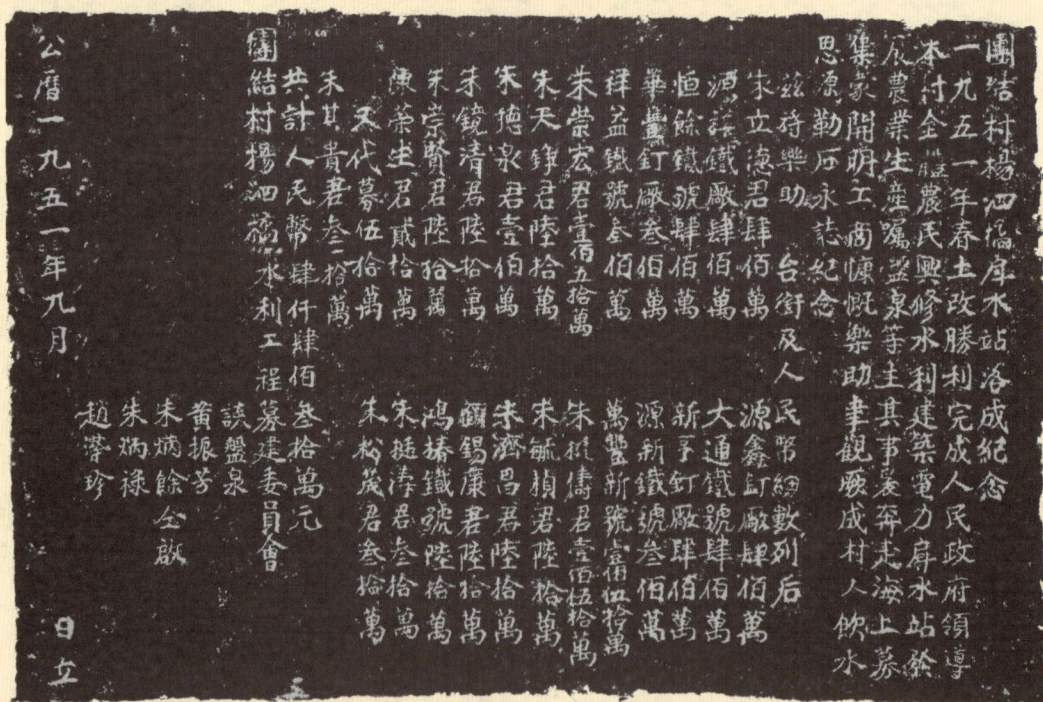

开源乡团结村杨泗桥戽水站石碑碑拓

全文：

团结村杨泗桥庠水站落成纪念

　　一九五一年春土改胜利完成。人民政府领导本村全体农民兴修水利，建筑电力庠水站，发展农业生产。嘱盘泉等主其事，爰奔走海上（上海）募集。蒙开明工商慷慨乐助聿观厥成。村人饮水思源，勒石永志纪念。

　　兹将乐助　台衔及人民币细数列后：

　　朱立德君肆佰万　源鑫钉厂肆佰万　源祥铁厂肆佰万　大通铁号肆佰万　恒余铁号肆佰万　新亨钉厂肆佰万　华丰钉厂叁佰万　源新铁号叁佰万　祥益铁号叁佰万　万丰新号壹佰伍拾万　朱崇宏君壹佰伍拾万　朱挺俦君壹佰伍拾万　朱天铮君陆拾万　朱毓桢君陆拾万　朱德泉君壹佰万　朱济昌君陆拾万　朱镜清君陆拾万　顾锡康君陆拾万　朱崇贤君陆拾万　鸿椿铁号陆拾万　陈荣生君贰拾万　朱挺涛君叁拾万　又代募伍拾万　朱松茂君叁拾万　朱其贵君叁拾万

　　共计人民币肆仟肆佰叁拾万元

　　团结村杨泗桥水利工程募建委员会

谈盘泉 黄振芳 朱炳余 朱炳禄 赵荣珍　同启

公历一九五一年九月　日立

无锡永泰丝厂公私合营前后档案

保管单位： 无锡市档案馆

内容及评价：

永泰丝厂是近代无锡薛氏资本集团的核心企业，原由薛南溟与周舜卿于1896年在上海合资创办，因经营不善，周舜卿于第二年抽资退出，于是丝厂由薛家独资经营。后因创出"金（银）双鹿"优质名牌白厂丝而享誉国际生丝市场。1912年，薛南溟在无锡开设永泰二厂，并逐步发展为拥有多家丝厂、茧行的永泰系统丝业集团。1925年上海永泰丝厂迁回无锡，经营大权逐渐转交其三子薛寿萱。薛寿萱锐意创新改革，克服多重困难，永泰企业集团迅速发展，为国内外丝业界所瞩目，薛氏也成为20世纪二三十年代闻名遐迩的丝业大王。抗日战争期间永泰丝业受到极大摧残，战后也未能得到恢复。无锡解放后，在人民政府的扶持帮助下，永泰丝厂走上了新的发展道路。1954年永泰丝厂公私合营，后转为国营，1979年改为无锡市丝织二厂。

从我国的国情出发，对民族资本主义工商业采取赎买政策进行社会主义改造，是一大创造。对这一部分档案资料进行研究，借鉴历史经验，对于我们今天制定正确的方针政策，仍然具有现实意义。

永泰丝厂部分土地所有权状

1954年"无锡市工人纠察队纺织工会第五大队"编制的永泰丝厂
建筑设备简历及资本家情况文档

股东领息凭证及领息记录（部分）

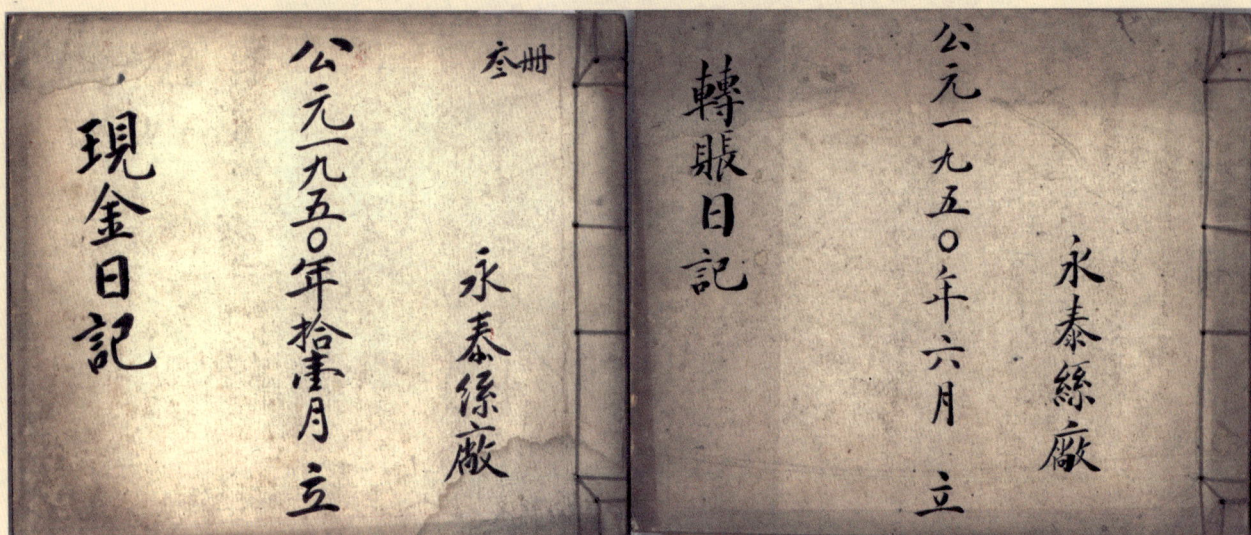

现金日记册

转账日记册

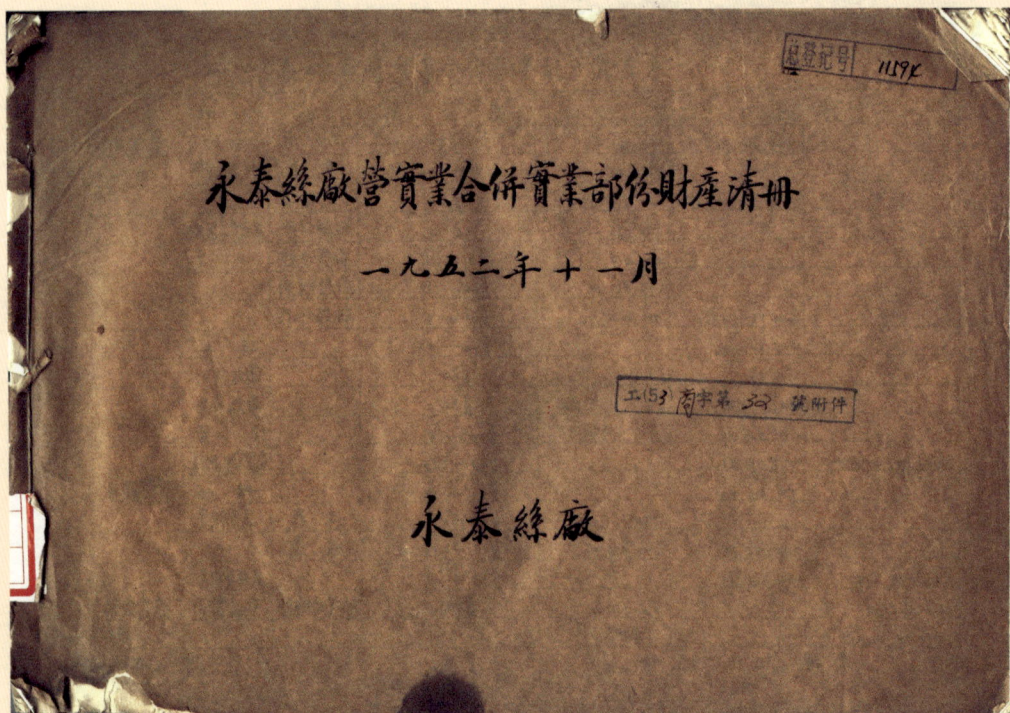

实业部分财产清册

傳動設備 財產目錄

第 1 頁

編號	類別(會計科目)	名稱	規格	單位	數量	查估後單價	查估後總值	估價標準	說明	核定意見
	傳動設備	地軸	2号	呎	32'6"	87600	2832110	根據1920年置价值15年減值20% 尚可使用年限7年径身	146000	
傳125	〃	〃	2号	〃	24'10"	76200	1892050	〃	127000	
	〃	〃	2号	〃	70'11"	58200	4126380	〃	99000	
124	〃	〃	2"	〃	102'	49200	5018400	〃	84000	
	〃	〃	1⅞	〃	50'5"	33600	1693440	〃	56000	
122	〃	〃	1½"	〃	85'4"	27000	2303910	〃	45000	
	〃	〃	1⅜	〃	12'4"	24600	303320	〃	41000	
	〃	〃	1¼"	〃	7'6"	22500	168730	〃	37500	
	〃	〃	1"	〃	33'10"	18000	608940	〃	30000	
	〃	皮帶盤	48"×5支	只	1	3848000	3848000	根據同年限 上年減值20% 尚可使用年限6年	76折	
	〃	〃	36"×8"	〃	1	416000	416000	〃	80折	
	〃	〃	36"×4½"	〃	1	234000	234000	〃	42折	
	〃	〃	32"×5"	〃	1	234000	234000	〃	48折	
	小計						20216100			

申報企業　員責人　會計　製表

传动设备财产目录

土 地 財 產 目 錄

第 1 頁

編號	類別(會計科目)	名稱	規格	單位	數量	查估後單價	查估後總值	估價標準	說明	核定意見
	土地	廠基	#26	畝入	169136	2900000	490494400	根據市中04号地價估估	9级	
		工房	#99	〃	93469	〃	271060100	〃		
		路	#100	〃	02813	〃	8157700	〃		
		河池棧地	#102	〃	0049	〃	14268000	〃		
		河池	#103	〃	24778	〃	71856200	〃		
		保健所	#104	〃	08424	〃	27619600	〃		
		常州碼頭	#44	大公橋	0042	60000000	3120000	〃	7级	
		下岸	#23-4	日暉橋	0042	〃	2520000	〃		
	合計						889096000			

申報企業　員責人　會計　製表

土地财产目录

胡山源著《南明演义》手稿

保管单位: 江阴市档案馆

内容及评价:

胡山源著《南明演义》手稿形成于1955年至1957年。胡山源（1897～1988），江阴人，"五四"新文化运动时期著名作家、文学翻译家，20世纪20年代发起组织新文学团体"弥洒社"。该社是新文化运动中有影响的流派之一，受到鲁迅先生的重视。1916年胡山源开始发表作品，著有长篇小说《南明演义》、《冈两》等，短篇小说集《虹》，专著《小说综论》，回忆录《坎坷一生》、《屈辱二十年》、《文坛管窥》，译著《欧·亨利短篇小说集》、《杰出的人生》、《早恋》等。一生著译约1000万字。1955年，时任上海师范大学教授的胡山源接受四联书店约稿，着手撰写《南明演义》。1957年底完成了全书手稿，因被划为右派而未能发表。1980年下半年，江苏古籍出版社征得已退休回江阴居住的胡山源教授的同意，决定将《南明演义》手稿作较大修改后出版。此为胡山源的长篇小说《南明演义》手稿的一部分。

胡山源著《南明演义》手稿

胡山源著《南明演义》手稿内页

胡山源著《南明演义》手稿内页

无锡市国家级非物质文化遗产档案

保管单位：无锡市档案馆

内容及评价：

　　无锡是古代吴文化的发源地，近代民族工商业的发祥地和当代经济、文化、社会发达地区之一，保留着大量的民族文化遗存。在历史演进过程中，无锡这片人文沃土上，走出了众多的文化名人、艺术大师，也孕育了许多非物质文化遗产门类，它们是吴地人民千百年来在社会生活实践活动中凝聚的智慧结晶，是我们宝贵的财富。

　　无锡市国家级非物质文化遗产档案形成于1957年至2004年。目前，无锡已有多项非物质文化遗产列入国家级名录，无锡市档案馆保存有惠山泥人、无锡精微绣、无锡留青竹刻等档案资料。这批档案门类齐全、载体丰富，以文献、实物、图片、声像等形式保存，总数达1645卷（件）。这些档案，对于收集、研究、传承、保护和利用无锡市非物质文化遗产具有重要的价值和意义。

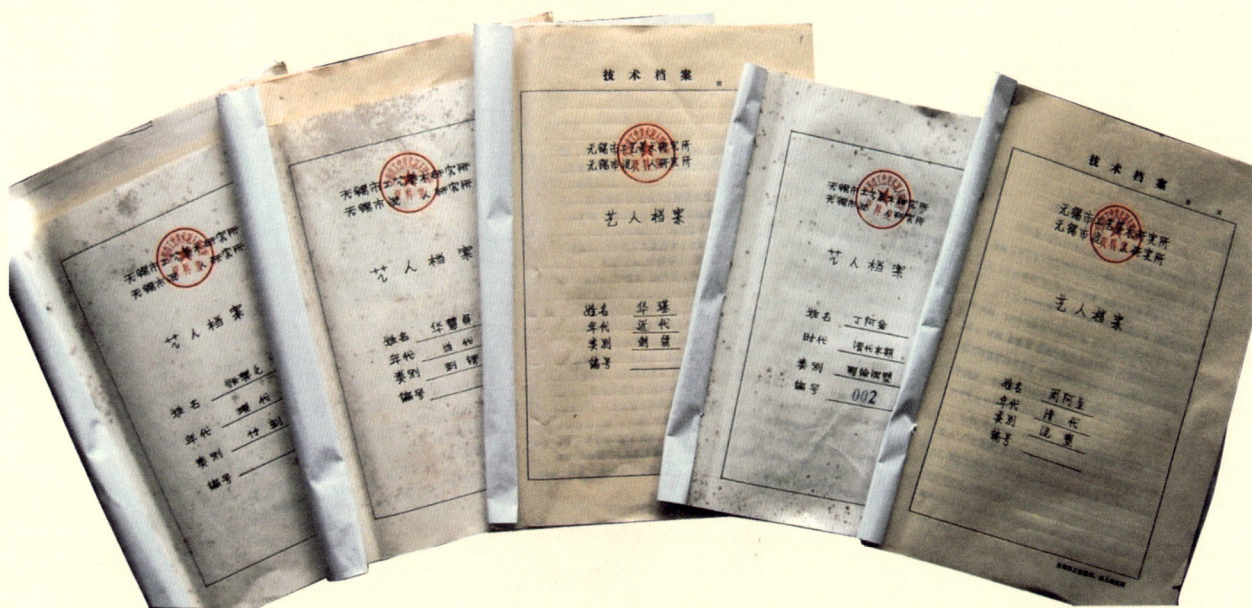

无锡市著名民间工艺美术艺术家周阿生、丁阿金、华瑝、华慧贞、张契之等人的档案

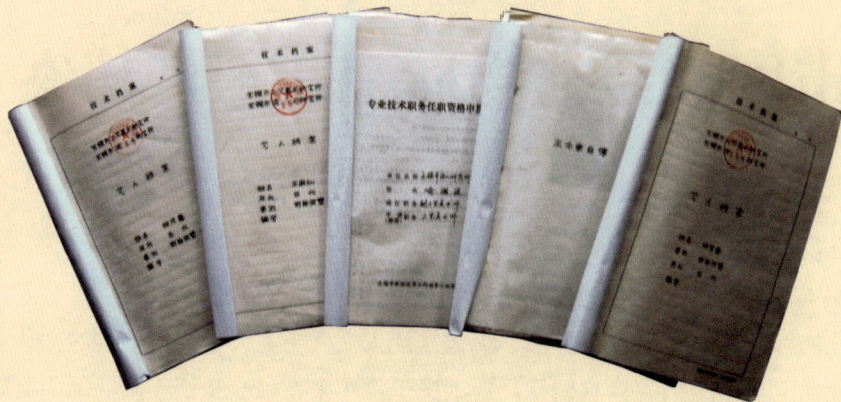

惠山泥人国家级工艺美术大师柳家奎、王木东、喻湘涟、王南仙、柳成荫等人的部分档案

非物质文化遗产锡绣、竹刻传承人赵红育、乔锦洪的部分档案

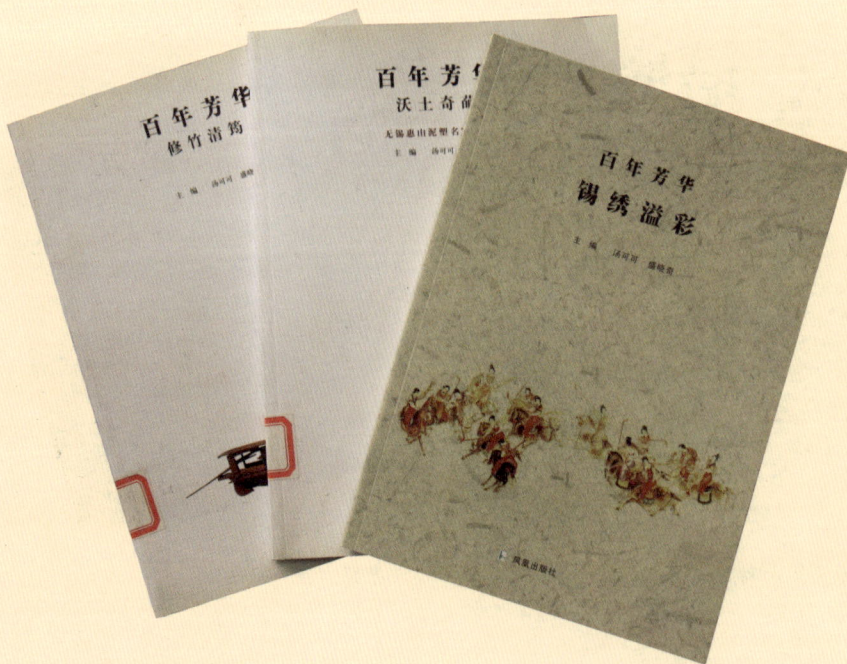

《百年芳华》丛书：《沃土奇葩》、《修竹青筠》、《锡绣溢彩》

无锡市档案馆现已编纂出版《百年芳华》系列丛书，包括《沃土奇葩》、《修竹青筠》、《锡绣溢彩》等3册，分别介绍惠山泥人、无锡竹刻、无锡刺绣。

手捏昆剧戏文人物《千镜录——搜山打车》 作者：清同治光绪年间
著名民间艺人丁阿金

惠山泥人《大阿福》 作者：民国年间著名泥塑艺人高标

惠山泥人《小板戏》　作者：中国工艺美术大师王木东

惠山泥人《团阿福》　作者：国家级非物质文化遗产项目代表性传承人
喻湘涟、王南仙

　　惠山泥人是无锡著名的地方特产，是中国传统工艺美术的一个优秀品种，已有400多年历史。无锡解放后人民政府大力扶持惠山泥人的生产，成立了"惠山泥塑创作研究室"，整理发掘了不少优秀的艺术遗产，1958年建立了惠山泥人厂，1978年无锡市泥人研究所恢复建所。经过艺人们的实践，惠山泥人历代都形成各自的个性风格和工艺特点。手捏泥人作为惠山泥人的精华，其造型生动自然，色彩富丽悦目，装饰精致讲究，深受海内外各界人士喜爱，被誉为"无锡三宝"之一，在各级工艺美术展览和评比中多次获奖。惠山泥人的代表作品大阿福更是誉满神州，四海扬名。2005年无锡市被中国民间文艺家协会命名为"中国泥人之乡"，2007年惠山泥人已列入第一批国家非物质文化遗产名录之中。

锡绣《江南春》 作者：著名工艺美术师锡绣传人华慧贞

精微绣《丝绸之路》 作者：国家级非物质文化遗产项目代表性传承人赵红育等

发绣长卷《古运河梁溪风情图》局部　作者：赵红育等

精微绣《春雨江南》　作者：工艺美术大师锡绣传人吴鸣文

刺绣是我国的优秀民族传统工艺，锡绣是无锡特色工艺品。明代中期锡绣已经有名，清代晚期江南出现了众多刺绣艺术家，在她们的推动下，刺绣艺术快速发展。清嘉庆、道光年间，锡绣开始以"闺阁绣"占主导地位，出现刺绣细腻典雅、格调高洁的观赏绣。民国期间无锡刺绣作品多次获得国内外各种大奖，获奖数在当时绣坛居全国之首。解放后在人民政府重视下成立了工艺美术研究所，整理了锡绣传统针法，并进行新技法的探索。20世纪80年代，锡绣创造了精微绣新品种，在微小卷幅上，用彩色双面绣技法绣出丰富的物象和文字图案，作品形神兼备，意趣无穷。无锡精微绣被誉为我国刺绣艺苑的一朵奇葩，得到广泛赞誉好评，并多次获得各项工艺美术作品奖项。现已入选第二批国家非物质文化遗产名录。

留青竹刻《太湖鱼米乡》　作者：著名雕刻艺术家张契之

竹刻《秋荷》　作者：国家级非物质文化遗产项目代表性传承人乔锦洪

留青竹刻《荷花白鹭》 作者：乔锦洪

留青竹刻《太湖佳绝处》 作者：市级非物质文化遗产项目代表性传承人许焱

　　竹刻是我国民间手工雕刻艺术，它融雕刻、书画、诗文、印章为一体，吸收金石、牙雕、木雕等表现手法，作品风雅绝俗，充溢着中国传统艺术所追求的书卷气和金石味。无锡竹刻历史久远，技法多样，风格清雅古朴，在江苏竹刻艺苑中独树一帜。明清时期，竹刻工艺一直在无锡地区流传，民国期间，竹刻发展到阴文浅刻、留青浅刻、薄地阳文、阳文糙地等多种刻法成熟运用的境地，以精细、古雅、秀丽的艺术特色蜚声于沪宁沿线。1958年，无锡市工艺美术研究所建立，竹刻被列为重要的地方传统工艺美术品种，竹刻的技法进一步发展，形成了将留青浅刻与浮雕、透雕、圆雕熔冶一炉的独特艺术风格。竹刻作品多次参加国内外工艺美术展览，曾经多次获奖。2008年入选国务院公布的第二批国家非物质文化遗产名录。

钱海岳《南明史》手稿

保管单位： 无锡市档案馆

内容及评价：

钱海岳《南明史》手稿形成于1968年。钱海岳，1910年出生于无锡，20世纪20年代开始南明史研究。1944年，他终以一己之力完成《南明史》100卷初稿。在随后的20多年内，他不停地校订，到1968年去世前已补充至120卷共350万字。该书是唯一按照"本纪、志、表、列传"的志书体例写成的南明史书，将南明的历史从史学界通常认为的18年延续到郑成功在台湾建立汉人政权的"明郑时期"，共计40年，填补了中国史研究的空白，具有极其重要的学术价值。该书得到柳亚子、顾颉刚等著名历史学家的肯定和推荐，由国家权威部门正式列入"中国史"序列中《明史》之后、《清史》之前，并由中华书局于2006年出版。

"文化大革命"初期，钱海岳被迫害致死。120卷《南明史》的草稿与誊清稿同时被抄，下落不明。1971年，顾颉刚根据周总理指示，主持《二十四史》整理工作，在计划书中提到："钱海岳独竭数十年之精力，编成纪传体的《南明史》百数十卷，足备一代文献。""如能觅得，应置《明史》之后。"直到1979年，经钱氏家人多方寻访，才找回《南明史》稿本。2011年5月，钱海岳的家人最终决定将其无偿捐赠给无锡市档案馆。

柳亚子除了在诗歌文学方面颇有建树外，也是一位研究南明史的专家，搜集了很多有关南明的史籍，并取得了一批研究成果，可惜战乱中大量文稿失散，编写南明史的愿望没有实现。因此当他看到钱海岳编写的《南明史》时，内心十分激动，于是欣然题词。

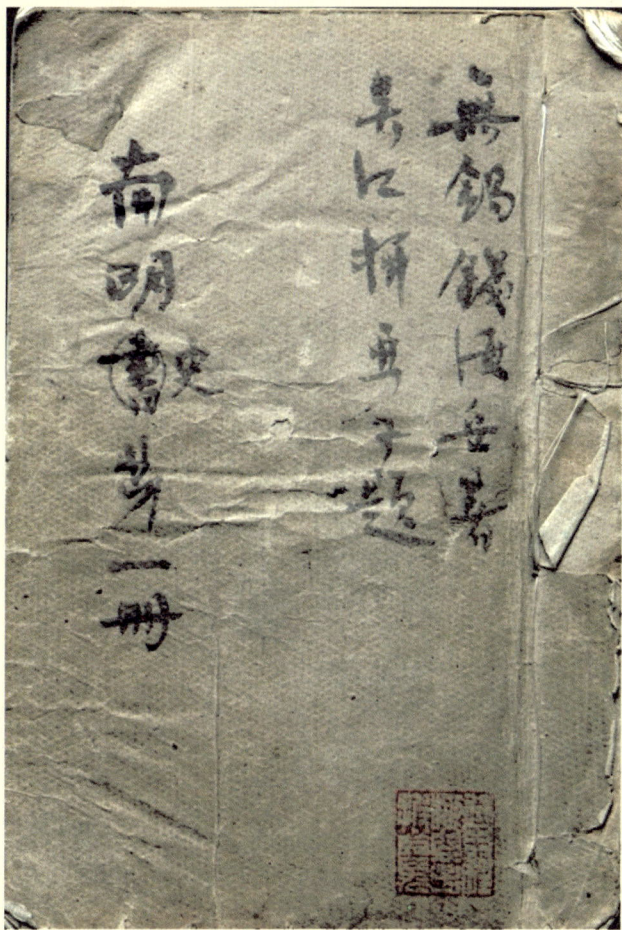

柳亚子题《南明史》手稿封面

顾颉刚为钱海岳《南明史》所做题词

全文：

按此书为钱氏始作于一九三一年，完成于一九四四年。及一九六八年一月十四日，不幸为林彪"四人帮"诬害致死，又历二十四年，时工作于南京图书馆，馆中藏书丰富，随手补充，更为完备。人虽死而著作犹存，稿藏其女婿堵仲伟家，越十年，堵君乃以之见余。余当一九七一年四月，承周总理命，主点校二十四史，参加出版会议，即曾提出寻求此书，次于明史之后，清史稿之前。时同人以为应俟二十四史点校完成后再议。今全书已完成矣，此稿适出，其当与国家出版局及中华书局主事者共商之，俾不没钱氏以四十余年之精力完成此稿之苦心也。一九七九年四月一日，顾颉刚记于北京西郊三里河寓舍。

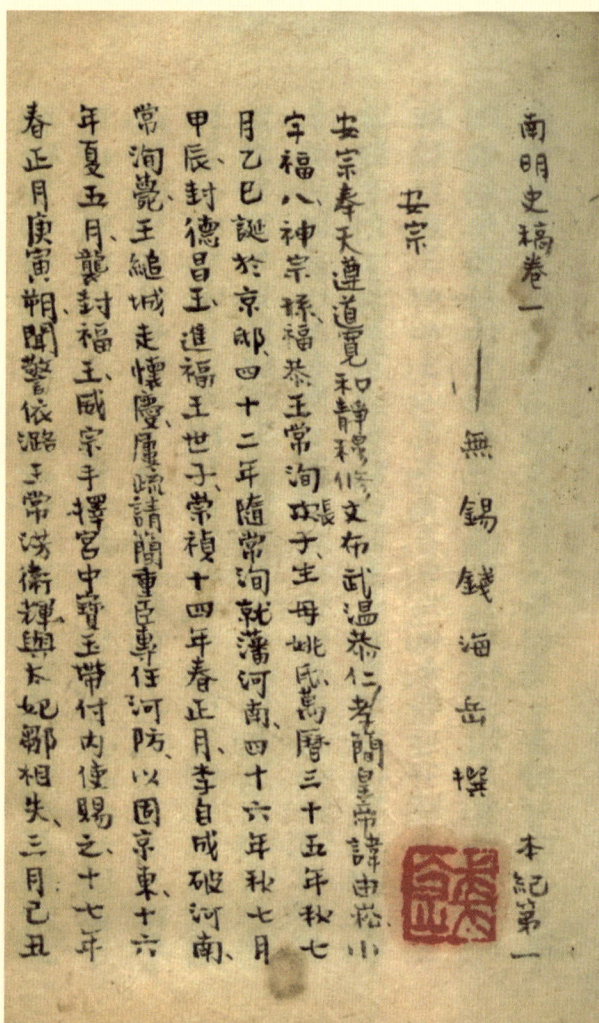

《南明史》手稿部分内页

全文：

南明史稿卷一　本纪第一
——无锡钱海岳撰

安宗

安宗奉天遵道宽和静穆修文布武温恭仁孝简皇帝讳由嵩，小字福八，神宗孙，福恭王常洵长子，生母姚氏，万历三十五年秋七月乙巳诞于京邸。四十二年随常洵就藩河南，四十六年秋七月甲辰，封德昌王，进福王世子。崇祯十四年春正月，李自成破河南，常洵薨，王缒城走怀庆，屡疏请简重臣专任河防，以固京东。十六年夏五月，袭封福王，威宗手择宫中宝玉带付内使赐之。十七年春正月庚寅朔，闻警依潞王常涝卫辉，与太妃邹相失，三月己丑……

手稿全貌

中华书局版《南明史》

南明史稿原稿包括96卷誊清稿和24卷草稿。2003年，中华书局在钱海岳亲属后人的支持下，对稿本进行整理，经过两年多的努力，终于使这一史学巨著得以"降生"。全书计14册、120卷、350万字。

钱钟书手迹

保管单位： 无锡市档案馆
内容及评价：

钱钟书（1910～1998），原名仰先，字哲良，后改名钟书，字默存，号槐聚，江苏无锡人，中国现代著名作家、文学研究家。1933年于清华大学外文系毕业，1935年赴英国牛津大学攻读，后又至巴黎大学研究法国文学，归国后曾在多所大学任教。1953年任中国科学院文学研究所研究员，哲学社会科学院学部委员。后担任中国社会科学院副院长、院特邀顾问。钱钟书博学多能，兼通数国外语，学贯中西，在文学创作和学术研究方面做出了卓越成绩。

1992年无锡市第二中学（前身是创办于1918年的私立辅仁中学，现为无锡市辅仁高级中学）在新校舍落成之际，拟将校图书馆新楼冠名为"钟书楼"，并联系辅仁老校友钱钟书，特请他为之题写，钱钟书回信表示拒绝。信中说："好好一个图书馆，称作'藏书楼'，岂不现成、朴实、大方。'唯名与器''不可假人'；贱名务请勿用来命名。"充分反映了钱钟书先生虚怀若谷、淡泊名利的高尚品格，其人格魅力跃然纸上。

钱钟书亲笔信件

全文：

建平、荣鑫两位同志：

奉到惠函，我悚愧不胜。我四年前大病以后，心身衰朽，遵医嘱谢事谢客，贵校专人来访，失于迎迓，欠礼为罪。"写几句话"云云，恐怕是电话中没听清楚，说的是："如果写了，会寄给你。"因我当时，不能构思，右拇指又痉挛，到现在还不便写毛笔字。

来函云云：令我吓一大跳！一番好意，实际却使我成为欺世盗名之人！我尚有自知之明，万万不敢当也不肯当此荣誉。好好一个图书馆，称作"藏书楼"，岂不现成、朴实、大方。"唯名与器，不可假人"；贱名务请勿用来命名，这点主权我还是有的，谢谢你们的厚爱，我要是无锡人乡谈所说："轿子里跌出牌位来"——勿受人抬举了。恳求原谅。草草作复，书不成字，即致

敬礼！

钱 一月廿八日

清《太湖备考》

保管单位：无锡市锡山区档案馆

内容及评价：

艺兰圃藏板刊本《太湖备考》是清乾隆十五年（1750）金友理编纂的一部太湖专志，全书共16卷，不仅记述当时太湖周围三州十县，即江苏苏州府震泽、吴江、吴县、长洲，常州府无锡、阳湖、宜兴、荆溪，浙江湖州府长兴、乌程等县的沿湖水口、滨湖山丘、山泉港渎、村镇聚落、寺观祠庙、第宅园亭、坊表冢墓、名胜古迹、风土人情、风物特产；而且记述太湖历代职官衙署、仓庾教场、兵防设置、重大战例、都图田赋、地名源流、考试选举、艺文书目、人物列女、灾异杂记，更以全书四分之一的篇幅，选录了历代歌咏太湖的诗文辞赋、名章丽句。堪称是一部关于太湖的百科全书。该书既有重要的史料价值，又有文化、文学鉴赏价值。其资料来源有正史，也有野史、笔记、小说、考证文字。对了解古代民俗及其流变过程，研究社会地域史、民俗文学等都有帮助。

金友理（生卒年不详），字玉相。清代乾隆年间苏州吴县人，地理学家。他继承了清初一代宗师顾炎武的经世致用学风，师事地理学家吴莱庭，敏而好学，时负文名。金友理以太湖为研究专题，不囿于前人著述成说，而注重搜集最新资料，地皆亲履踏勘，物必据实目验，为此，他"束装裹粮，遍历湖山之间，而湖外之溪渎溇港虽远必至，一一究其源委险夷，又复考古证今，务欲详其事而得其实状"，最终辑成全书。

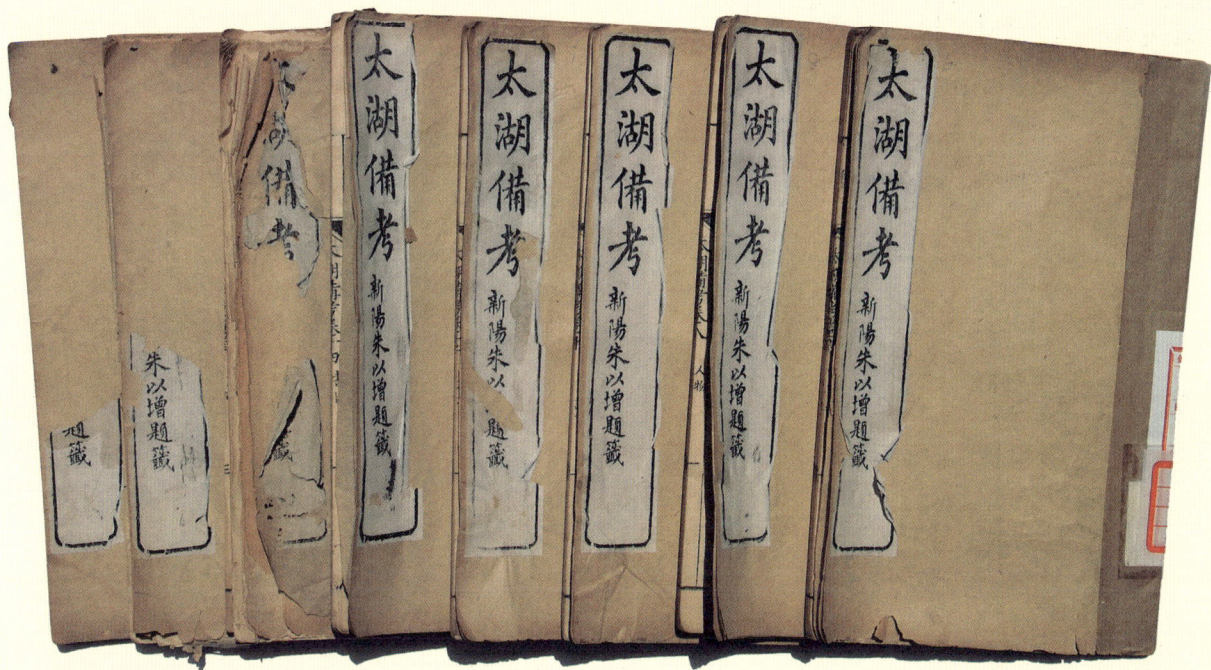

《太湖备考》封面

《太湖备考》扉页

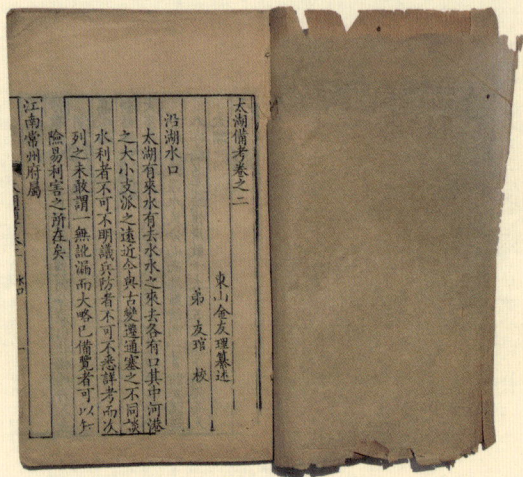

《太湖备考》卷二——沿湖水口

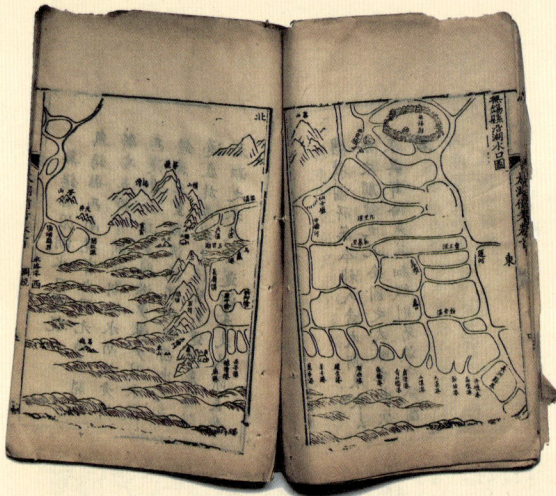

《太湖备考》卷二——沿湖水口之无锡县沿湖水口图

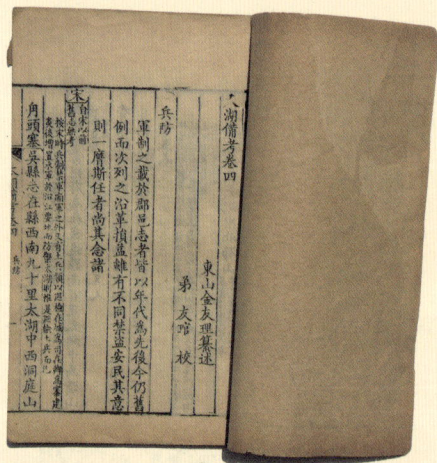

《太湖备考》卷四——兵防

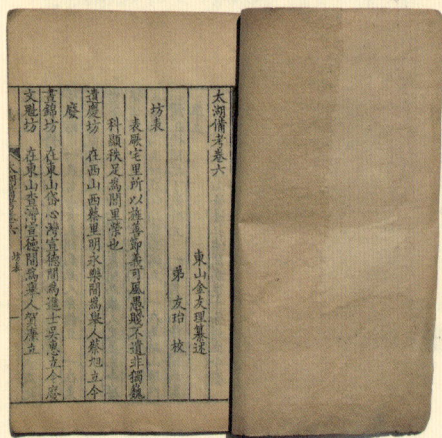

《太湖备考》卷六——坊表

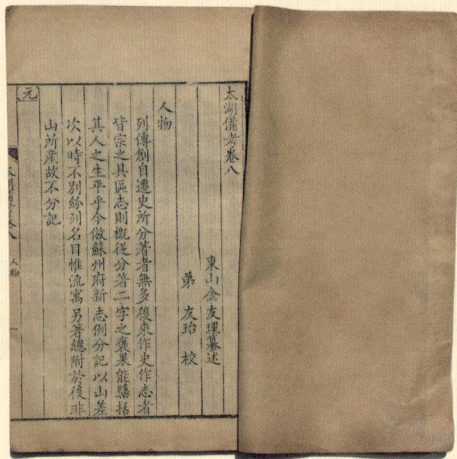

《太湖备考》卷八——人物

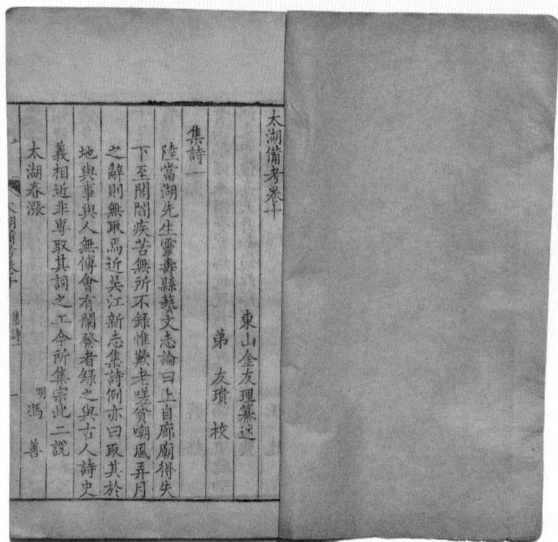

《太湖备考》卷十一——集诗一

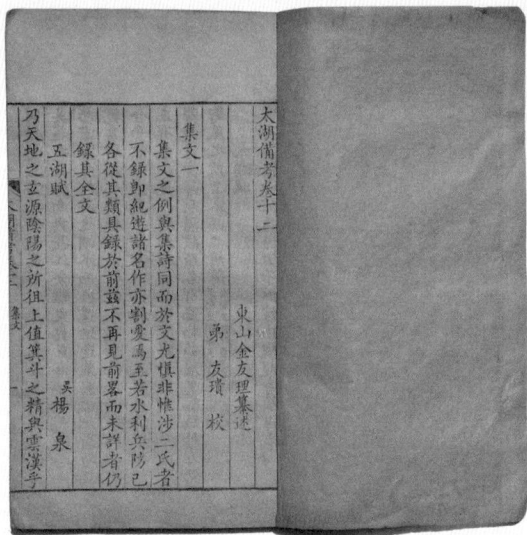

《太湖备考》卷十二——集文一

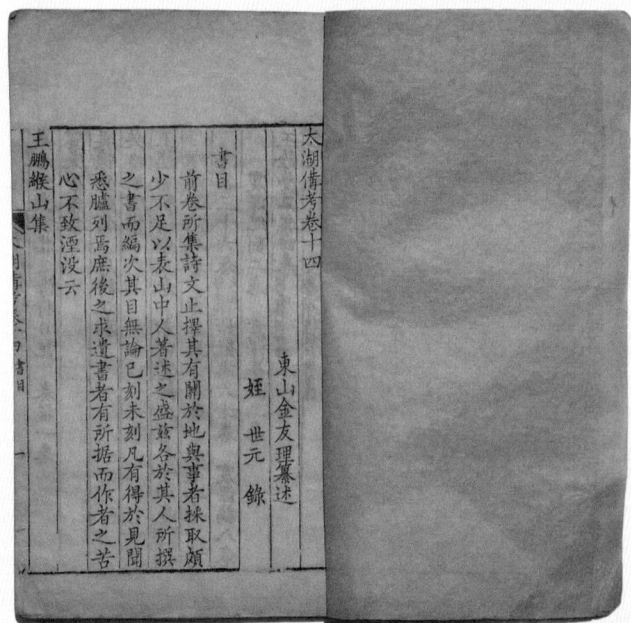

《太湖备考》卷十四——书目

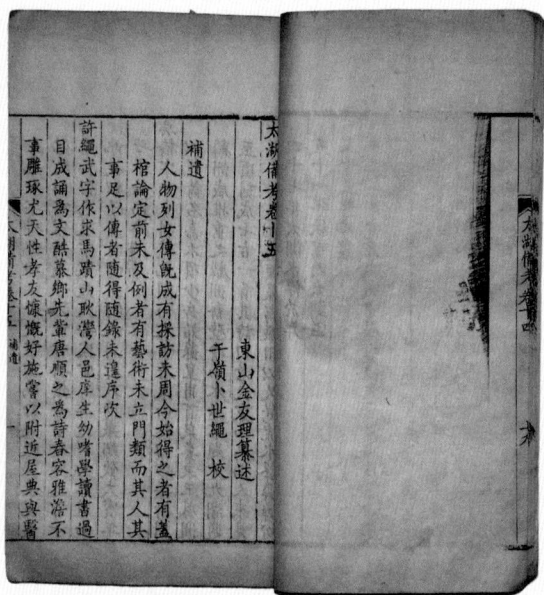

《太湖备考》卷十五——补遗

清光绪《江阴县志》

保管单位： 江阴市档案馆

内容及评价：

清光绪《江阴县志》自清光绪二年（1876）由知县卢思诚始修，继任知县沈伟田、冯寿镜续修，后由知县李文耀于光绪四年（1878）修成付印。其新增了乾隆年版县志后的内容，如减民赋、广学额、设水师等"维新之治"以及治河成绩与疏浚年份、沙洲涨坍等，皆备载详悉。卷二十九《忠义总纲》记述了"庚申之变"，对太平军攻陷江阴城的经过，记述颇为详尽，不为正史所见。

此县志总括江阴的建制沿革、山川疆域、民赋经济、艺文教育、宗教建筑、军事武备、风俗物产、名胜古迹、人物名贤等。内容十分丰富，是查考江阴历史的宝贵文献资料。

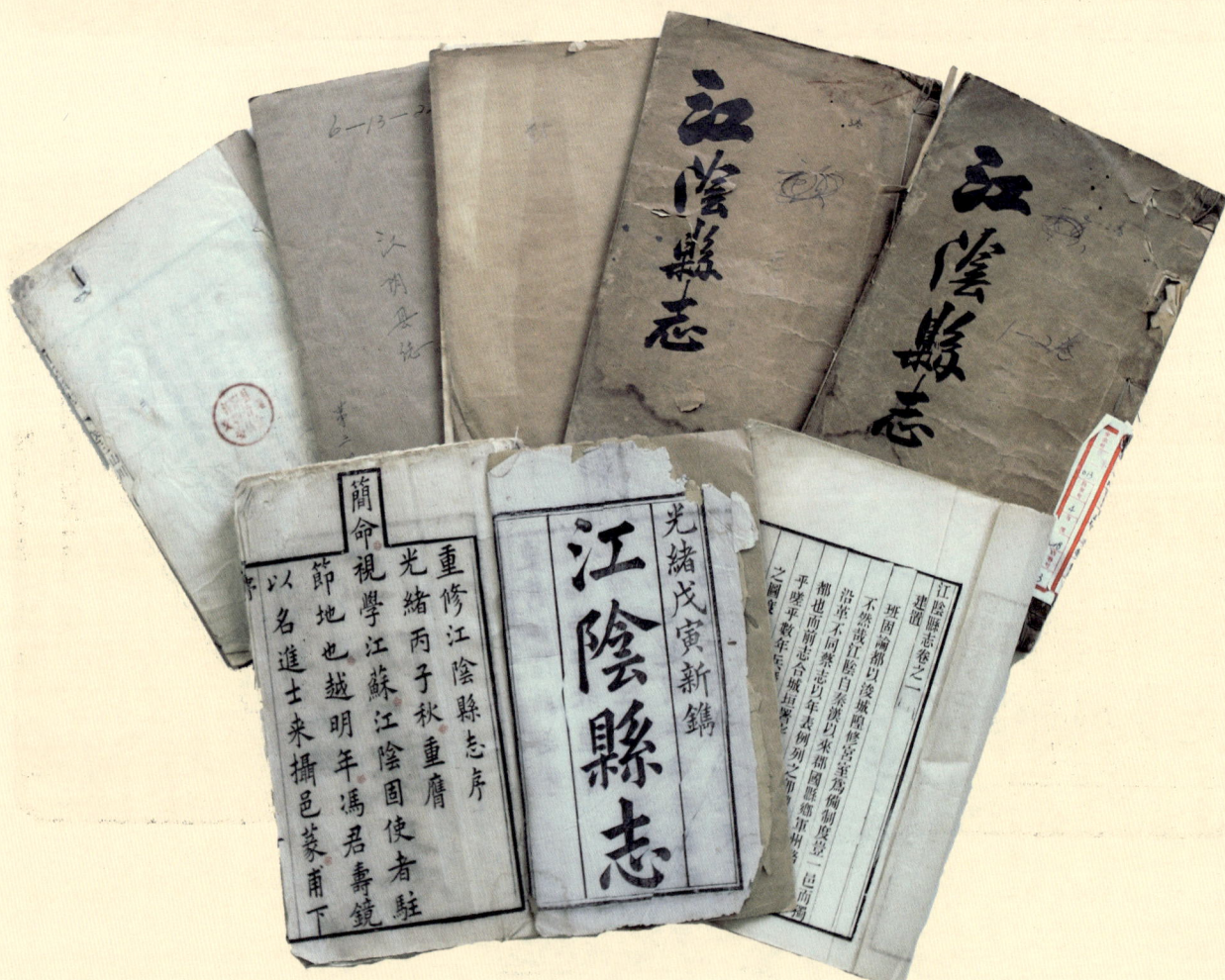

《江阴县志》封面

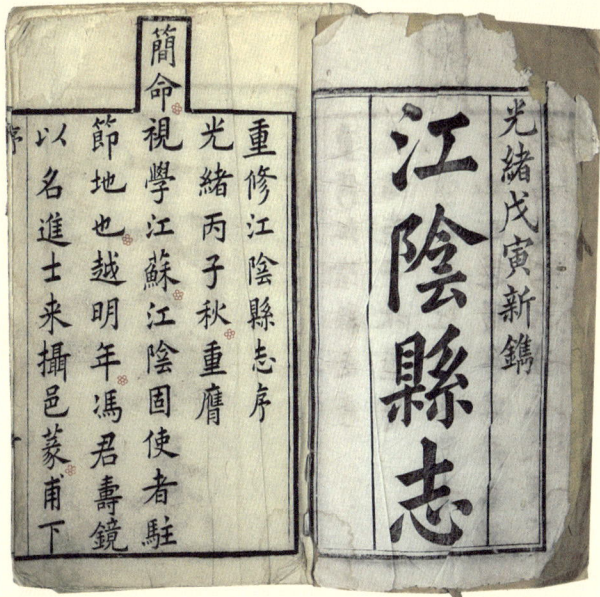

首卷扉页

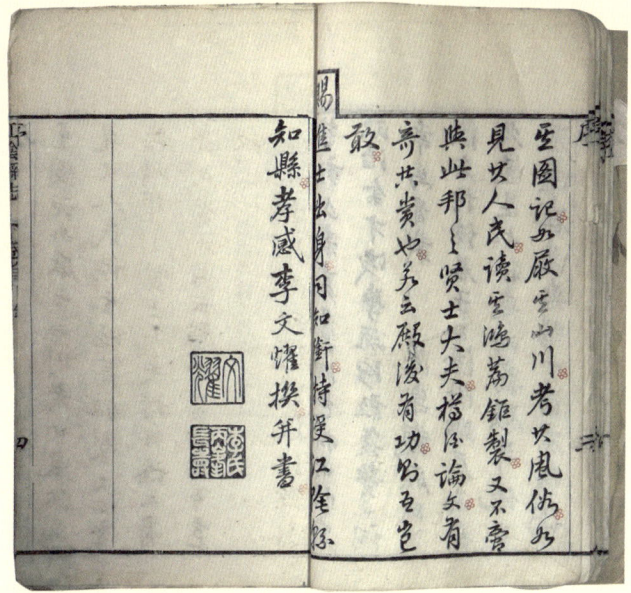

江阴知县李文耀所撰序言末页，有本人签名、印章。

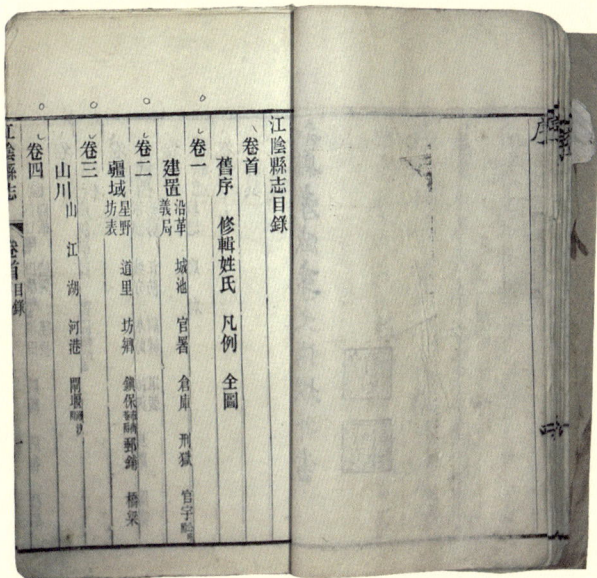

《江阴县志》目录

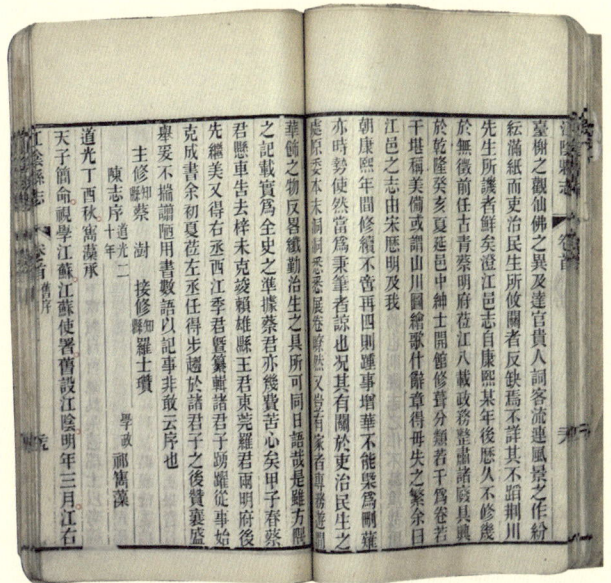

卷首内页，谈及所修县志内容涉及吏治民生。

江阴县城隍图

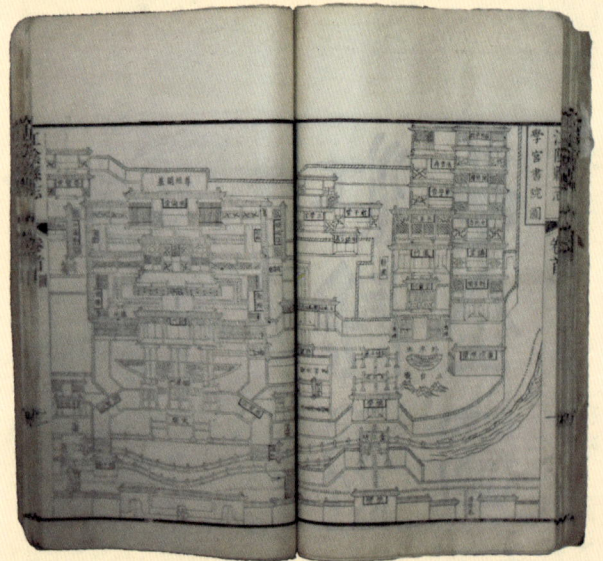

江阴学宫书院图

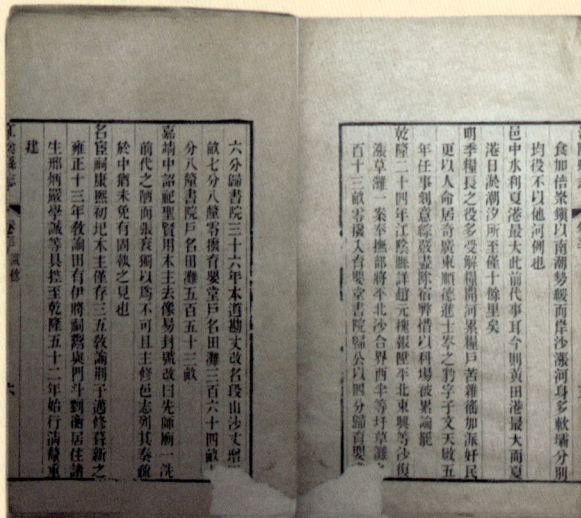

第31卷识余。其中记述清乾隆年间长江沿岸新增沙滩地划归育婴堂、书院所有的事宜。

清《重修马迹山志》

保管单位： 无锡市滨湖区档案馆

内容及评价：

清《重修马迹山志》形成于1880年。马迹山又称马山，历史上由常州武进管辖，1954年划归无锡，现由无锡市滨湖区管辖。《重修马迹山志》为清许槤所著。

许槤（1799～1881），近代文学家，字太眉，一字梦西，自号三櫃老翁，武进人，世居阳湖马迹山之麓。清光绪六年（1880）许槤恐"旧稿散佚，新迹日湮"，编成《重修马迹山志》，记事至光绪五年（1879），体例仿范成大《吴郡志》。全志共8册，22目。无锡市滨湖区档案馆现存《重修马迹山志》为清光绪六年（1880）活字本，卷首附马迹山全图合页式版画一幅。此志辑录山川地形、人文古迹、风俗物产、文学孝义等等。此本流传颇稀，排印精良，为活字印本，版式齐整，单字精工，非晚清寻常活字所能及，具有重要的历史价值。

《重修马迹山志》卷首、1至8卷封面

《重修马迹山志》卷首

卷首——马迹山全图

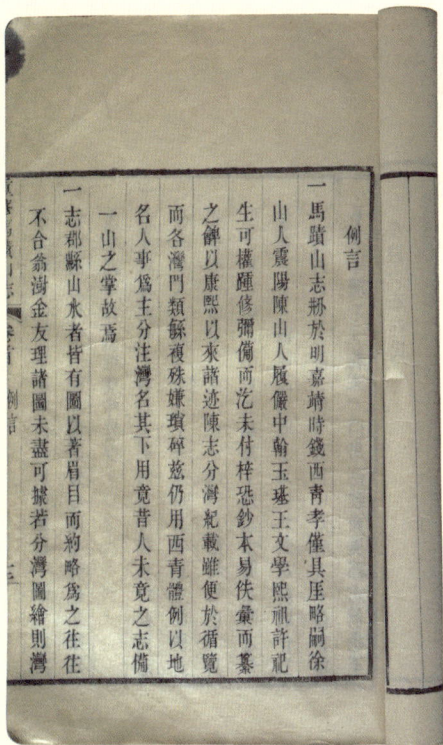

例言
一馬蹟山志粉於明嘉靖時錢西青孝廉其匡略餘徐
山人震陽陳山人履儀中翰玉璂王文學熙祀許記
生可權匯修彌偏而汔未付梓恶鈔本易佚壹而纂
之餅以康熙以來蕎迹陳志分灣紀載離便於循覽
而各灣門類絲覆殊嫌瑣碎慈仍用西青體例以地
名人事爲主分注灣名其下用竟昔人未竟之志備
一山之掌故焉
一志郡縣山水者皆有圖以著眉目而約略爲之往往
不合翁潟金友理諸圖未盡可據若分灣圖繪則灣

卷首——例言

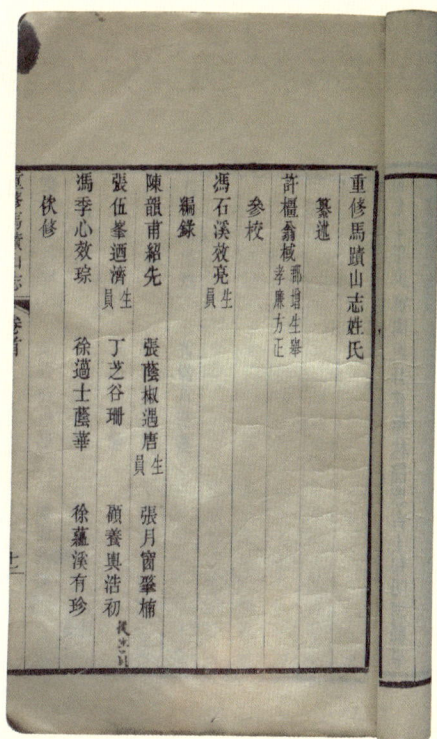

重修馬蹟山志姓氏
纂述
苛櫃翁祓　郡增生舉
　　　　　孝廉方正
參校
馮石溪效亮　員生
編錄
陳韻甫紹先　龔蔭椒遇唐　生員
發伍峯迺濟　丁芝谷珊　生員
馮李心效琮　硕養奥浩初
徐邁士蘆華　張月窗肇楠
徐蘆溪有珍
伏修

卷首——纂修姓氏

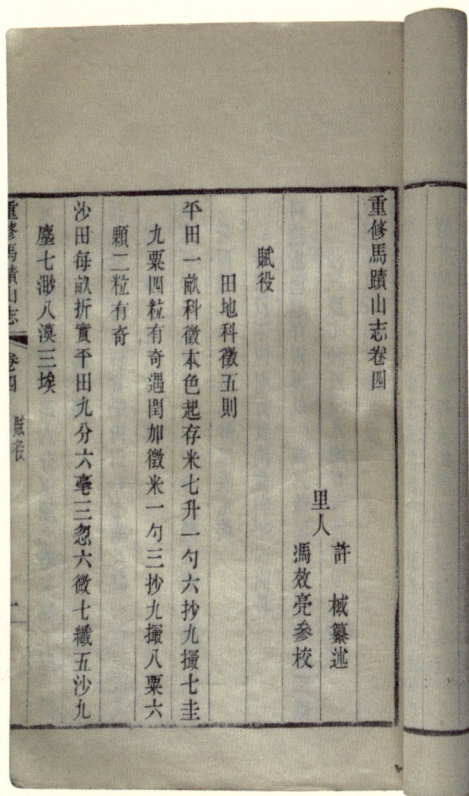

重修馬蹟山志卷四
賦役
田地科徵五則
平田一畝科徵本色起存米七升一勺六抄九撮七圭
九粟四粒有奇遇閏加徵米一勺三抄九撮八粟六
顆二粒有奇
沙田每畝折實平田九分六毫三忽六徵七釐五沙九
塵七渺八漠三埃
里人　苛　械纂述
馮效亮參校

卷四——賦役

清光绪《无锡金匮县志》

保管单位： 无锡市崇安区历史文献馆

内容及评价：

清光绪《无锡金匮县志》形成于1881年，为清秦缃业纂，裴大中、倪咸生修，共18册。

清雍正四年（1726），无锡分治为无锡、金匮两县，西部为无锡县，东部为金匮县，共用1个县城，1912年合并为无锡县。清乾隆七年（1742）和十五年（1750）分别修有《金匮县志》和《无锡县志》。此后，两县合修一志，嘉庆十八年（1813）的《无锡金匮县志》、道光二十年（1840）的《无锡金匮县续志》和这部光绪县志，同属此类。民国期间虽累有修志之议，但均无果而终。所以，这部光绪县志是现存无锡旧方志中成书最晚的。它上起三代，下迄清末，时间跨度最长。关于两县近代的资料，为前志所不载，且所绘制的地图也较前志精善，"于近代邑志中，洵推佳构"。

秦缃业（1813~1883），清代书画家。字应华，号淡如，江苏无锡人。清道光二十六年（1846）副贡，充史馆誊录，官至浙江盐运使。辞官后主持杭州东城书舍，修《杭州府志》。同治三年（1864），在上海得"御笔图"，盼咐黄埠墩僧舍保管。光绪年间，倡导成立消寒吟社。秦缃业善书画，有《虹桥老屋遗稿》九卷，又著有《续资治通鉴长编拾补》，另有未刊著作《微云庵词录》、《虹桥老屋词》等。

《锡金县志》（清光绪刻本）

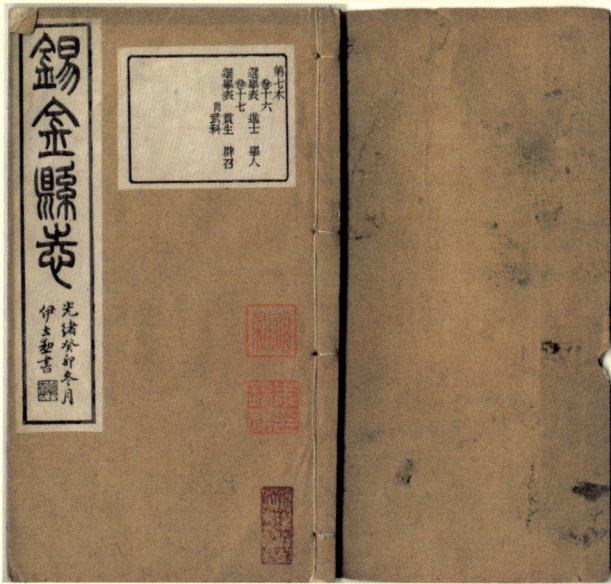

卷十六封面

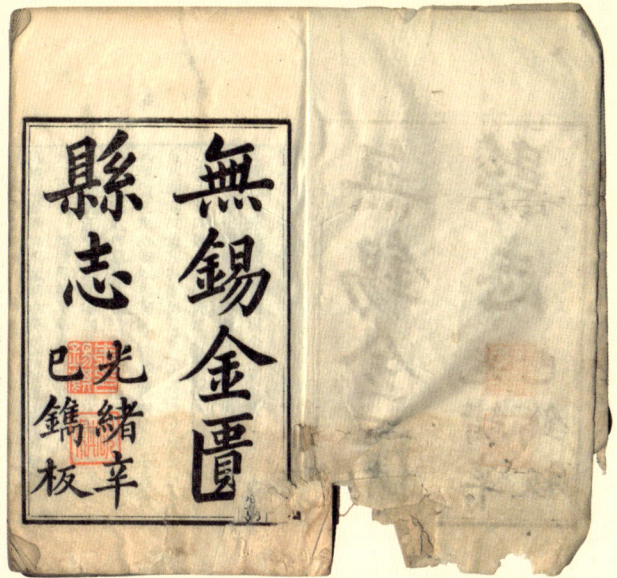

卷一扉页

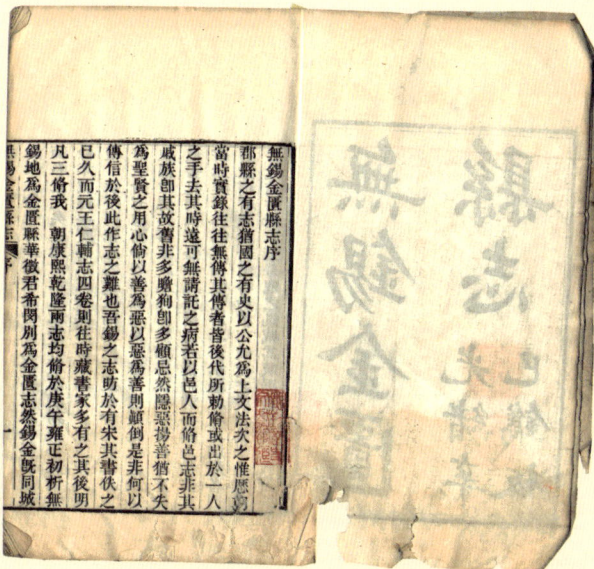

序

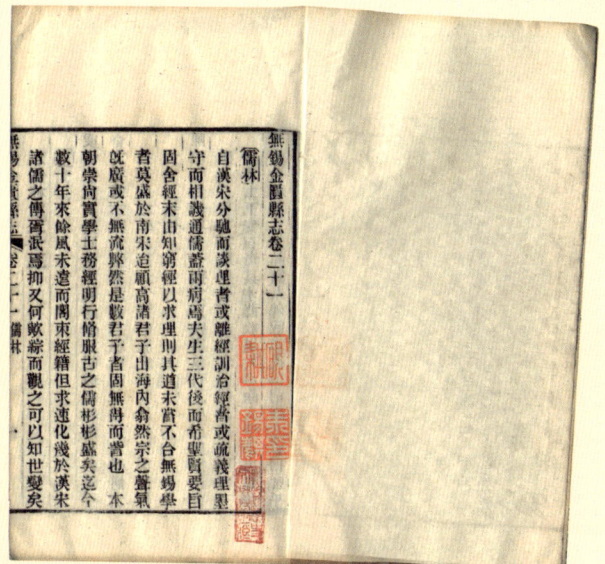

卷二十一——儒林

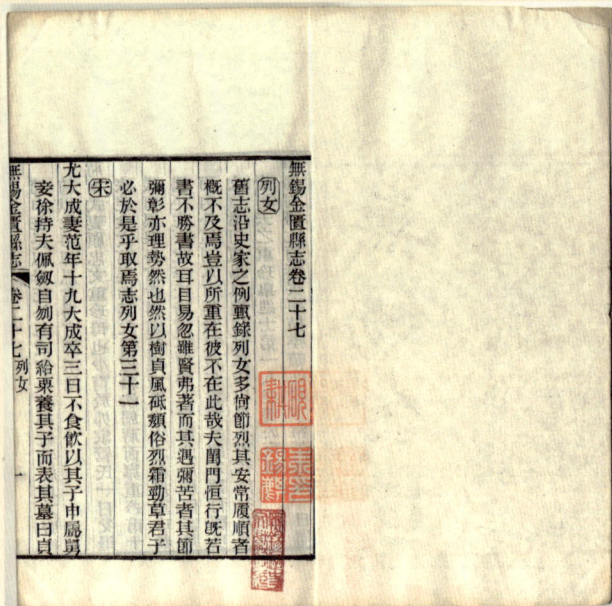

卷二十七——列女

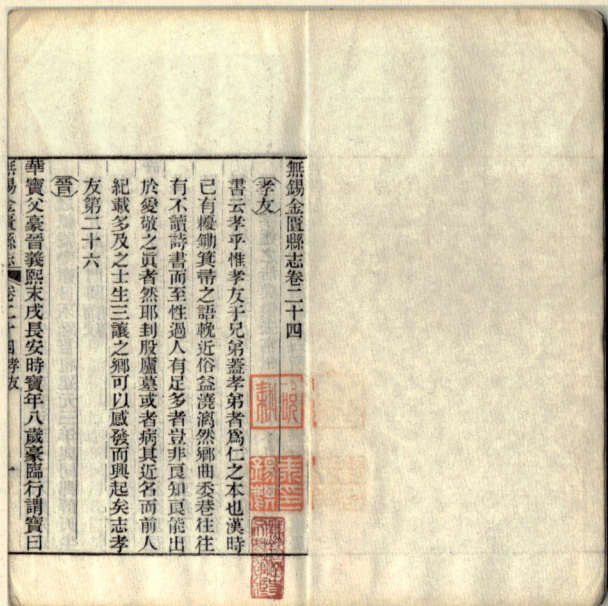

卷二十四——孝友

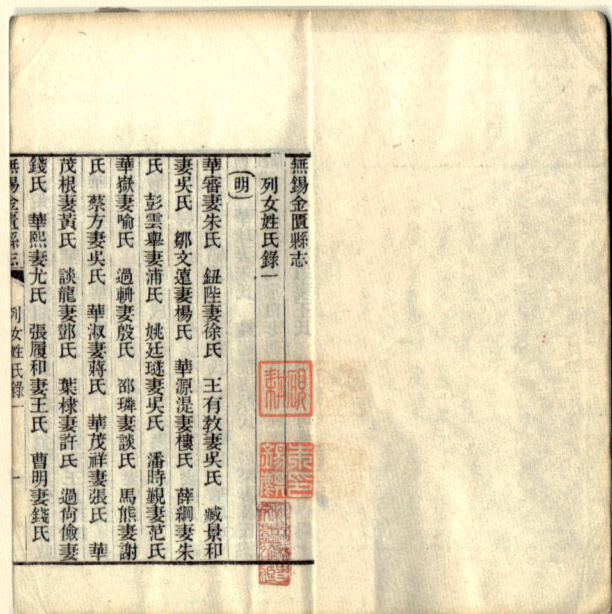

列女姓氏录

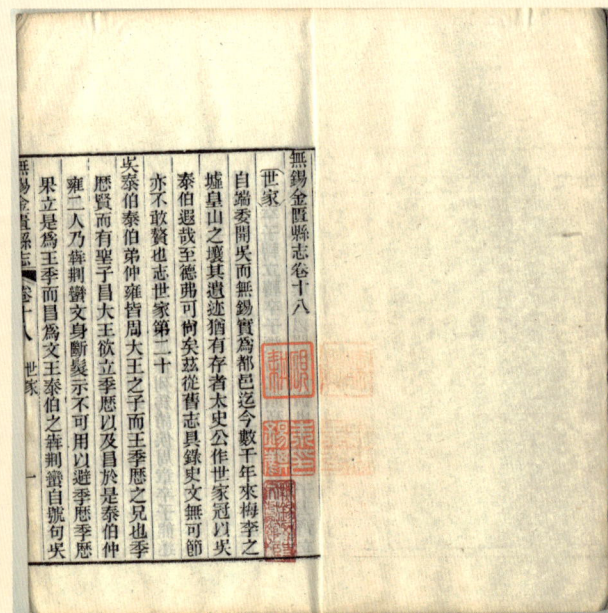

卷十八——世家

清《金匮县舆地全图》

保管单位： 无锡市锡山区档案馆

内容及评价：

清《金匮县舆地全图》形成于1908年。道光二十九年（1849）五月，金匮县发大水，饥民死者无数。是年，华湛恩刊《金匮县舆地全图》，详细记录了金匮县7区13扇193图图志。后由其同族华鸿模于光绪三十四年（1908）续编。金匮县分为天授区下扇、泰伯区上下扇、南延区上下扇、北延区上下扇、怀仁区上下扇、景云区上下扇、开原区上下扇7区13扇，共有193图，在城11图（其中景云区上下扇 2 图、开原区上下扇 9 图）；在乡182图（其中天授区下扇19图、泰伯区上下扇32图、南延区上下扇28图、北延区上下扇28图、怀仁区上下扇43图、景云区上下扇32图）。

无锡市锡山区档案馆馆藏该资料是清光绪三十四年（1908）鹅湖华存裕堂义庄重刊本，共计4册，第1册包括县境全图、县城分图、各区扇图、天授区下扇各图图；第2册包括泰伯区上下扇各图图、南延区上下扇各图图；第3册包括北延区上下扇各图图、怀仁区上扇各图图；第4册包括怀仁区下扇各图图、景云区上下扇各图图、开原区上下扇各图图。书中详细绘制了当时金匮县各区域的位置与划分，并附有各图原丈田数，至今仍有很大的参考价值。

华湛恩（1788～1853），字孟超，号紫屏，清金匮（今无锡）人，廪贡生，安徽太湖县教谕、候选兵马司副指挥，敕授修职郎，诰赠武显将军，工诗赋兼通地理。刊刻《锡山文集》、《锡金志外》、《韵征》等书，刊《金匮县舆地全图》，校《常州府志》19卷。

华鸿模（1840～1911），字范三，号子才，晚号子随，清无锡人，同治举人。1840年生于荡口（今无锡市锡山区鹅湖镇）书香门第。生平讲求实际，尤注重于历祖丘垄、家庙、家乘、义塾、义庄、文社、讲会、学校及一切公益之事。他在荡口兴建义庄和学校，创建了怀芬文社，并设立蒙养讲习会，栽培里中童蒙，后改设果育学堂。他是近代无锡地区著名的实业家和儒商。开设的永裕典当，发展成为江南最出名的"两爿半典当"之一。他创办了无锡第一家上规模的粮栈，是近代无锡地区发展仓储业的开拓者。

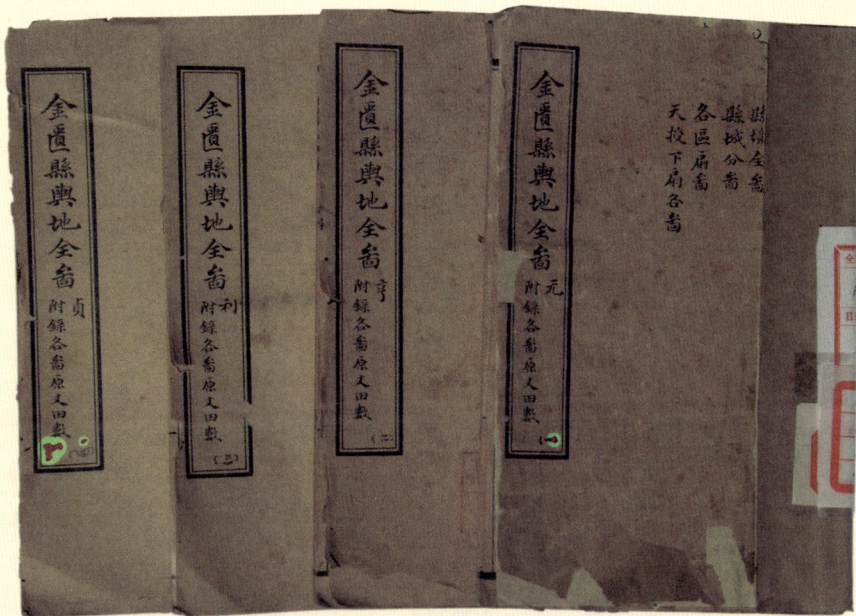

《金匮县舆地全图》封面

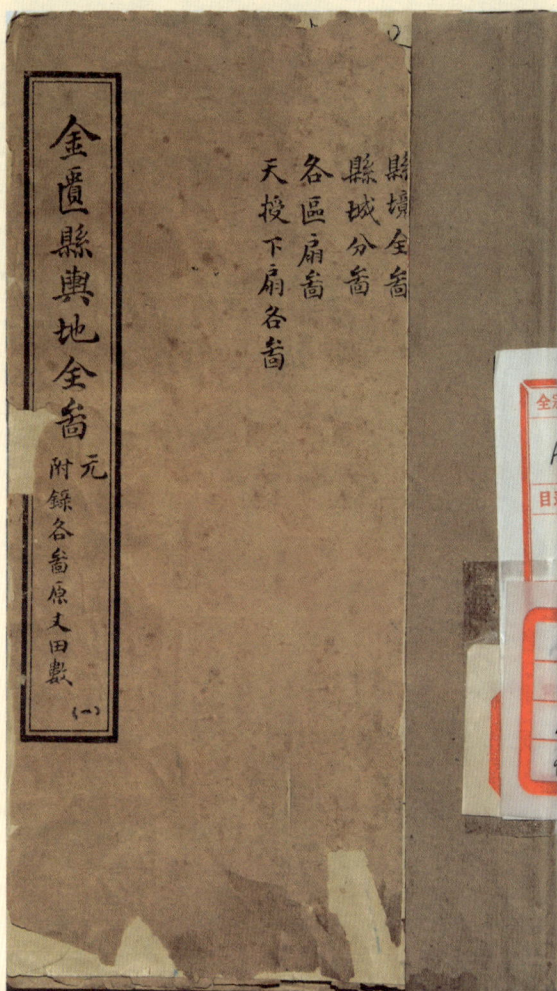

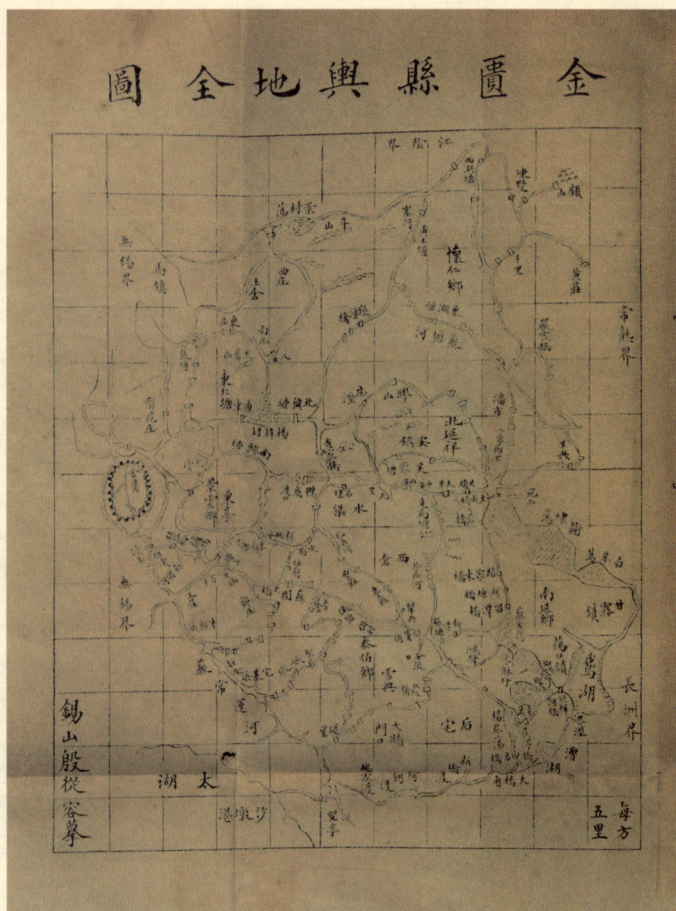

金匱縣輿地全畵

縣境全畵
縣城分畵
各區扇畵
天授下扇各畵

元
附錄各畵原文田數
（一）

《金匮县舆地全图》第一册封面

圖 全 地 輿 縣 匱 金

金匮县舆地全图

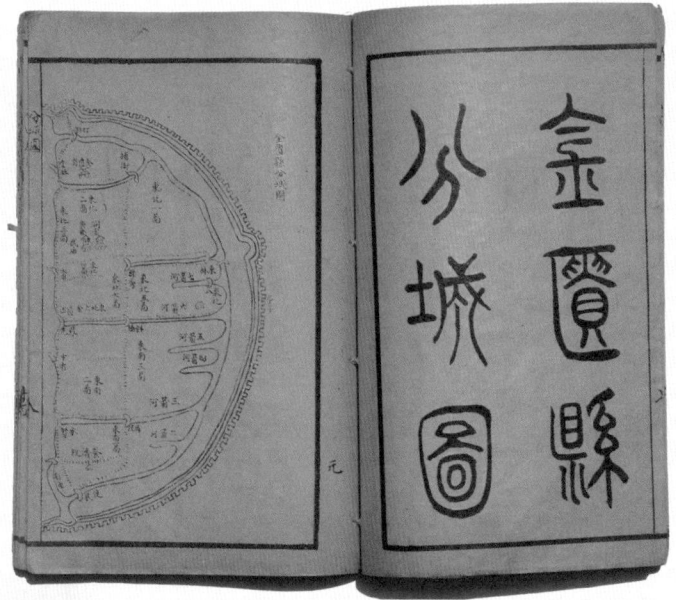

金匮县分城图

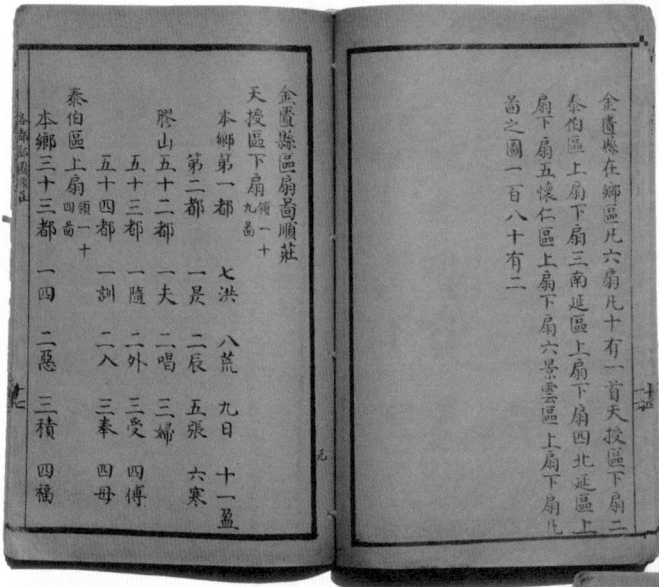

天授区下扇目录

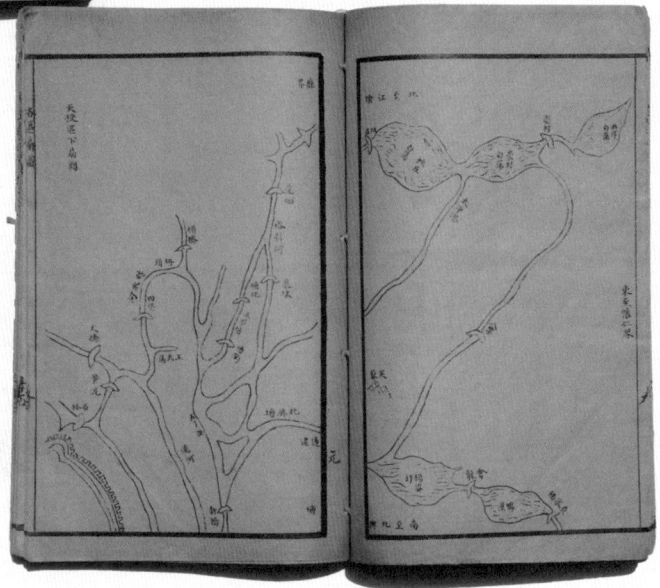

天授区下扇图

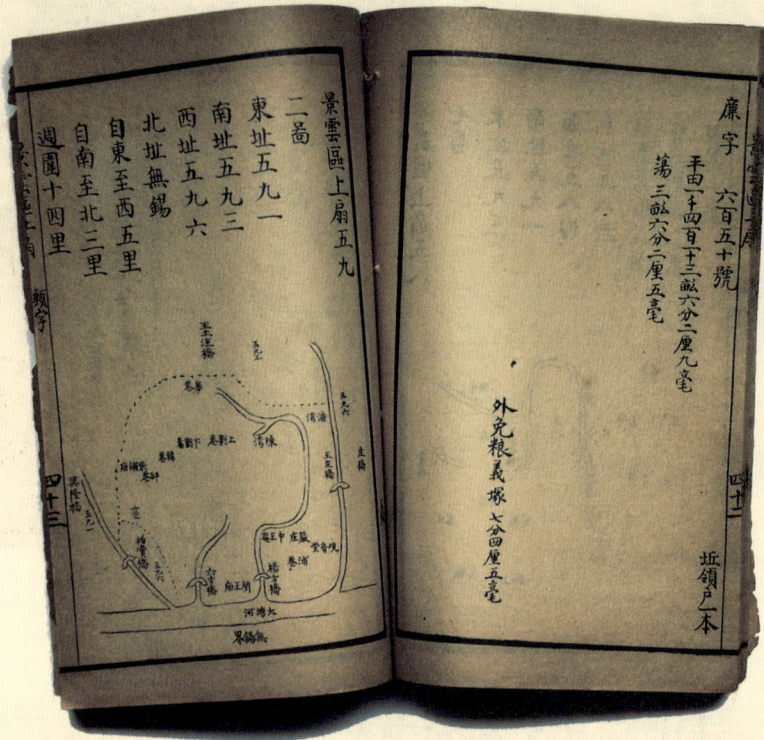

景云区上扇各图图之一

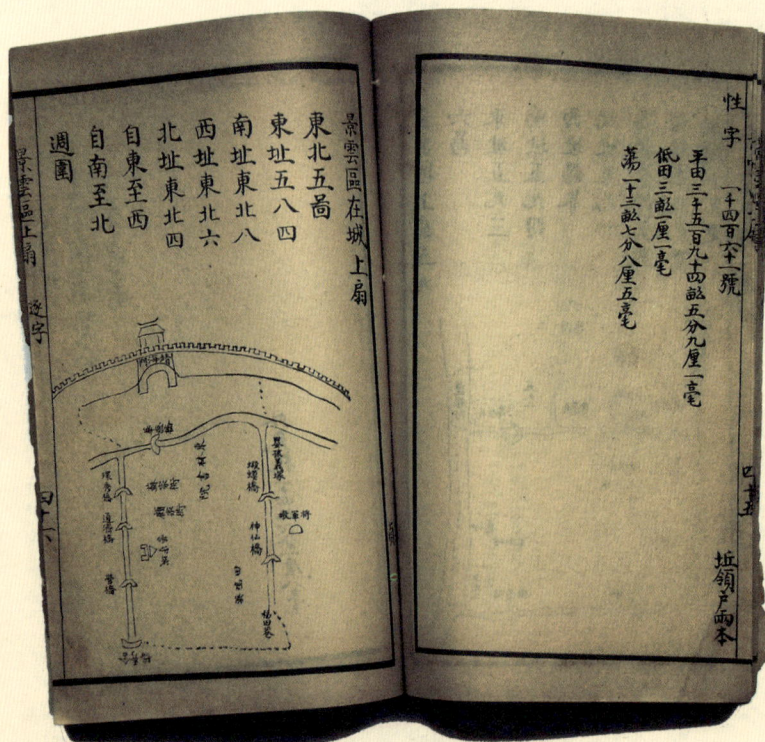

景云区在城上扇图图

报 刊

《无锡县政公报》

保管单位：无锡市档案馆

内容及评价：

《无锡县政公报》形成于1929至1933年。是民国无锡县政府公开发行的关于无锡地方政务民生的一份旬刊，由无锡县政府公报编辑处编辑，无锡县政府公报发行处发行。

此刊内容丰富，涵盖了民政、财务、公安、教育、建设、市政等多方面内容，并作了详尽说明。还有大量社会经济生活方面的材料，如单据遗失声明、私营业主的违章经营状况等等。尤其是此刊比较详尽地公布了县府的各期财政收支状况，可以说是开了政务公开、财务经费公开的先河。

《无锡县政公报》是当时政府与社会之间联络的一个桥梁，也是研究无锡民国时期社会历史的一份重要原始资料。

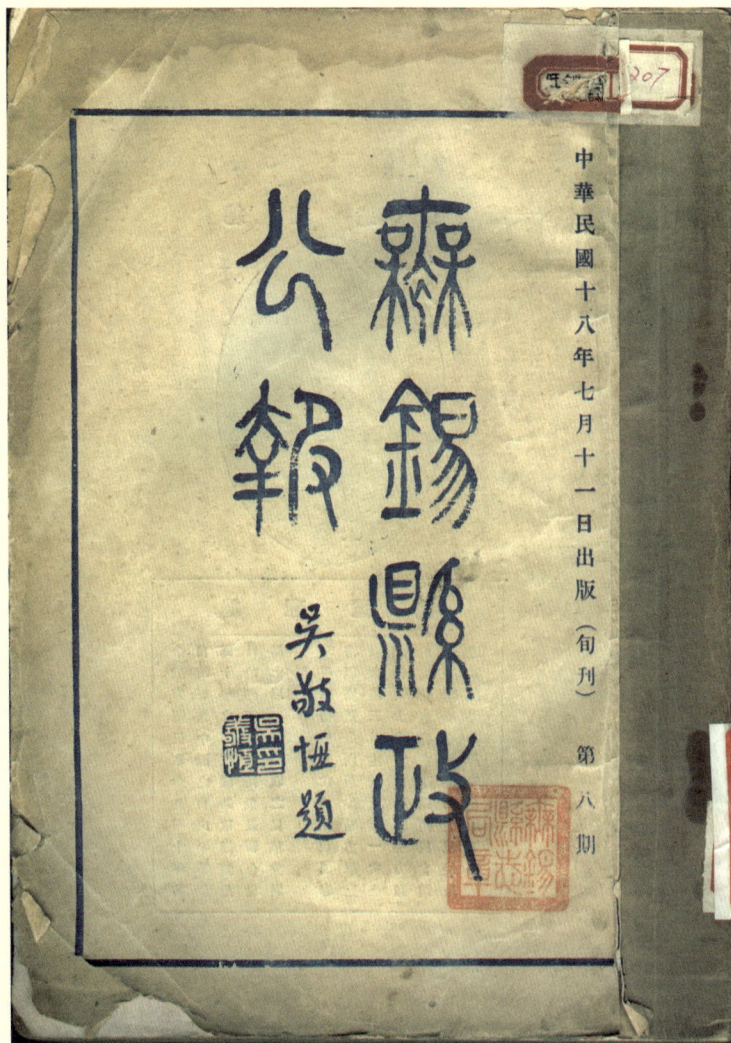

《无锡县政公报》封面为吴敬恒（吴稚晖）题写

無錫縣政公報第八期目錄

目錄

照片
孫縣長近影

特載
無錫縣十八年度施政計劃大綱

民政
呈民政廳呈報佐衣業勞資糾紛置錄調解平息
函縣商會轉匈公司渙願執照展期六月

財務
呈省政府呈送十八年度地方預算冊
呈財政廳呈嘉嶺發榜祭税園歸本分清情形

公安
令飭各分支局長認眞督促清道夫辦理清潔事宜
令飭各分支局長戒絕無主野犬
公安局司法課工作表

教育
呈中央大學呈請斷用省秋祇捐推廣義務教育
無錫縣教育局十八年度語改計副並勤用祇捐預算
令教育局轉各機關推派代表
學校學年學期及休假日期規程
令教育局轉飭各縣長會同遵理立案盡舉行記念週

建設
征工築路協進會兩各機關推派代表
征工築路籌備會組織大綱（六月廿五日大會通過）
佈告規定錫澄砡巣各輪班次及客票價目

市政
無錫市行政局五月份收支報告

會議錄
第十一次縣資會議紀錄

專件
勞資學議處理法

一

縣政公報第十三期目錄

目錄

插影
富安鄉中山林
富安鄉自張仑至陸區橋公路
富安鄉自張仑至陸區橋公路（南刊落）
富安鶴自張仑至李家灣公路（李家灣終點）

特載
孫縣長告全縣政治工作人員文
孫縣長對於反動派挾嫌誣告之聲復文

自治
訓令十七區實習區長廳奉　民政廳令規定區長廳行舉辦
事務仰辦理具報
訓令十七暨實習區長爲製聯各區公所編製應預算表令
仰知照
無錫縣擬定各區等級一覽表

民政

公安
呈民政廳呈復前任接收商埠局之經過情形
訓令各區暨區長
縣商會奉　民政廳令抄發工業美屬法令仰遵照

財務
訓令公安局修正該局經常費預算表自八月份起遵照實行
修正公安局官警夫役薪伺公費預算表
訓令各分支局長懇照墨取繪亂拋瓜皮蛋壳以重衛生
佈告民衆注意清潔債防傳染時疫
訓令各分支局長禁止居民在河中洗滌器物以免傳
染疾病
公安局行政課工作週報表
公安局長司法課工作旬報表
民國十八年圖稅庫券各種券面第一期至第六期每期應

一

第八期目录　　　　　　　　　　第十三期部分目录

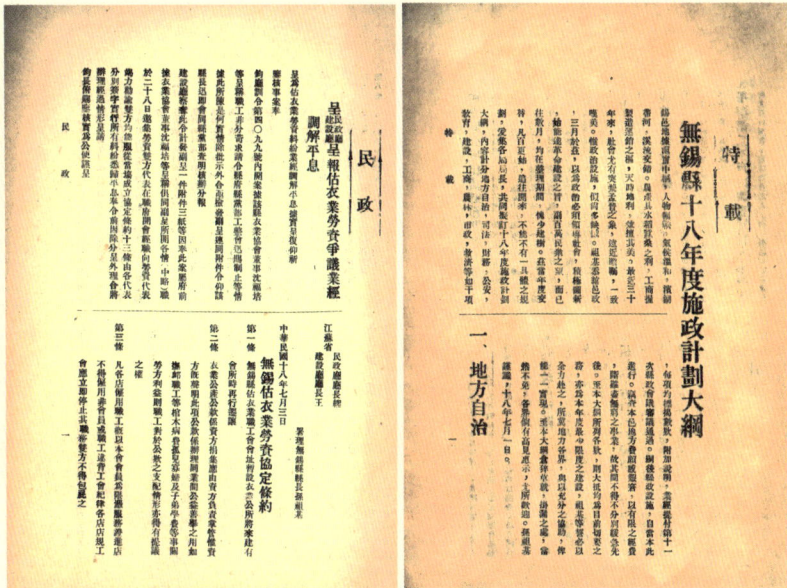

第八期部分内页

1929年无锡富安乡张舍至李家湾公路照片

泰伯市图书馆与桐桥小学照片

　　20世纪20年代末是近代无锡发展的一个黄金时期。随着经济实力的日益强大和影响力的不断提升，社会、经济、文化进入了全面发展期。无锡县于1929年开始了"六大建设运动"，即"识字、筑路、造林、保甲、合作、卫生"。因此每一期杂志都会有几页关于城市建设的照片，一般以新竣工的学校或者开工建设的道路为多。

部分内页

民国时期中国财政体制延续了清朝末年启动的近代化改革，公共财政体制的构建日臻完善。民国前期（1927～1937），无锡地方政府在政务公开上已经做到相当透明，每年都会公布县财政预算，资金使用的流向和具体数目也会明确注明。

部分内页

清光绪年间，无锡开始设立巡警。中华民国成立后，无锡的警察制度开始步入正轨。到1927年，无锡县警察所改为无锡县公安局，设总务、警务、司法、卫生四科，秘书、督察、收发三处，公安、水巡、侦缉三队。由于临近上海等较为开放的地区，无锡的警务也相当透明，无论是警察的工资还是罚款的收入，都能在刊中查到，这在某种程度上也反映了当时社会的进步。

《江苏乡讯》

保管单位：无锡市档案馆

内容及评价：

《江苏乡讯》形成于1938年至1939年，是抗日战争期间由避祸迁居重庆的无锡著名社会活动家薛明剑夫妇主编的一份报纸，1938年8月在重庆出版。起先由薛明剑夫人李钟瑞任主编，1938年11月李钟瑞因积劳成疾病逝后，薛明剑接任主编。后来因为经济原因，到第20期即告中止。《江苏乡讯》栏目分为：（1）羁旅呼声；（2）战时生产；（3）流亡生活；（4）家乡消息；（5）同乡事业；（6）职业介绍；（7）流民信箱；（8）萍踪纪程等。列作无锡杂志社第19种增刊，颇受旅川同乡欢迎。

《江苏乡讯》是在抗战非常时期出版的刊物，有其时代的特殊性。虽然它存在的时间比较短暂，但作为当时旅川江苏同乡互通声气、互相帮助、了解乡情的一个窗口，起到了坚定大家的抗战决心，共同争取抗战胜利的积极作用。对于抗战时期沪江地区内迁历史的研究也有很高的价值。

薛明剑（1895～1980），无锡籍著名实业家、社会活动家，是我国著名经济学家孙冶方的大哥。初名莘培，后易名明剑，无锡玉祁礼社人。13岁入东林学堂求学，1911年考取上海复旦中学。初曾在多所乡间小学任教，1917年任江苏省立女子蚕业学校教员，后任江苏省育蚕试验所事务部主任、无锡县立公共体育场场长。1919年起担任申新第三纺织厂总管，在企业管理上大胆改革，废除工头管理制度，由工程师和职员负责生产技术管理，提高了生产效率。1919年主编《无锡指南》，1923年创立无锡杂志社，编辑出版《无锡杂志》期刊，同时编撰《锡湖揽胜》。还应聘担任多种社会职务，并创办明剑工业社等多家小型企业。1926年在申新三厂创办"劳工自治区"，以提高职工的福利待遇和文化技术水平，进而达到改善劳资关系的目的。1927年任无锡市政厅委员兼工商局长，当年6月应聘兼任中央大学区民众教育学院教师，编写了《实用工艺》。1931年发起组织无锡各界抗日救国会，1935年先后担任中华职业教育社劳工服务部副部长、江苏全省国货工厂联合会理事长。抗日战争全面爆发后，被任命为第三战区驻无锡办事处处长、第六战区驻京沪线办事处处长，征集大批军服及慰问品运送前线。1936年8月，当选为国民大会候补代表(以后在重庆期间被递补为正式代表，并被选为国民参政会参政员)。日军侵占无锡后，他携眷避迁重庆，任荣氏内迁企业公协、复兴机器厂经理。同时在四川境内先后办起多家中小型工厂，并创办《允利通讯》和中国面粉业技术管理人员训练所。在重庆期间，还先后担任妇女指导委员会生产事业组工业顾问、无锡旅川同乡会理事长、民主建国会会刊《国讯》和《复苏月刊》发行人，并主编《江苏乡讯》。1942年8月发起组织中华全国工业协会，被选为理事，后又任苏南分会理事长。抗战胜利后，他在无锡先后恢复和创办多家允字号小型企业。在玉祁等2镇3乡成立自治实验乡，自兼乡长。1947年11月，被选为"立法院"立法委员。1948年9月，被选为江苏省工业会理事长。1949年6月5日，他在上海与立法委员53人通电，表示跟国民党政府脱离一切关系。11月，作为特邀代表出席无锡市第一届各界人民代表会议。1950年定居上海，1952年担任苏南文物保管委员会委员，1956年任上海文史馆馆员。晚年潜心著述。

《江苏乡讯》发刊号第一版

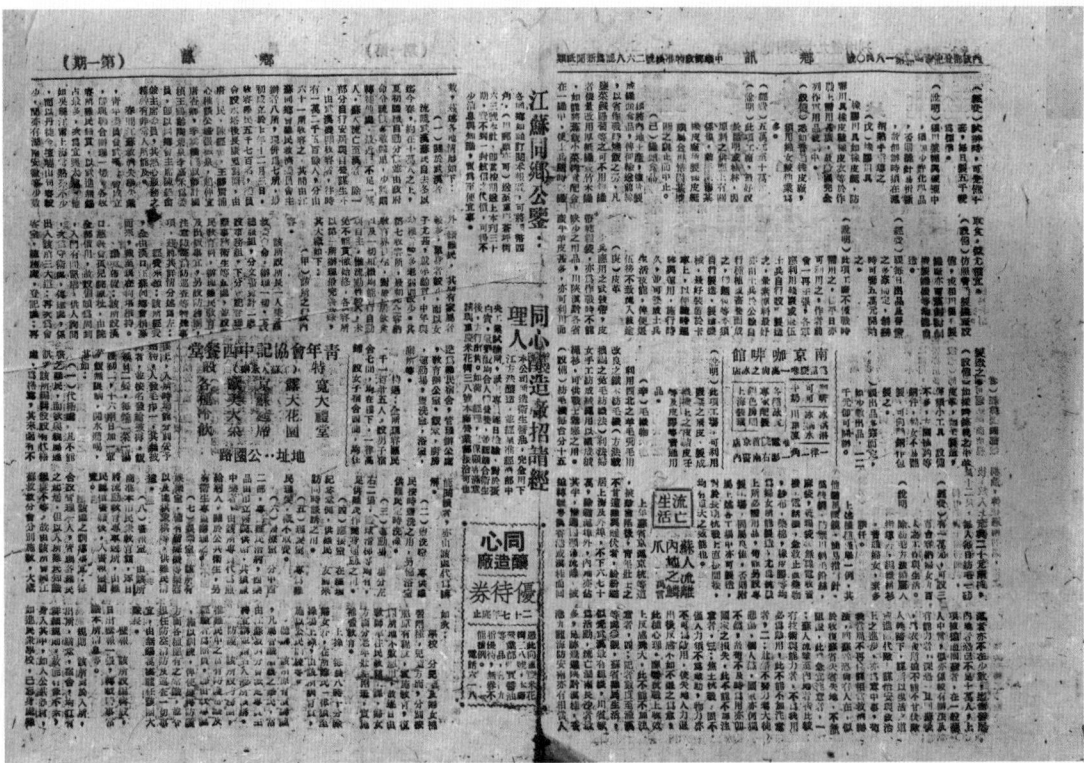

《江苏乡讯》发刊号第二版

鄉訊（第一期）

同鄉業事 同心釀造

南京飯店招考職工

職業介紹 招收機械學徒

《江苏乡讯》发刊号第三版

江蘇鄉訊 沈鵬

第五期

感謝名醫張嘉炳郎公錫君先生

專載 無錫旅川同鄉會章程

無錫旅川同鄉會成立大會

理監事第一次聯席會議

上海新亞建築事務所

青年會 中西協記餐堂

請求教育當局救救戰區中學生

川渝豬鬃公司

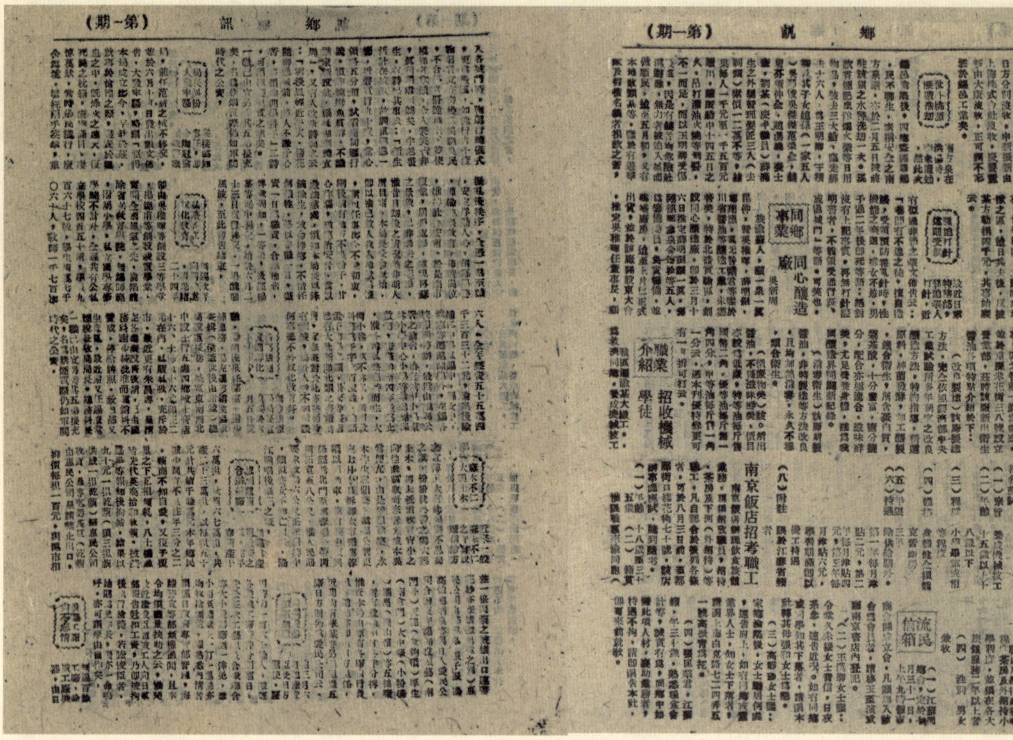

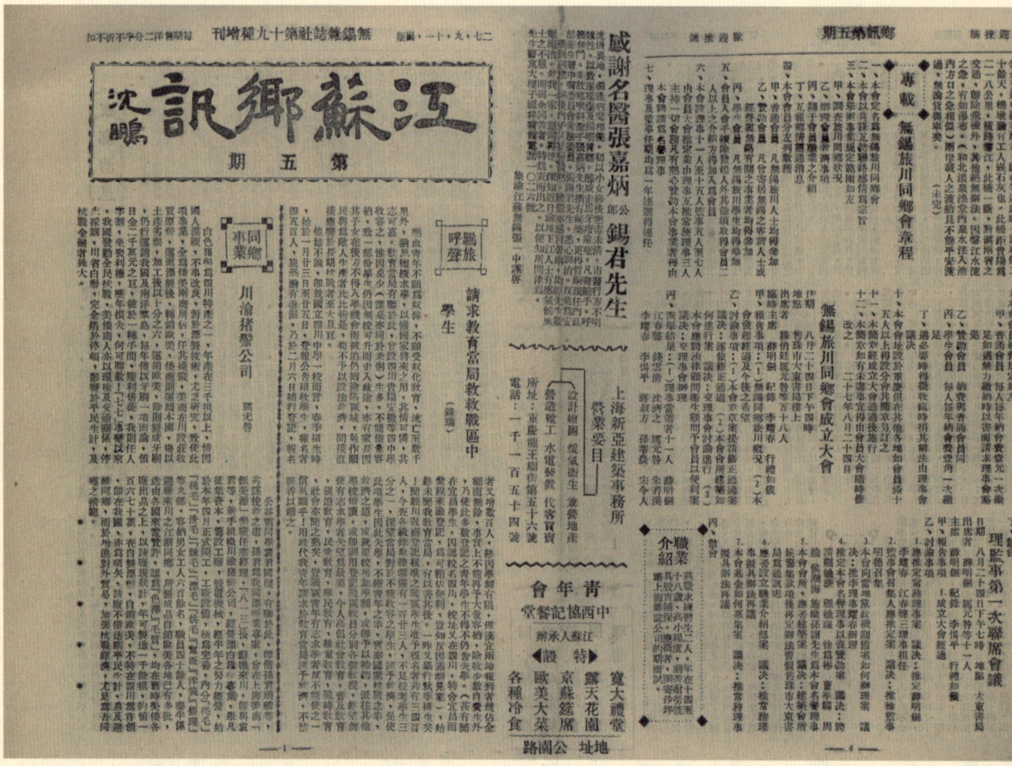

《江苏乡讯》第五期第一版

介紹 江蘇國醫婦科 專家兼內幼科 侯敬輿先生

江蘇同鄉公鑒

家鄉消息

《江苏乡讯》第五期第二版

江蘇鄉訊 第十一期

協成銀箱廠

復興鐵工廠啓事

家鄉消息

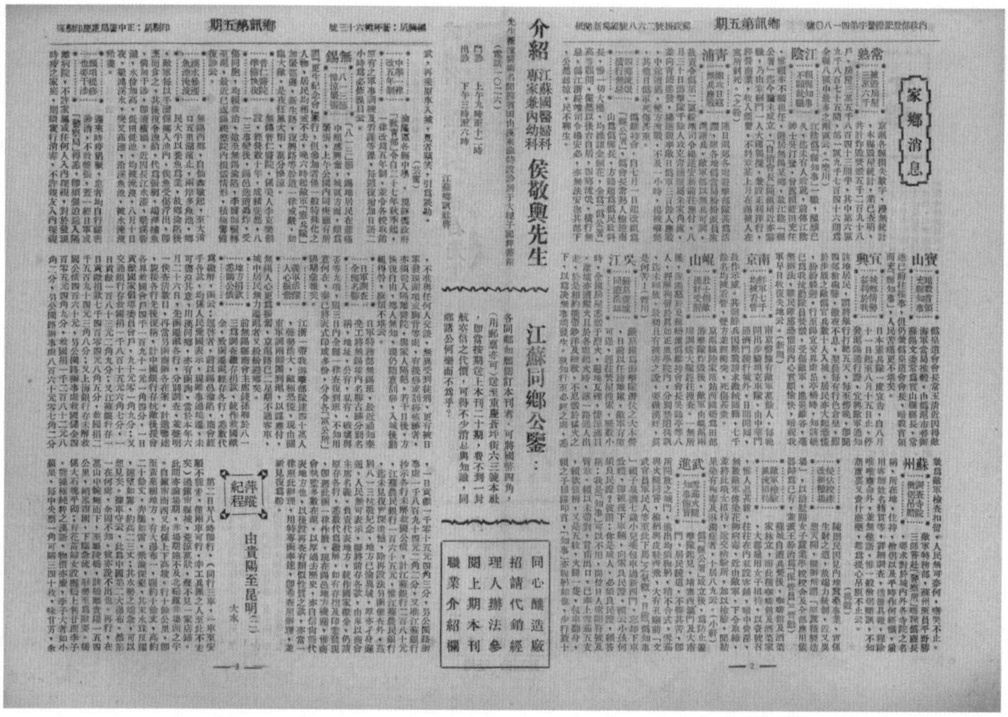

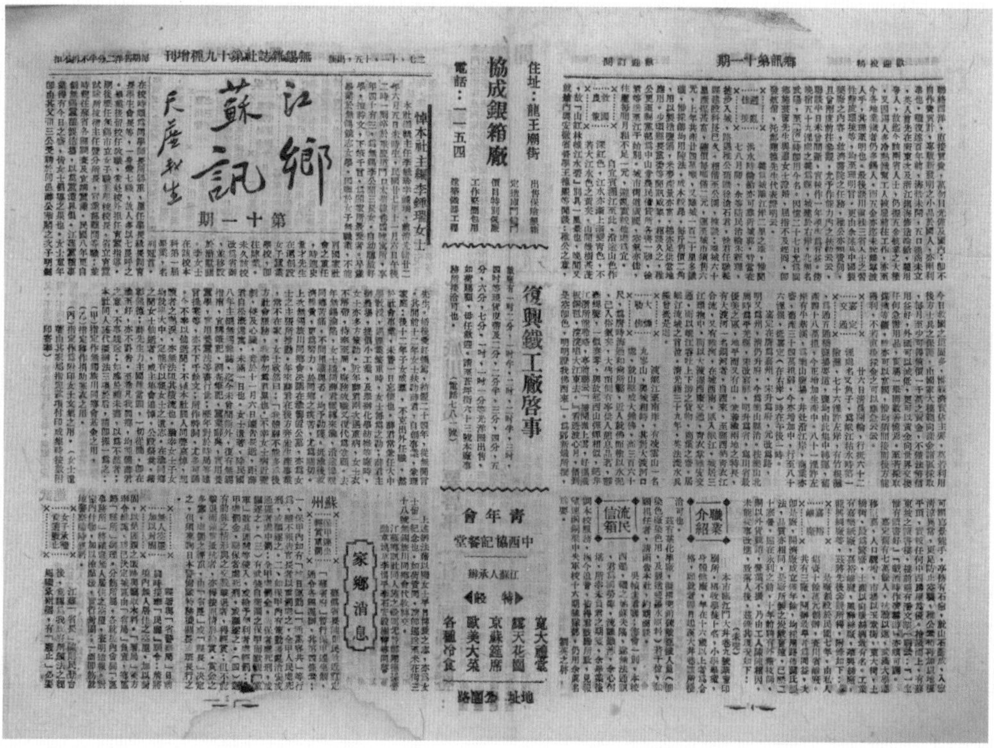

《江苏乡讯》第十一期第一版

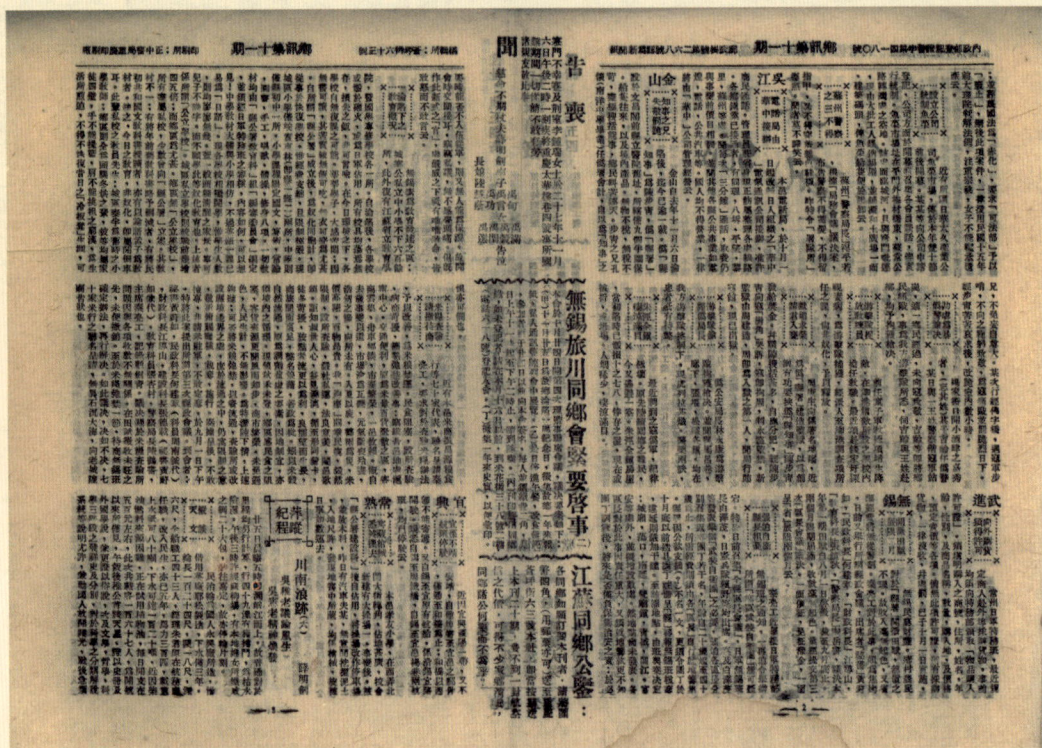

《江苏乡讯》第十一期第二版

　　由不同的名人题写刊头是《江苏乡讯》一大特色，黄炎培、沈鹏、王昆仑等都曾为此刊题写过刊头。《江苏乡讯》的创刊号，刊头是黄炎培的题字。

　　从第五期到第八期的刊头由沈鹏题写。第五期是无锡旅川同乡会创立的特刊，里面有大篇幅的相关报道。但主要还是"家乡消息"栏目，充分反映了当时人们关注沦陷区、思念家乡的情感。

　　李钟瑞女士于1938年11月6日去世，第十一期发表了纪念文章和消息。李钟瑞的逝世对薛明剑是一个很大的打击，从此以后，他一个人担负起了《江苏乡讯》的主要工作。这一期的刊头由鸳鸯蝴蝶派代表人物陈蝶仙书写。

江阴《正气日报》

保管单位：江阴市档案馆

内容及评价：

江阴《正气日报》形成于1946年至1949年，是民国时期江阴地方报纸之一。1945年8月抗日战争胜利后，国民党江阴县党部于当年9月7日出版《民锋》、《正气日报》联合刊，20日《正气日报》脱离，于10月10日复刊，社长邢介文，报社有自办印刷所。《正气日报》辟有国内外新闻、地方新闻、文艺副刊等。1949年4月22日江阴解放，《正气日报》停刊。该报为国民党县党部创办，其独立办报精神有所体现。一些反映地方民生疾苦的新闻不时见诸报端，1947年5月25日报纸第二版头条报道了"米价再创新高"。而有的新闻更是对当局提出批评，如批评地方参议会"不依法定时期开会"。

正是由于《正气日报》的客观独立性，因此其对于了解当时地方政治经济等情况具有重要价值。

《正气日报》

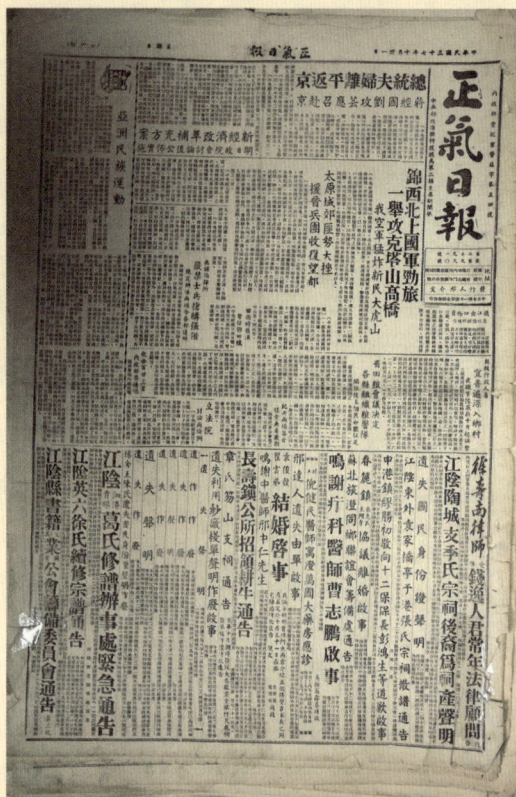

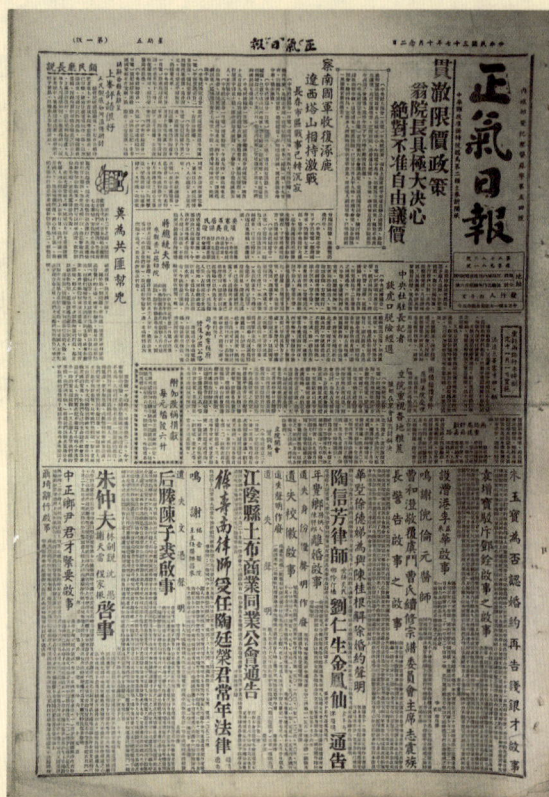

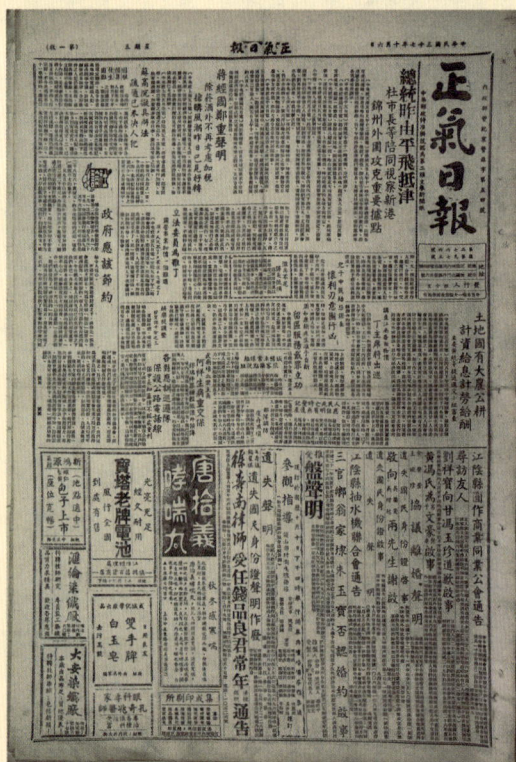

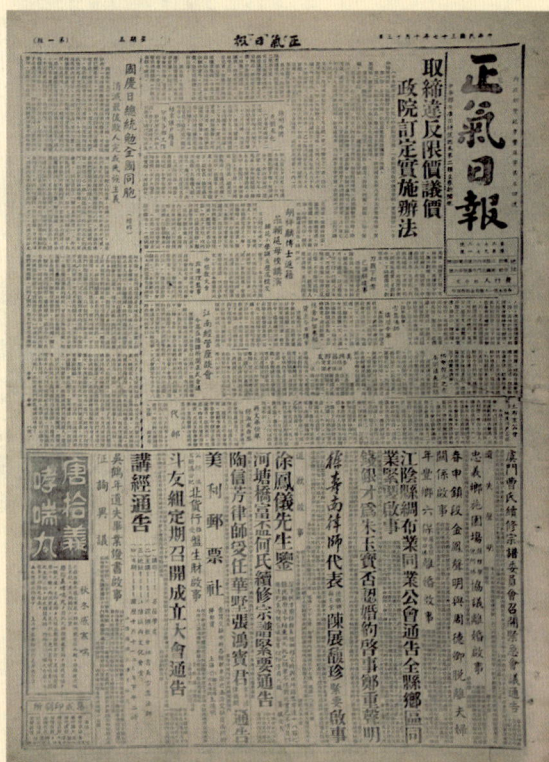

1948年《正气日报》，有报道塔山激战、取缔违反限价议价等内容。

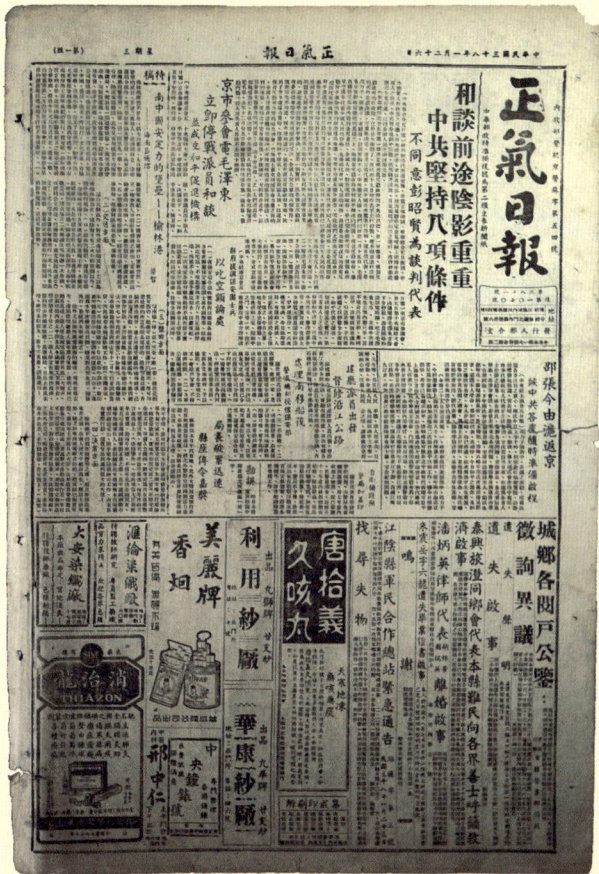

1949年《正气日报》，有释放张学良杨虎城、撤销全国特种刑庭等报道。

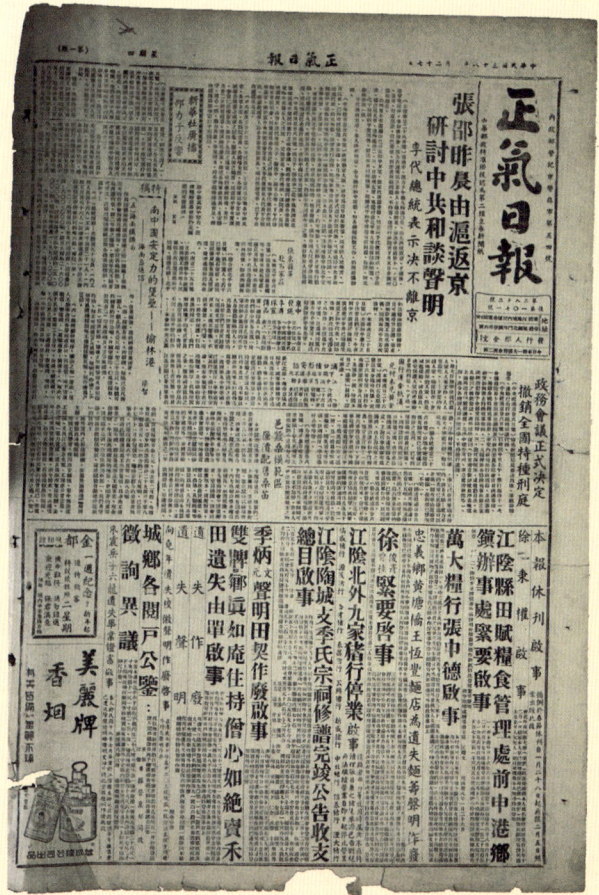

宜兴《庸言报》

保管单位：宜兴市档案馆

内容及评价：

宜兴《庸言报》形成于1946年至1949年，是早期宜兴地方报纸之一，由宜兴律师吴运乾、董梦梅创办，时任主编为吴运乾，抗战时期因战乱而停刊。1946年3月1日复刊，时任社长为许新三。

从现存的史料看，宜兴《庸言报》的大致情况为：

一、《庸言报》的编辑版式有复刊初的8K两版和后来四版两种版式，发行逐步发展为每日一报。后随着时局的变化，解放前夕与《民锋报》、《品报》出刊联合版，为解放前宜兴地方的最后一种报纸。宜兴解放后停办。

二、《庸言报》的目标读者群为宜兴本地民众，立足于宜兴地区，主要反映本地的时事新闻，同时也刊登有全国的大事国情等新闻。

三、《庸言报》的编排格式和内容，基本与现代报纸无异，有新闻、社评、连载、读者信箱、启事，还有广告等等。

宜兴市档案馆现保存最早的《庸言报》为1946年3月26日版。作为县（市）级早期地方报纸，虽经战乱，时停时续，但对于研究报业文化及其报业发展史仍具有较高的价值。

《庸言报》、《品报》和《民锋报》联合版

陽羨茶家

前月十景之一

书画

张怀仁书《西园雅集图记》

保管单位：宜兴市档案馆

内容及评价：

张怀仁书《西园雅集图记》形成于1745年。《西园雅集图》据传为北宋李伯时所绘，米芾为此图作记，即《西园雅集图记》。后世多有摹《西园雅集图记》的书法作品。张怀仁的《西园雅集图记》书于清乾隆乙丑年（1745），尺寸为76cm×60cm，作品整体用笔有力，气势流畅，具有一定的鉴赏价值。

张怀仁为宜兴丁山人，著名紫砂艺人。据《宜兴荆溪县新志》记载，他善于壶技篆刻，以仿唐代怀素的笔法知名，所制壶碟杯盘，无不精美，张怀仁还擅诗文。

张怀仁书《西园雅集图记》2011年9月6日由扬州熊百之先生向宜兴市档案馆捐赠。熊百之先生出于靖江，系中国书法家协会会员、扬州市书法家协会顾问。其家学渊源，祖上六代都精书法、富收藏，其长兄熊任望亦为著名的书法家、楚辞研究专家。家中收藏名家书法作品甚多。熊百之先生发现张怀仁为宜兴人，便主动与宜兴市档案馆联系，将《西园雅集图记》捐赠入馆。

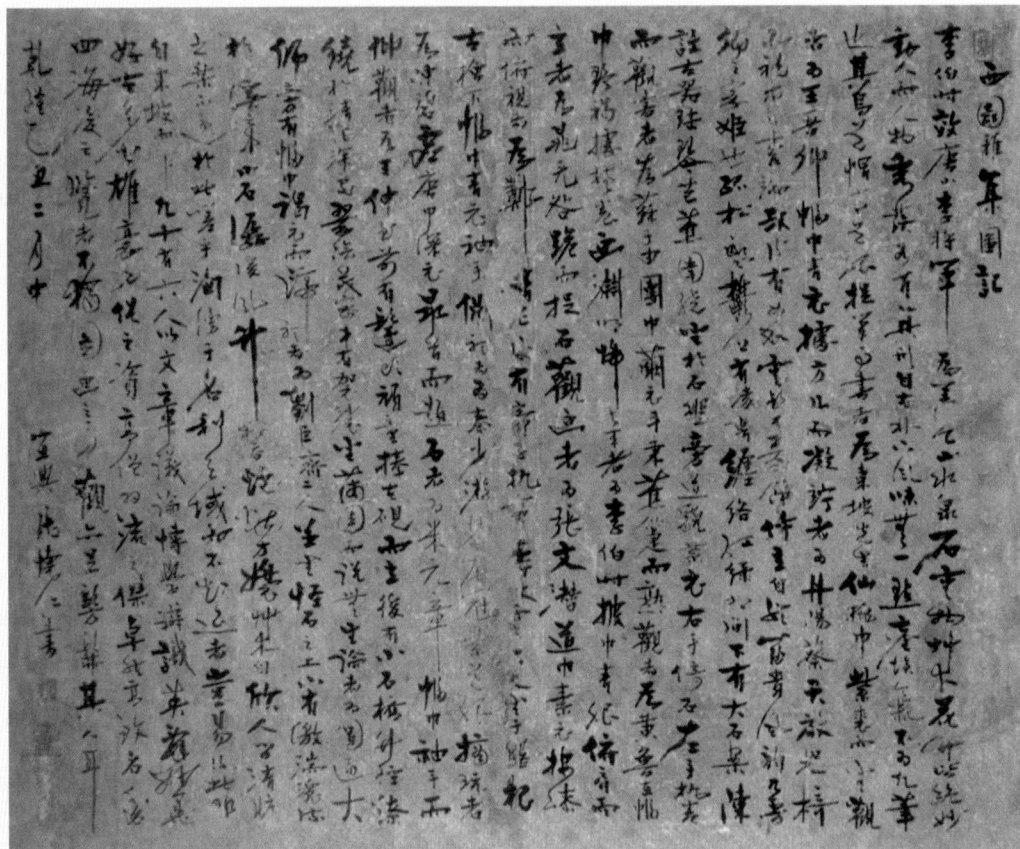

张怀仁书《西园雅集图记》

全文：

西园雅集图记

　　李伯时效唐小李将军，为着色山水泉石云物草木花竹，皆妙绝动人，而人物秀发各肖其形。自有林下风味，无一点尘埃气，不为凡笔也。其乌道帽黄道服捉笔而书者，为东坡先生；仙桃巾紫裘而坐观者，为王晋卿；幅巾青衣据方几而凝伫者，为丹阳蔡天启；捉椅而视者，为李端叔；后有女奴，云鬟翠饰侍立，自然富贵风韵，乃晋卿之家姬也。孤松盘郁，上有凌霄缠络，红绿相间；下有大石案，陈设古器瑶琴，芭蕉围绕。坐于石盘旁道貌紫衣，右手倚石左手执卷而观书者，为苏子由；团巾茧衣，手秉蕉箑而熟视者，为黄鲁直；幅巾野褐，据横卷画渊明归去来者，为李伯时；披巾青服，抚肩而立者，为晁无咎；跪而捉石观画者，为张文潜；道巾素衣，按膝而俯视者，为郑靖老；后有童子执灵寿杖而立，二人坐于盘根古桧下，幅巾青衣袖手侧听者，为秦少游；琴尾冠紫道服，摘阮者，为陈碧虚；唐巾深衣，昂首而题石者，为米元章；幅巾袖手而仰观者，为王仲至。前有髯头顽童捧古砚而立，后有小石桥，竹径缭绕于清溪深处，翠荫茂密，中有袈裟坐蒲团而说无生论者，为圆通大师；旁有幅巾褐衣而谛听者，为刘巨济；二人并坐怪石之上。下有激湍潆流于大溪之中，水石潺湲，风竹相吞，炉烟方袅，草木自欣。人间清旷之乐，不过于此。嗟乎！汹涌于名利之域而不知退者，岂易得此耶！自东坡而下，凡十有六人，以文章议论，博学辩识，英辞妙墨，好古多闻，雄豪绝俗之资，高僧羽流之杰，卓然高致，名动四海，后之览者，不独图画之可观，亦足仿佛其人耳！

乾隆乙丑二月中　宜兴张怀仁书

清光绪八年版《增刻红楼梦图咏》

保管单位： 无锡市档案馆

内容及评价：

《红楼梦》自成书以后，为小说绘制插图和以红楼故事为题材的美术创作，在清代盛极一时。光绪八年（1882）王墀的《增刻红楼梦图咏》石印出版，塑造了126个人物，这是影响巨大的一部红楼梦人物画谱。

无锡市档案馆珍藏的清代《增刻红楼梦图咏》为目前无锡市保存年代最早的《红楼梦》插图本，分上下两册。图咏作者王墀是江阴人，晚清著名画家。他运用美术绘画创作方式表现了原著众多人物形象和生活场景，全书126个人物形象生动，绘画线条流畅。书中每一幅画都配有一首诗，并且每一幅画都有景物相衬托。诗文书法篆隶行草各体兼有，突出书家写字应意多变的特点，自有其特殊的审美价值。《增刻红楼梦图咏》颇具史料价值和艺术价值，为后人研究《红楼梦》提供了参考。

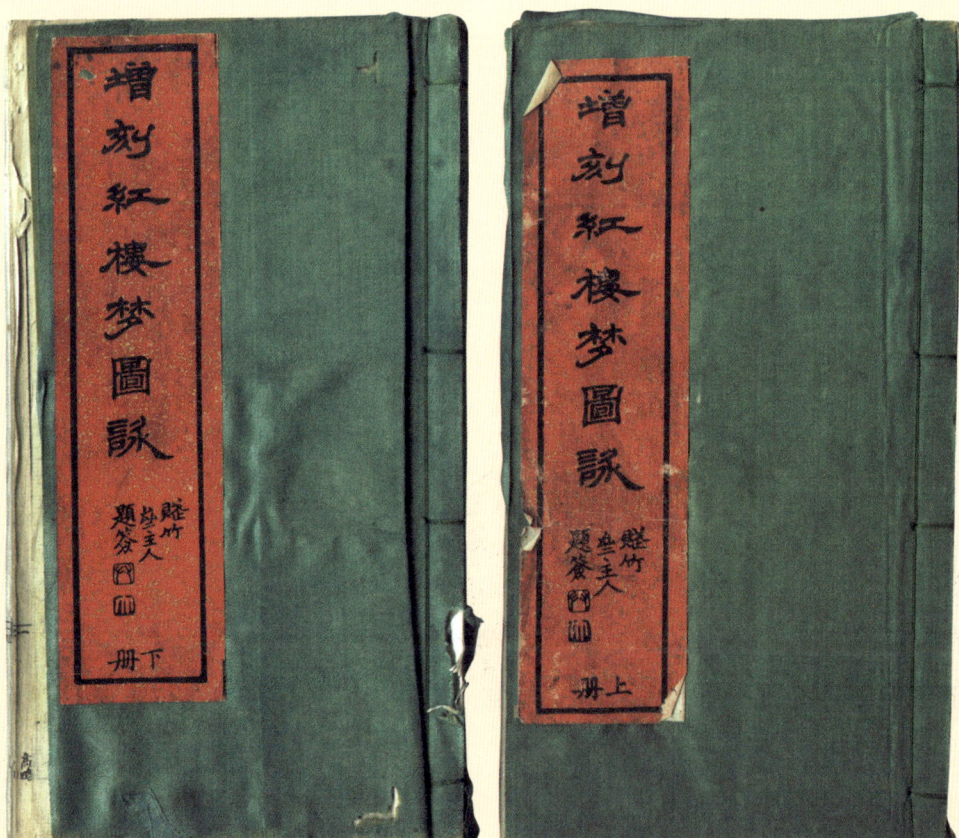

清代《增刻红楼梦图咏》上下两册

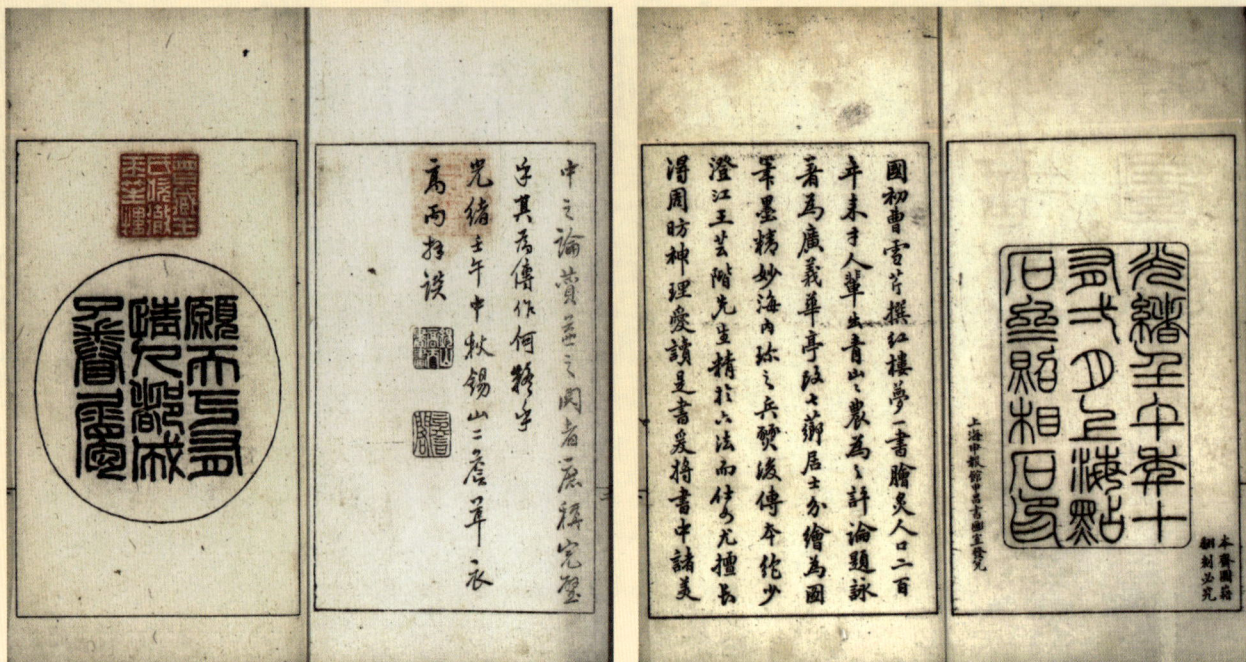

部分内页

全文：
　　精卫有灵填恨海，娲皇无计补情天；
琼花瑶草今何处，还结三生不了缘。

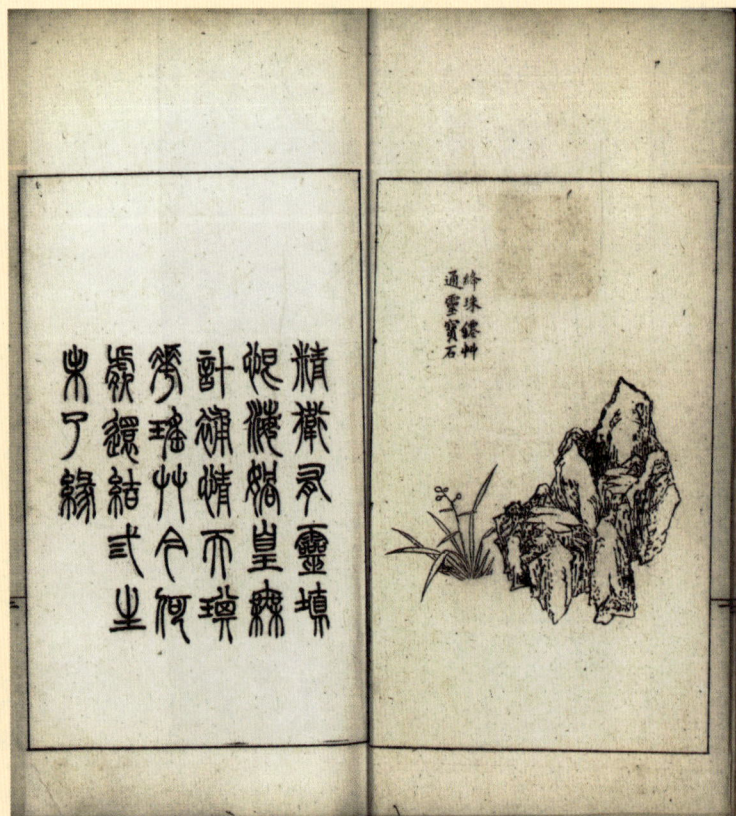

绛珠仙草 通灵宝石图

黛玉图

全文：

脉脉含情苦未酬，盈盈欲泪揾还流；啼鹃哀雁愁鹦鹉，销尽秋窗雨露愁。

刘姥姥图

全文：

休嗤临老入花丛，识趣投机世事工；狗苟蝇营都禄蠹，潜飞合让母蝗虫。

跛道士 疯僧图

全文：

佛性未离罗绮艳，仙心犹杂麝兰香；侯门三入知何意，陡乱人间父母肠。

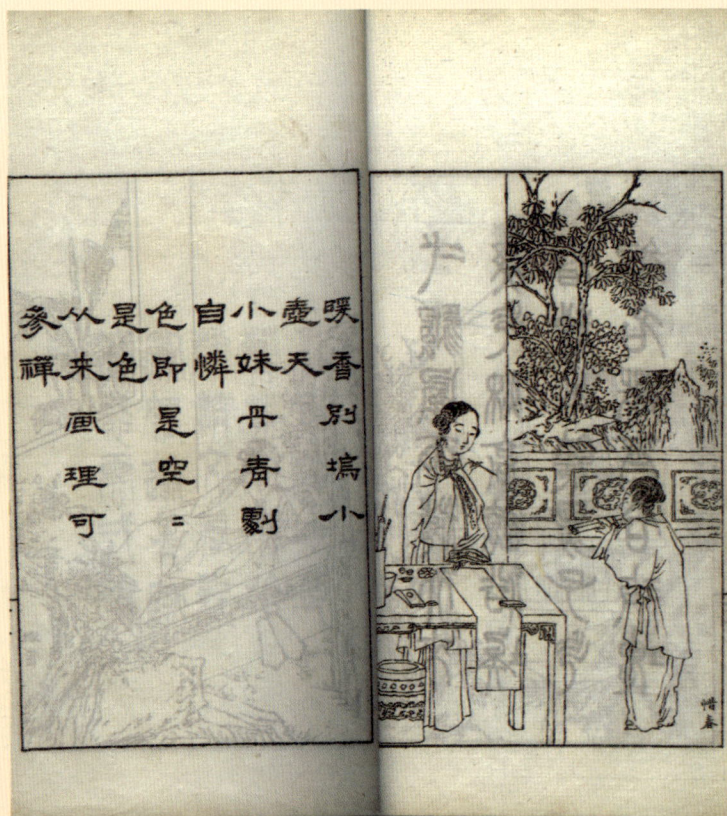

惜春图

全文：

暖香别坞小壶天，小妹丹青剧自怜；色即是空空是色，从来画理可参禅。

徐达章《荆溪十景图》

保管单位： 宜兴市档案馆

内容及评价：

徐达章《荆溪十景图》形成于1907年。徐达章（1874～1914），字成之，宜兴屺亭人，为现代艺术大师徐悲鸿的父亲。徐达章自幼喜爱绘画，但因家贫无力拜师，全靠刻苦自学成为当地知名画师。他善书画，工诗文，精篆刻，造诣颇深。其人物肖像细腻传神，山水花卉清新淡雅，如《钟馗》、《寿星骑鹿》、《太师少师图》、《松荫课子图》和《荆溪十景图》等，堪称传世佳作。他一生鄙薄功名，不求闻达，大多在镇上授徒和鬻字卖画。"无才济世怀渐甚，书画徒将砚作田"抒发的正是这一情怀。1908年家乡遭遇水灾，他携子悲鸿辗转溧阳、常州、无锡等地卖画为生，直至身患重病返回家乡，不久辞世。可以说，徐悲鸿以后成为艺术大师，与其父的教导熏陶不无关系。

《荆溪十景图》为一组10幅系列国画（59cm×96cm），分别题为《阳羡茶泉》、《画溪花浪》、《铜峰叠翠》、《洴浰雪蓑》、《国山烟寺》、《龙池晓云》、《蛟桥夜月》、《玉潭凝碧》、《张公福地》、《周侯古祠》，是徐达章于1907年绘制，具有很高的艺术欣赏价值，对宜兴市旅游资源的开发利用也具有很重要的借鉴意义。

《阳羡茶泉》

《画溪花浪》

《铜峰叠翠》

《洴澼雪蓑》

《国山烟寺》

《龙池晓云》

《蛟桥夜月》

《玉潭凝碧》

《张公福地》

《周侯古祠》

沈尹默《墨竹图》

保管单位: 宜兴市档案馆

内容及评价:

沈尹默的《墨竹图》,画于1956年国庆节,尺幅为37cm×82cm,是为赠予徐铸成先生而作。

沈尹默,原名君默,祖籍浙江吴兴,以书法闻名,民国初年,书坛就有"南沈北于(右任)"之称,是我国杰出的学者、诗人、书法家。早年二度游学日本,归国后先后执教于北大、北京女子师范大学,与陈独秀、李大钊、鲁迅、胡适等同办《新青年》,为新文化运动的得力干将。后任河北教育厅厅长、北平大学校长、中法文化交换出版委员会主任等职。1949年后为第二、三届全国政协委员,第三届全国人大代表,曾任中央文史馆副馆长、上海市人民代表、上海市文联副主席、上海市文管会会员、上海中国书法篆刻研究会主任等职。创建了新中国成立后第一个书法组织——上海市中国书法篆刻研究会,为祖国文化事业的繁荣,尤其是中国书法艺术和理论的研究,作出了卓越贡献。

徐铸成,江苏宜兴人。1927年起步入新闻界,前后达60余年。历任《大公报》记者、要闻版编辑,曾任总编辑。《大公报》停刊后,主持《文汇报》编务。1947年5月《文汇报》被勒令停刊后,赴香港创办香港《文汇报》,任总主笔兼总经理。1949年应邀北上,参加第一届全国人民政治协商会议,当选第一届全国政协委员、全国人大第一次会议代表。1949年6月,《文汇报》在上海复刊,徐铸成任社长兼总编辑。徐铸成曾是全国政协五、六、七届委员。1979年起任中华全国新闻工作者协会理事,复旦大学新闻系、厦门大学新闻传播系兼职教授。著有《报海旧闻》、《旧闻杂忆》、《新闻艺术》、《新闻丛谈》、《张季鸾先生传》等著作。晚年从事新闻教育和新闻学研究。

沈、徐两位先生私交甚密,沈尹默甚是赞赏徐铸成的品格,遂以竹寓意,寄赞于画,绘此《墨竹图》赠予徐铸成先生。

《墨竹图》

宗 谱

清代《严氏宗谱》

保管单位： 无锡市档案馆

内容及评价：

清代《严氏宗谱》形成于清同治癸酉年（1873）。为无锡县望族寨门严氏家族之宗谱。无锡县古镇寨门，相传因元末张士诚麾下名将莫天佑在此驻军扎寨而得名，至今有600余年历史，曾经繁荣兴盛，手工业发达，蚕桑业发展较早，涌现出不少工商和文化名人。寨门严氏是汉高士严子陵的后代，元末从浙江迁来，至今也已有600多年。寨门还是无锡地区最早的农村革命根据地之一，大革命时期著名农运领袖、无产阶级革命家严朴同志的家乡。无锡市档案馆馆藏的《严氏宗谱》由严氏后人捐献，这套宗谱是曾被岳飞誉为"严族至宝"的宋代浙江严氏宗谱的续谱，已珍藏了140多年，对研究地方文史具有较高的价值。

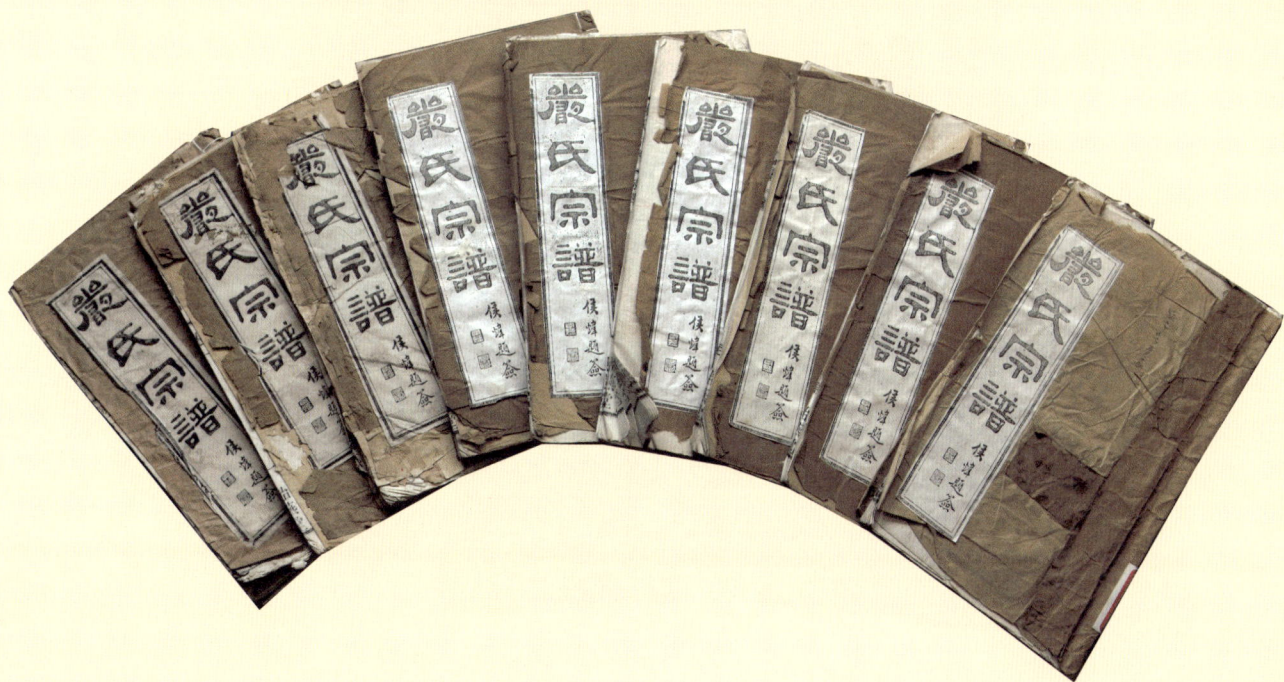

《严氏宗谱》

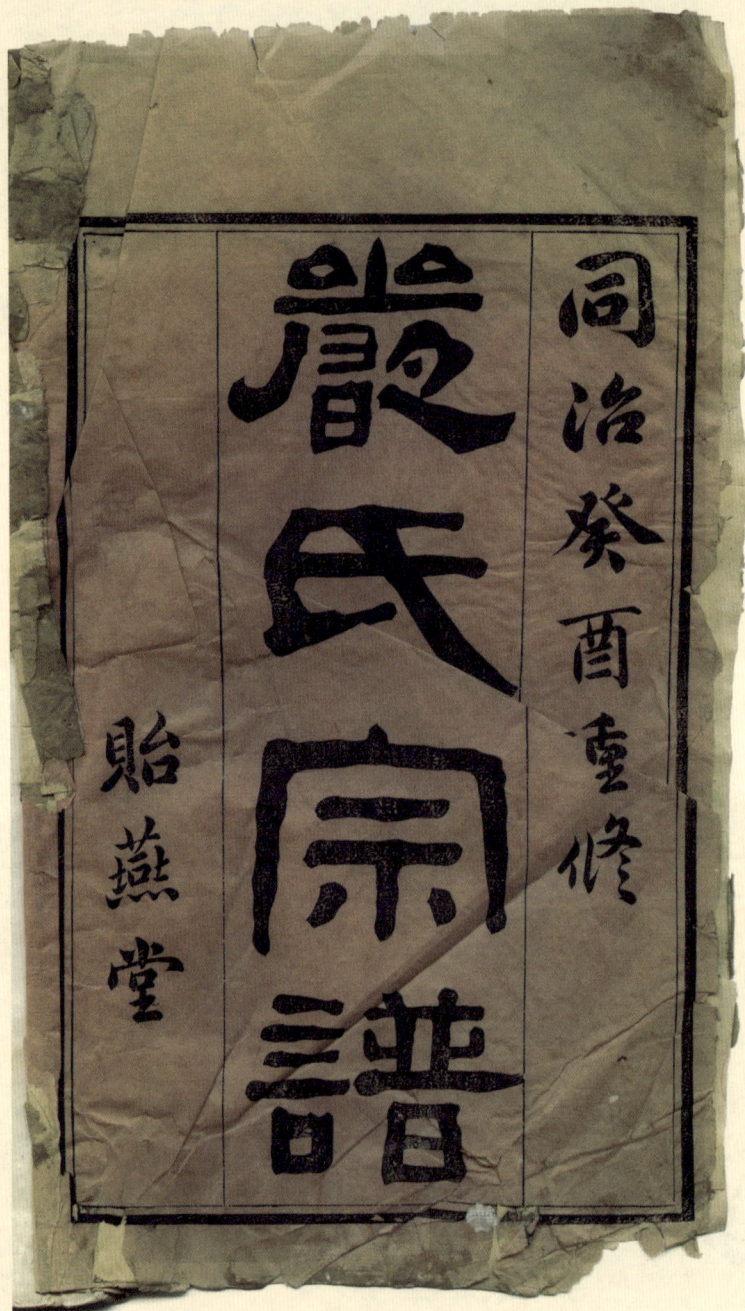

《严氏宗谱》封面

宗谱详细记载了严氏族人的生卒年份和岁数、娶妻等重大事件

　　严朴（1898~1949），又名达人，无锡县张泾寨门人。1921年考入上海西门专科师范学校，因闹学潮于次年被开除。后又进上海南方大学，开始对马列主义的研究和讨论。1925年1月加入中国共产党，积极参加工人学生运动。1926年春回无锡进行革命活动，1927年任中共无锡地委秘书，担任无锡农委委员长，领导万余农民举行秋收暴动。1928年6月赴苏联莫斯科出席中国共产党第六次全国代表大会。年底任中共淞浦特委常委，参与领导奉贤县农民武装暴动。1929年秋，由于叛徒告密被捕。获释后调任中共松江中心县委书记兼青浦县委书记。后又调任浙南军委书记兼红十五军政委。1933年到中央苏区工作。1935年秋去莫斯科列宁学院学习。1938年回到延安，历任中共中央组织部第二科科长，西安、重庆八路军办事处秘书长等职。1945年4月出席中国共产党第七次全国代表大会。抗日战争胜利后，受组织委派到东北哈尔滨工作。1949年6月5日因病逝世。

全伦堂《唐门岳氏宗谱》

保管单位： 宜兴市档案馆

内容及评价：

全伦堂《唐门岳氏宗谱》形成于1897年。江苏宜兴唐门岳氏是宋朝抗金名将岳飞的后裔，《唐门岳氏宗谱》（全伦堂）初修于明洪武十五年至二十一年（1382～1388）（由谢应芳、陈济撰序），后经多次增续。特别是清同治戊辰（1868），由时任宜兴县令万立钧亲自赴河南相州凭吊岳飞陵，收集相关资料，并为岳氏宗谱作序。此谱是1897年续修版本，由岳飞第30世孙岳锡春于1990年5月25日向宜兴市档案馆捐赠。谱牒保存完整，是目前全国岳飞后裔留世最完整的一部家史资料，也是研究岳飞史籍及其后裔在宜兴繁衍生息的重要参考史料。现藏于宜兴市档案馆，是宜兴市档案馆征集到的珍贵史料之一。

《唐门岳氏宗谱》（全伦堂）全套

《唐门岳氏宗谱》（全伦堂）全套

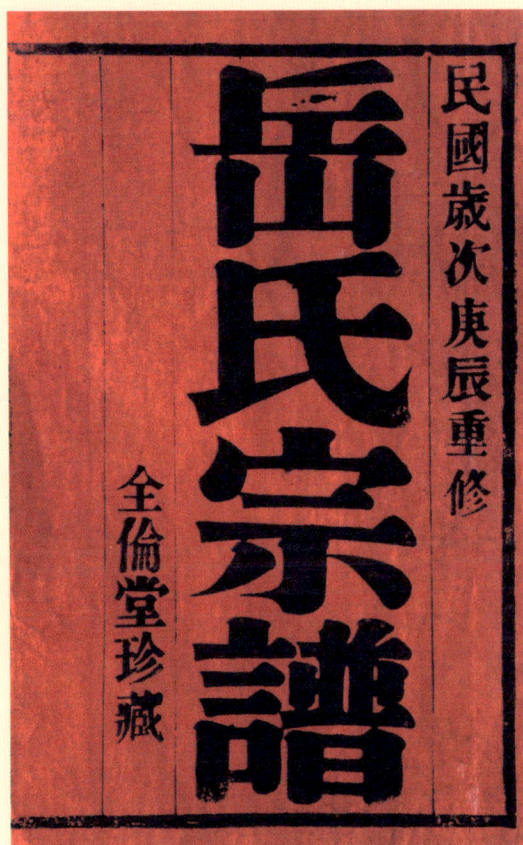

民國歲次庚辰重修

岳氏宗譜

全倫堂珍藏

《唐门岳氏宗谱》（全伦堂）卷首

永思堂《蒋氏宗谱》

保管单位： 宜兴市

内容及评价：

　　永思堂《蒋氏宗谱》形成于1909年。据传说"天下无二蒋，江南无二蒋"。蒋氏源自姬姓，是周公姬旦子伯龄之后，伯龄受封于蒋建立蒋国，子孙遂以国名为姓。后裔汉代蒋横之子蒋默、蒋澄迁居于宜兴，为江南蒋氏始祖，汉代以后江南蒋姓，大都出自宜兴。宜兴官林镇回图村蒋氏为蒋澄之后，族人所建宗祠号"永思堂"。国民党首脑蒋介石是这一支后人，1948年6月蒋介石曾偕夫人宋美龄从南京驱车专程到宜兴临祠祭祖。

　　《蒋氏宗谱》初修于唐，蒋防修。整修于北宋崇宁初，据谱中记载，宋版《蒋氏宗谱》由蒋之奇和苏轼修订。元代由嫡孙蒋万九重修，明洪武间又一次整修，嘉靖间蒋道学续修，清康熙间蒋浚明、蒋南英续修，后经雍正、乾隆、嘉庆、道光、光绪朝多次续修。此永思堂《蒋氏宗谱》重修于1909年，由蒋金钟、蒋柏清主修，共18卷。原谱保存在宜兴官林回图村蒋氏后人手中，宜兴市档案馆保存的为复印件。

《蒋氏宗谱》（永思堂）

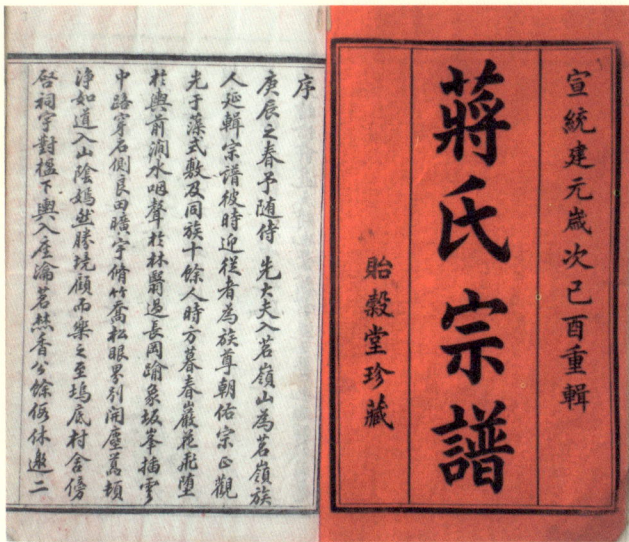

《蒋氏宗谱》（永思堂）卷首

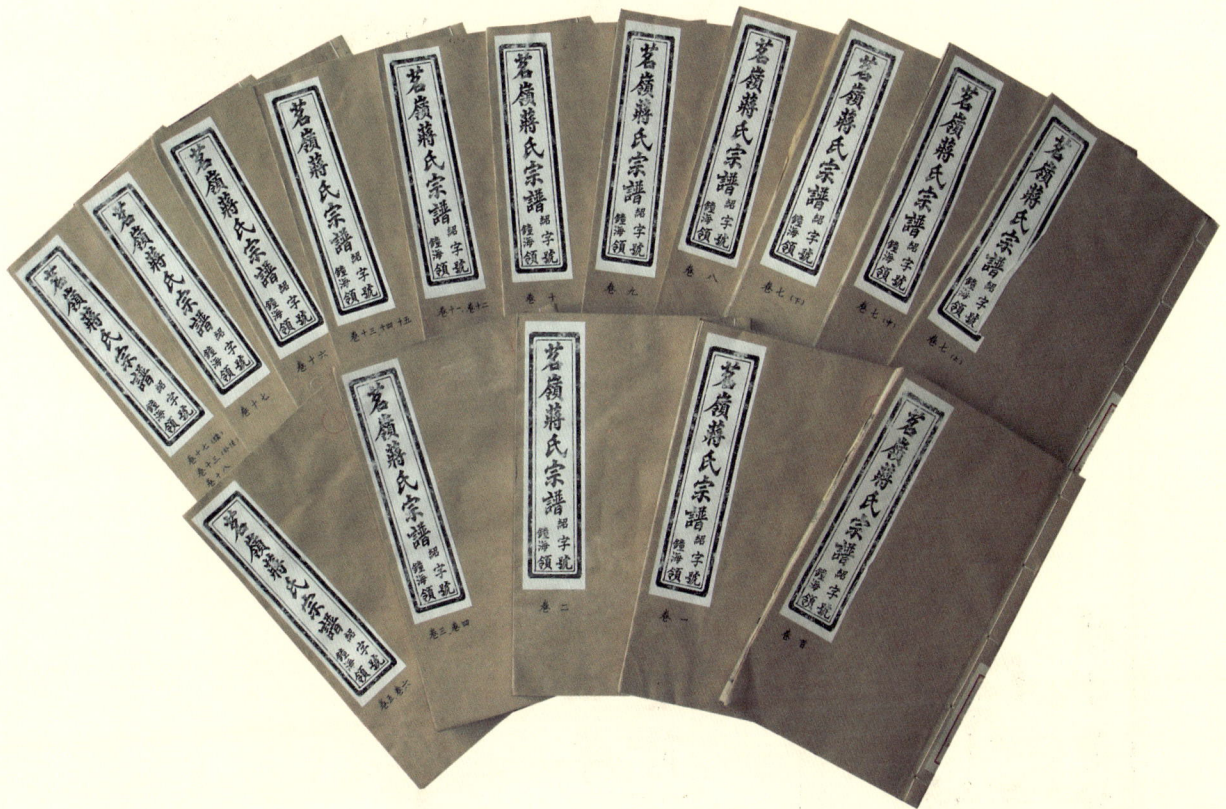

《蒋氏宗谱》（永思堂）全套

清代《荣氏宗谱》

保管单位： 无锡市档案馆

内容及评价：

清代《荣氏宗谱》形成于1910年。无锡西郊荣巷梁溪荣氏在无锡可谓妇孺皆知，是近现代中外闻名的显赫家族，其代表人物民族工商实业家荣宗敬、荣德生、荣毅仁先生的名字为世人所熟悉。

梁溪荣氏从十四世祖荣清（字逸泉）迁锡以来的数百年谱系已不得考证，康熙年间荣氏裔孙荣瑞芝、荣舜生、荣鼎动三人合力修葺《荣氏宗谱》，是为梁溪荣氏有谱之始。清宣统二年（1910）版的《荣氏宗谱》（22册），由荣汝棻主修，此谱是研究无锡荣氏家族发展脉络和研究近代民族工业从萌芽到兴起发展过程的珍贵资料。

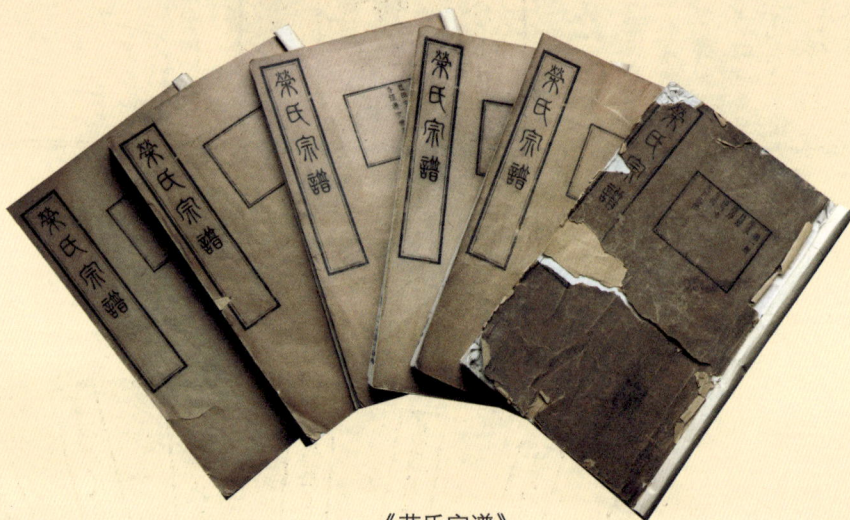

《荣氏宗谱》

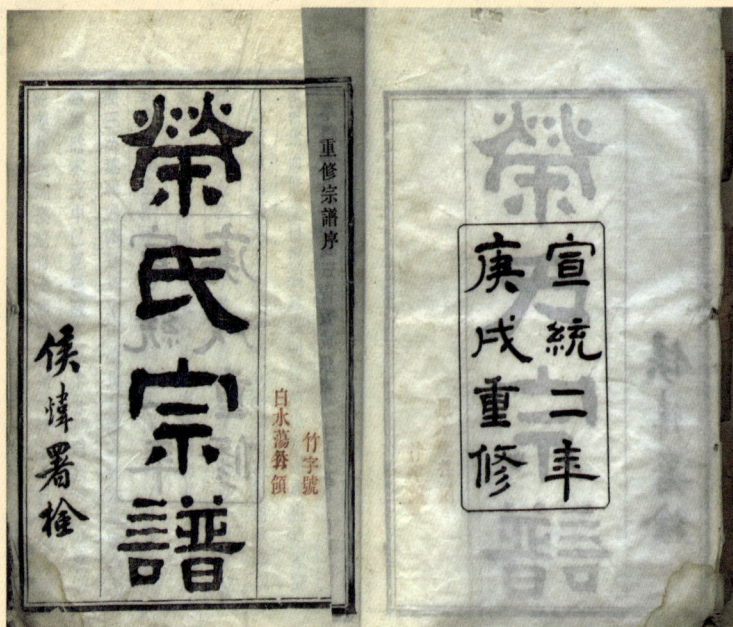

《荣氏宗谱》扉页

《梧塍徐氏宗谱》

保管单位：江阴市档案馆

内容及评价：

《梧塍徐氏宗谱》形成于1946年。江阴梧塍徐氏是明代江南望族，其先世对宗谱的修辑极为重视，近代最后最完整的一套宗谱是1946年由徐聘莘主持重修的《梧塍徐氏宗谱》，共52册，59卷。第一册卷首有序、事略、执事记名、墓图，及《梧塍通族总世系表》第一世至第十世表等；从第二册卷一开始至第四十五册卷五十二为各支派《世系表》；第四十六册卷五十三则为《旧传辑略》和《先世小传》；第四十七册卷五十四为《像赞》、《志铭》、《行述》、《碑表》；第四十八册卷五十五、第四十九册卷五十六为《传文》（包括《内行传序》）；第五十册卷五十七为《题赠序记》；第五十一册卷五十八为《家集》；第五十二册卷五十九末为《传芳录》。

该宗谱记载有我国明代杰出的地理学家、旅行家徐霞客的家世及相关资料，对研究徐霞客及徐学也具有重要价值。

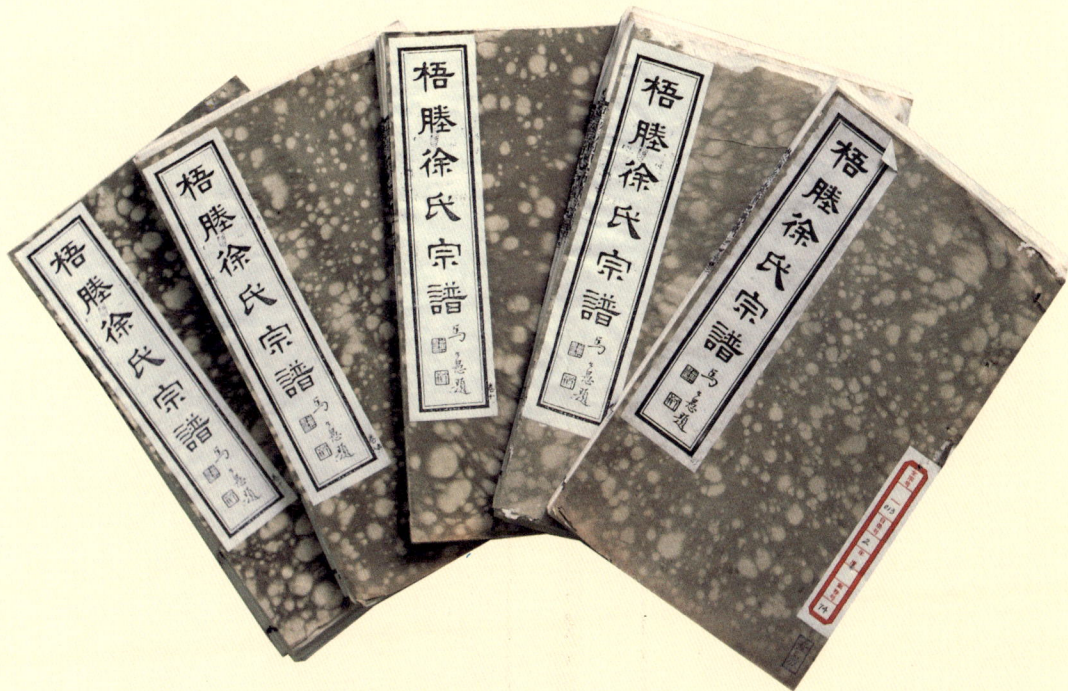

《梧塍徐氏宗谱》封面

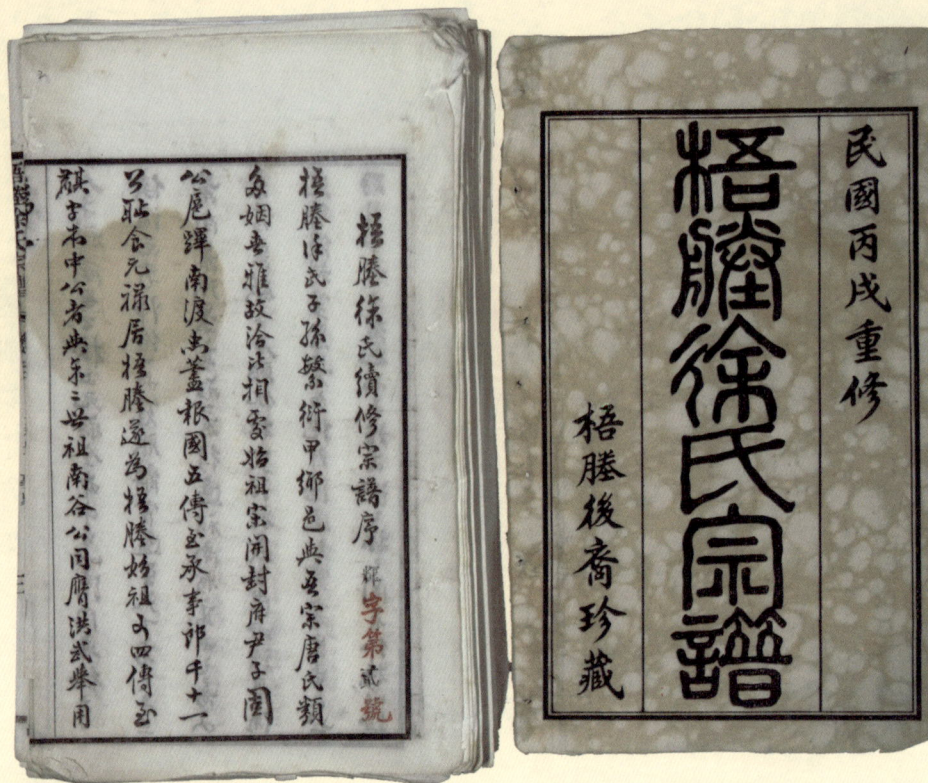

《梧塍徐氏宗谱》扉页

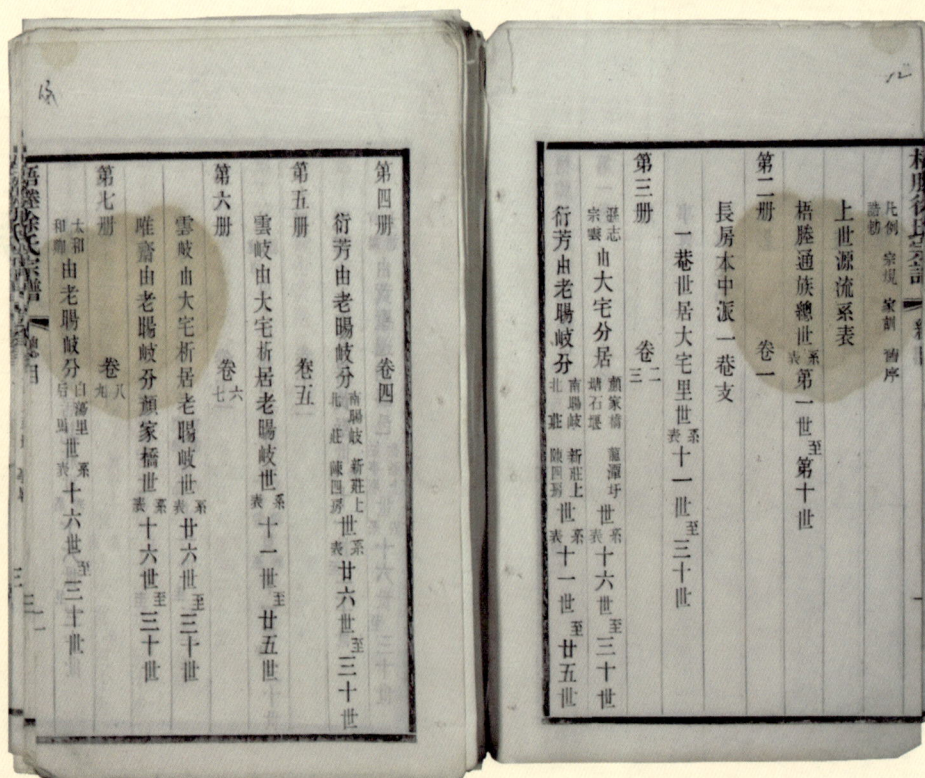

《梧塍徐氏宗谱》目录

徐霞客（名宏祖）在家谱中所属世系

晴山堂帖敘畧

徐霞客先生者江陰南鄉振奇士也生於明季孤高
自桀不求仕進所交都當世名士足跡徧海內山川
其遊記一書固已膾炙人口矣所居曰晴山堂有刻
石數十件先生手輯帖也帖中撰書者自元末迄有
明全代垂三百年凡八十八人共得詩文九十四件
分碑七十有七分葉二百有五書法不美不備庶幾
明代文化之菁英畢萃于斯矣何以如斯之博且多
也曰是有故先生遠祖爲南宋二百年世官嘗古入

梧塍徐氏宗譜 卷首 丙戌新增

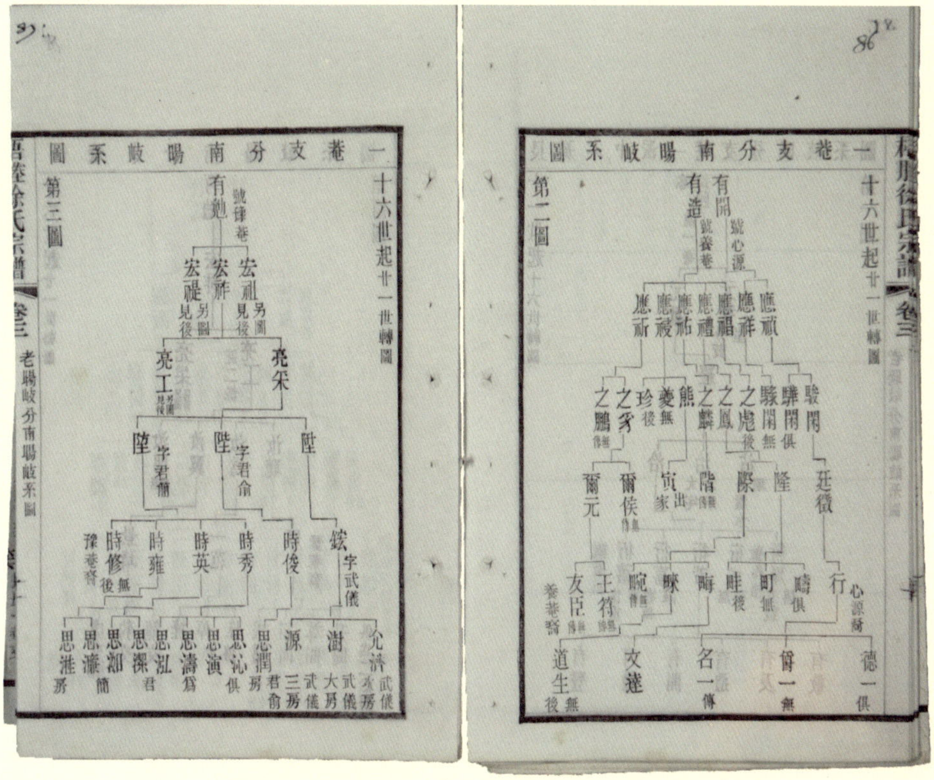

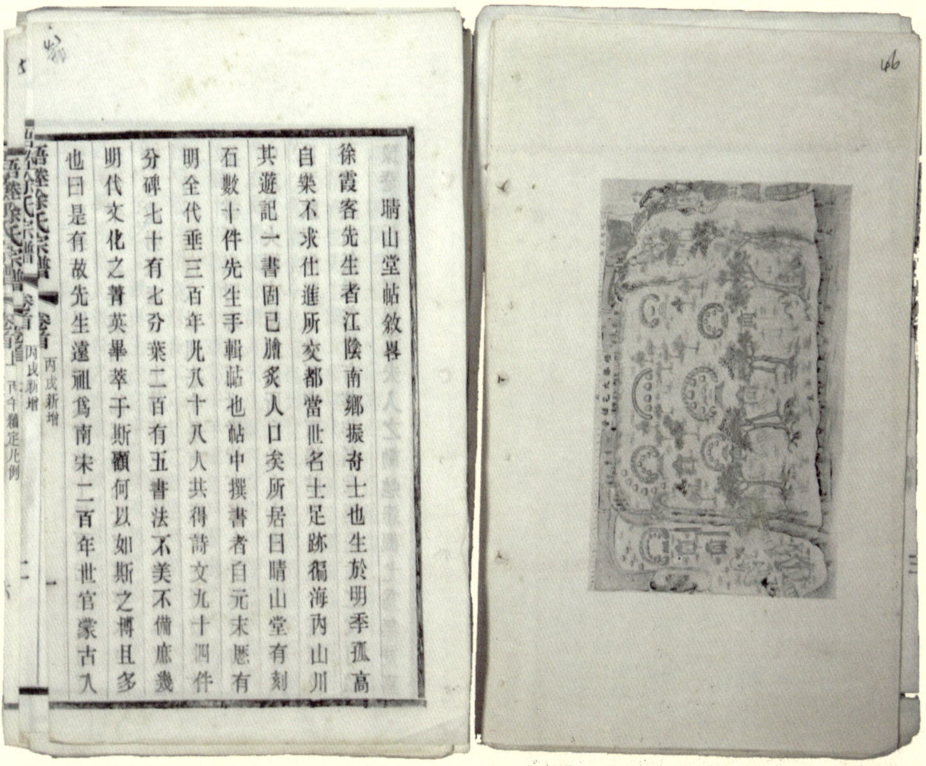

晴山堂帖叙略

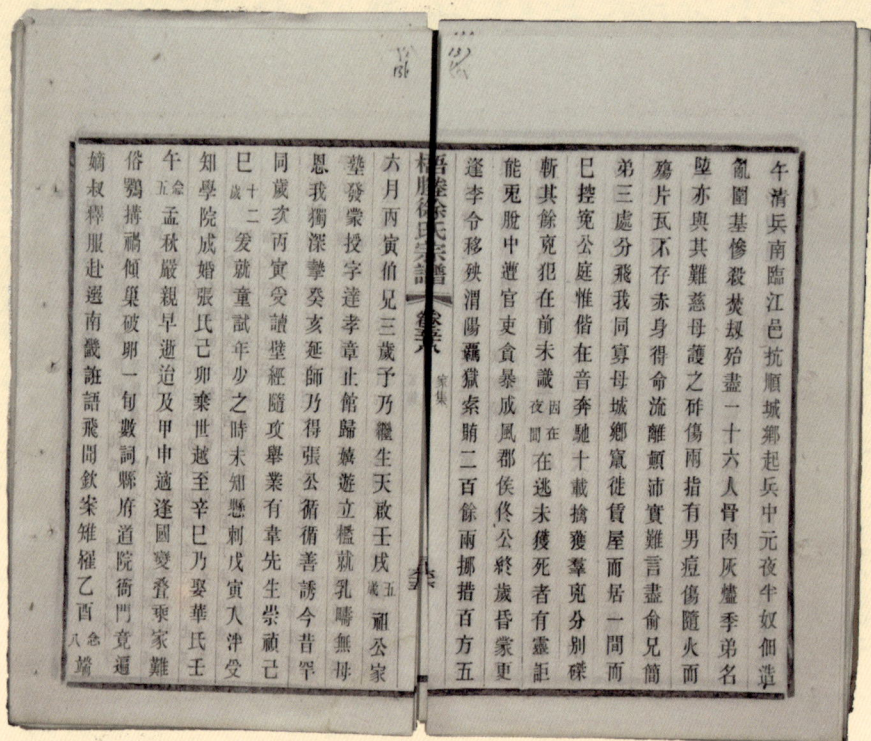

第58卷《家集》，内有清兵到来后家族变故的详细记述。

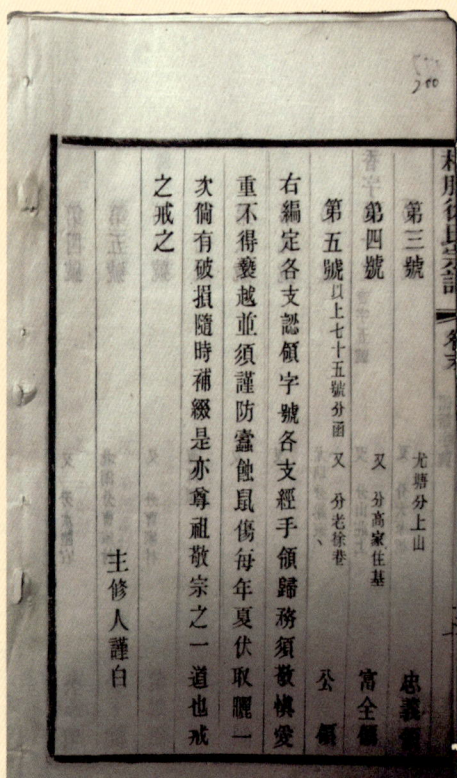

《梧塍徐氏宗谱》卷末页

其他

所以興其反乎我先王故籍之言者必其國之所以替即其技藝數之末

小隨乎風氣之自然適乎民情之便利何新奇之有焉吾聞管子之言曰善

者厄於野善游者厄於梁凡國之亡言於所長然則天下之善知人之長者又

吾於知人之短者哉海外之國崛起者五六虎視而鷹瞵殆未有所定或者

裕勢禁憚於發難先動者得福故莫敢妄舉邪孟子曰及是時明其政刑誰

海予福成以為時不可失者無有切於今日者矣凡斯編所言要有所致意然

太史公譏張騫使西域不能得要領庸詎知我所謂至要人固以為非要

謂非要人固以為至要乎亦非福成所敢測矣光緒十七年十月朔日

欽差大臣出使英法義比四國二品頂戴大理寺卿無錫薛福成自序

薛福成著作

保管单位：无锡市档案馆

内容及评价：

薛福成著作形成于1892年至1910年。薛福成（1838～1894），字叔耘，号庸庵，江苏无锡人，晚清著名的思想家、外交家、政论家。同治四年（1865），因致书曾国藩，建议改革科举、裁减绿营及师法西方科技，入曾氏幕府。光绪元年（1875），应诏上改革内政外交万言书，被李鸿章延揽为重要幕僚。光绪五年（1879），撰《筹洋刍议》，力主发展工商业，实行关税自主。中法战争期间，任浙江宁绍台道，部署防务，协调前线官兵击退法舰进犯。光绪十四年（1888），擢湖南按察使。次年，受命出使英、法、意、比四国，同时历任光禄寺卿、大理寺卿、左副都御使等职。出使期间，进一步主张效法西方国家，发展机器工业，实行商办，并在政治上赞赏英、德等国的君主立宪制，成为享誉一时的改良主义政论家和思想家。光绪二十年（1894）返国，即病逝于上海。

薛福成一生撰述甚丰，著有《庸庵文编》四卷、《续编》二卷、《外编》四卷、《庸庵海外文编》、《筹洋刍议》十四卷、《出使英法义（意）比四国日记》六卷、《出使日记续刻》十卷、《庸庵笔记》、《出使奏疏》二卷、《出使公牍》十卷等书。薛福成的著作基本上均已编入《庸庵全集》。

无锡市档案馆现藏有薛福成早年版本《出使英法义（意）比四国日记》、《海外文编》、《庸庵笔记》等著作。具有历史价值。

光绪壬辰（1892）石印本《出使英法义（意）比四国日记》

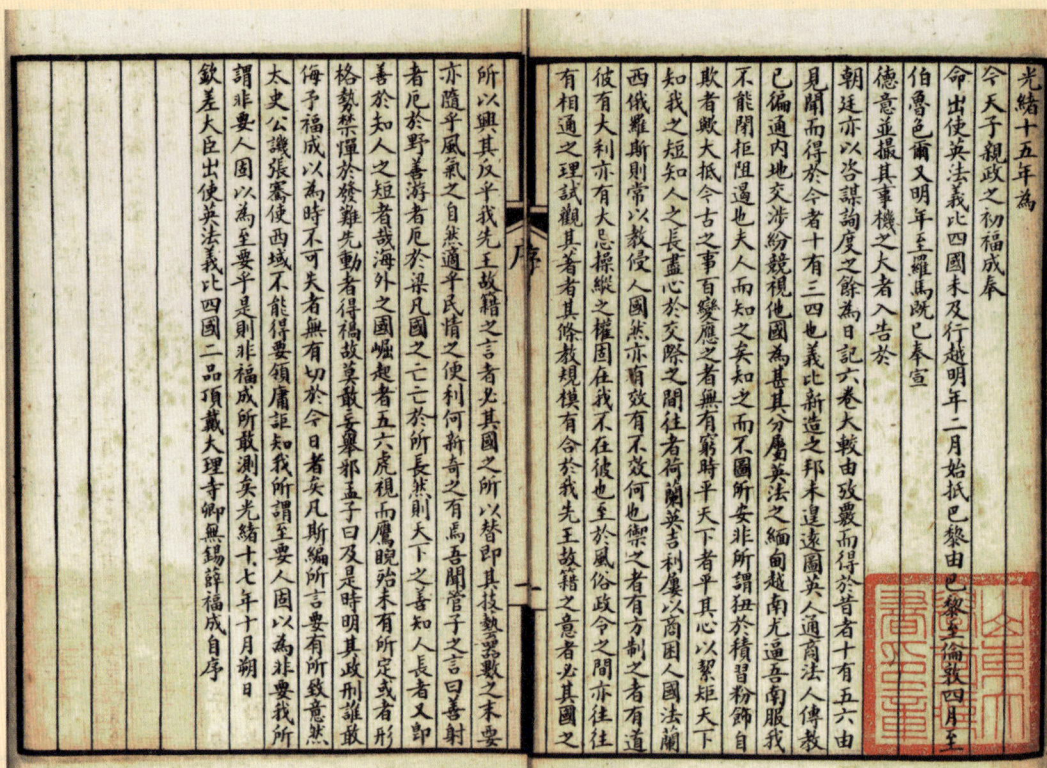

自序

全文：

　　光绪十五年，为今天子亲政之初，福成奉命出使英法义比四国，未及行。越明年二月，始抵巴黎，由巴黎至伦敦，四月至伯鲁色尔，又明年至罗马。既已奉宣德意，并撮其事机之大者，入告于朝廷，亦以咨谋询度之余，为日记六卷。大较由考核而得于昔者，十有五六；由见闻而得于今者，十有三四也。

　　义比新造之邦，未遑远图。英人通商，法人传教，已遍通内地，交涉纷竞，视他国为甚。其分属英、法之缅甸、越南，尤逼吾南服。我不能闭拒阻遏也，夫人而知之矣！知之而不图所安，非所谓狃于积习，粉饰自欺者欤？大抵今古之事百变，应之者无有穷时。平天下者，平其心以絜矩天下，知我之短，知人之长，尽心于交际之间。往者，荷兰、英吉利屡以商困人国，法兰西、俄罗斯则常以教侵人国，然亦有效有不效，何也？御之者有方，制之者有道。彼有大利，亦有大忌。操纵之权，固在我不在彼也。

　　至于风俗政令之间，亦往往有相通之理。试观其著者，其条教规模，有合于我先王故籍之意者，必其国之所以兴；其反乎我先王故籍之言者，必其国之所以替。即其技艺器数之末，要亦随乎风气之自然，适乎民情之便利，何新奇之有焉？吾闻管子之言曰：善射者厄于野，善游者厄于梁。凡国之亡，亡于所长。然则天下之善知人长者，又即善于知人之短者哉！

　　海外之国，崛起者五六，虎视而鹰瞵，殆未有所定。或者形格势禁，惮于发难，先动者得祸，故莫敢妄举邪？孟子曰：及是时，明其政刑，谁敢侮予？福成以为时不可失者，无有切于今日者矣！

　　凡斯编所言，要有所致意。然太史公讥张骞使西域不能得要领，庸讵知我所谓至要，人固以为非要；我所谓非要，人固以为至要乎？是则非福成所敢测矣！

　　光绪十七年十月朔日，钦差大臣出使英法义比四国、二品顶戴、大理寺卿、无锡薛福成自序。

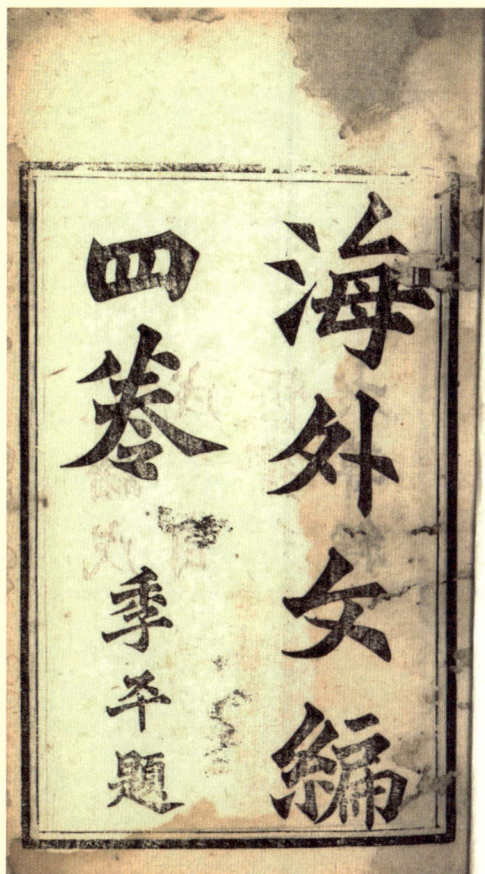

光绪戊戌（1898）自惺斋版本《海外文编》

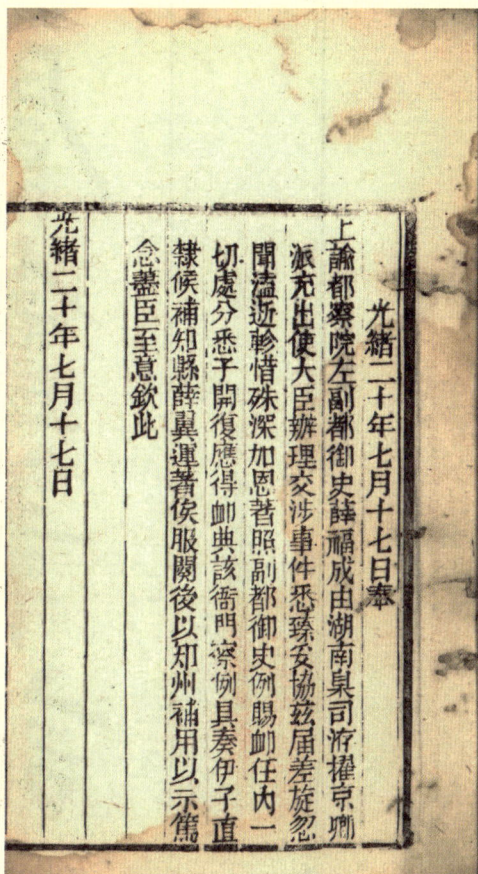

此书以时间为序，记录任出使大臣期间所涉大事，收录大量往来公文。卷首附有光绪二十年（1894）七月十七日上谕。

全文：

光绪二十年七月十七日奉上谕

　　都察院左副都御史薛福成，由湖南臬司游擢京卿，派充出使大臣，办理交涉事件，悉臻妥协。兹届差旋忽闻溘逝，轸惜殊深。加恩著照副都御史例，赐恤任内一切处分悉予开复，应得恤典该衙门察例，具奏伊子直隶候补知县薛翼运，著俟服阕后以知州补用，以示笃念荩臣至意。钦此。

光绪二十年七月十七日

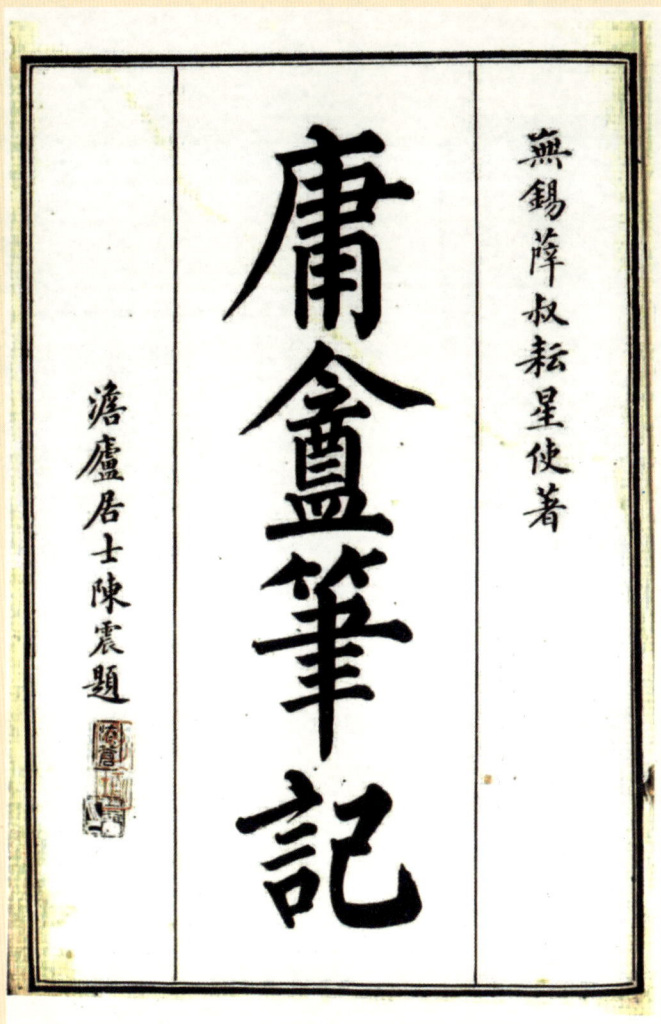

宣统二年（1910）石印本《庸庵笔记》

　　《庸庵笔记》是薛福成对同治四年（1865）至光绪十七年（1891）间所作的随笔见闻删存编集而成。全书共六卷，分"史料"两卷、"轶闻"一卷、"述异"一卷、"幽怪"两卷。其中史料部分，多为作者亲历亲闻者，且涉笔谨严，持论公允，故信实可靠，庶几可补正史之不足。轶闻、述异部分，所记皆为当时朝野之趣闻轶事，对了解晚清社会习俗有一定的参考价值。幽怪部分，虽多为荒诞不经事，然作者意在彰善惩恶，故于挽回世道人心亦不无裨益。作者在"凡例"中自谓："是书所记，务求戛戛独造，不拾前人牙慧。固有当时得之耳闻，而其后复见于他书者，则随手删去。亦有一二偶未见及，致未尽删者，然各记所闻，其用笔亦稍不同矣。"今检视全篇，殆非自夸之语。故是书对后世影响甚大，向被视为晚清笔记之范本。至于为他书所采引者更是不一而足。

　　此书的体例、分类和编目皆作者亲手所定，然生前未及刊行，后由其子薛慈明将遗稿交薛氏门人萧山陈光淞校理，并于光绪二十三年（1897）由遗经楼刊行于世。宣统二年（1910）扫叶山房重刊。

《柳选四家医案》

保管单位： 江阴市档案馆

内容及评价：

《柳选四家医案》形成于1904年。柳宝诒，字谷孙，号冠群，江苏江阴人，清末名医。柳氏选取清代四位名家医案，包括尤在泾的《静香楼医案》二卷、曹伯仁的《继志堂医案》二卷、王旭高的《环溪草堂医案》三卷、张仲华的《爱庐医案》二十四条，分类编辑而成《柳选四家医案》，刊于1904年，使四位名医之书，集于一册。柳氏对这些医案精加遴选，分门别类，按病类拟定总目，下据不同的病症分若干子目，便于读者查阅。医案以内科杂病为主，理、法、方、药较为完备。每案之后，加注按语，取材严谨，评述精当，简明扼要，独具见解，对内科杂病的治疗具有较好的参考和指导价值。自问世以来，流传甚广，誉满医林。

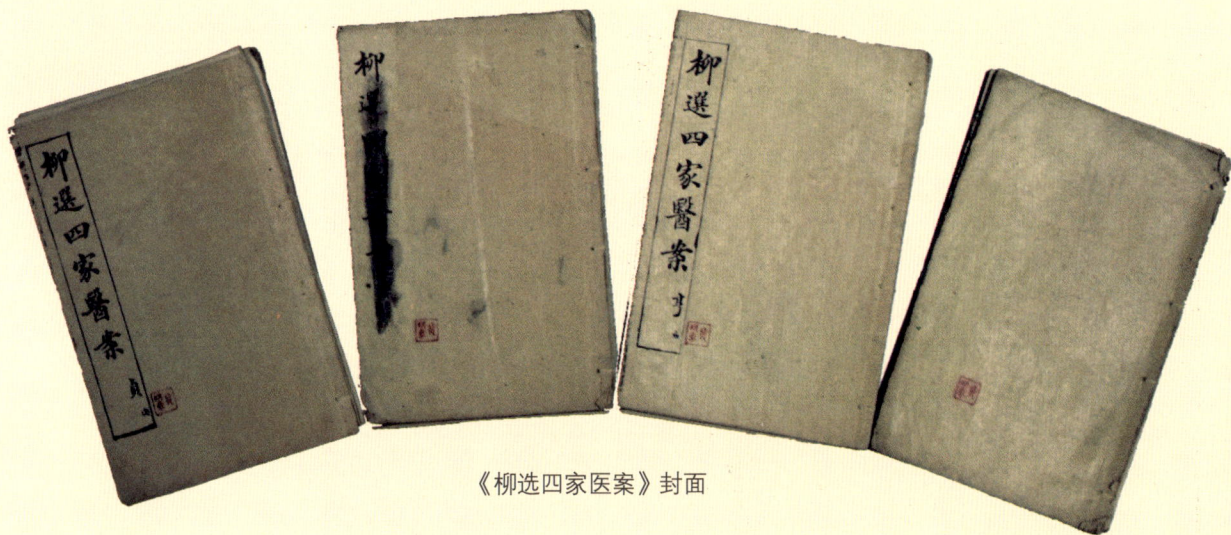

《柳选四家医案》封面

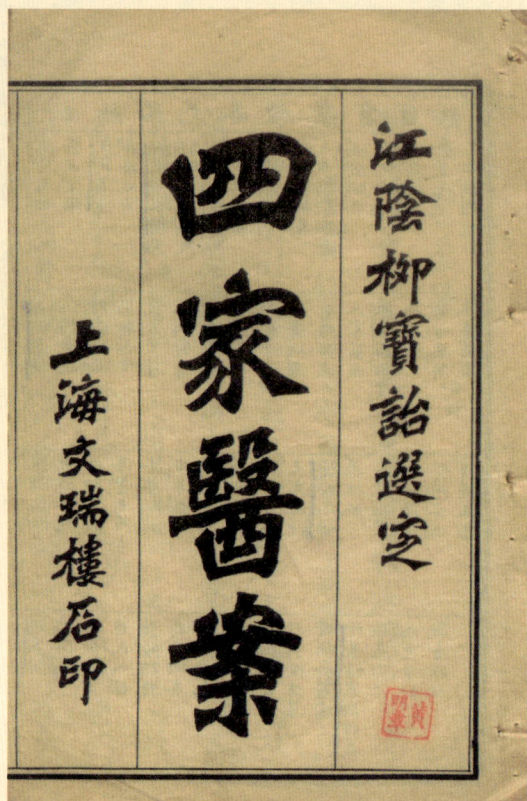

《柳选四家医案》扉页

江陰柳寶詒選定

四家醫案

上海文瑞樓石印

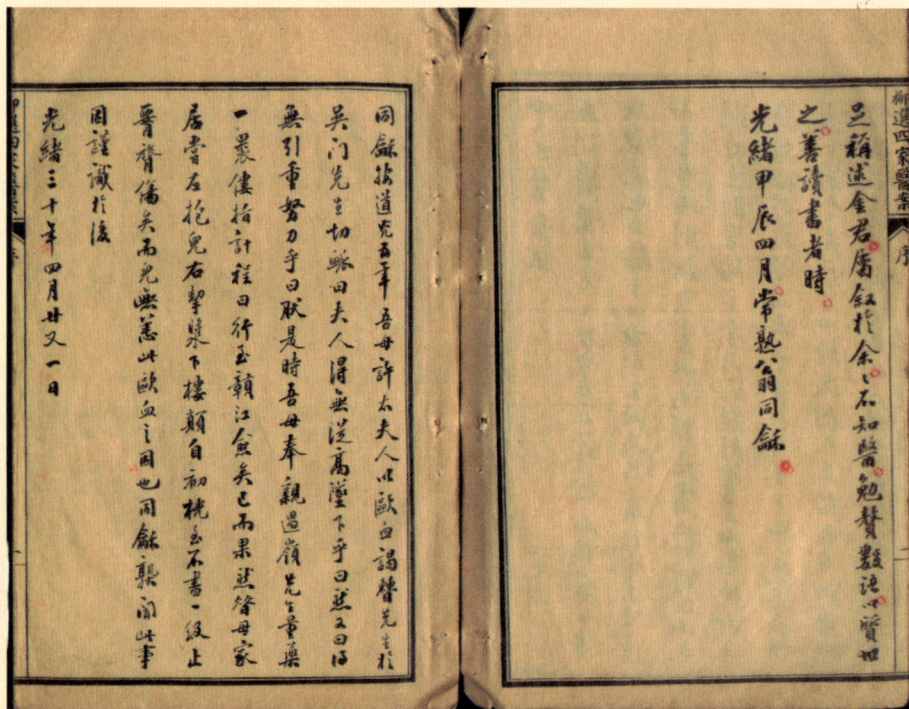

《柳选四家医案》翁同龢作序

翁同龢（1830~1904），江苏常熟人。晚清政坛的重要人物。先后担任同治、光绪两代帝师。历任户部、工部尚书，军机大臣兼总理各国事务衙门大臣。光绪年间，因卷入"帝党"与"后党"的政治斗争被慈禧太后罢官。

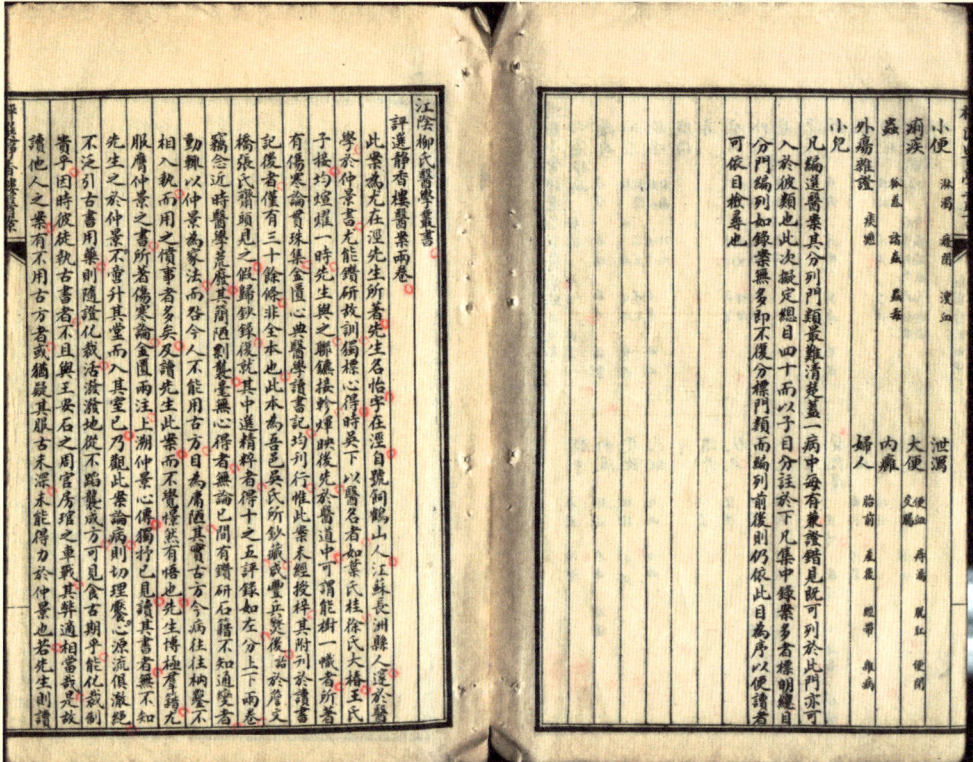

《柳选四家医案》评选静香楼医案两卷

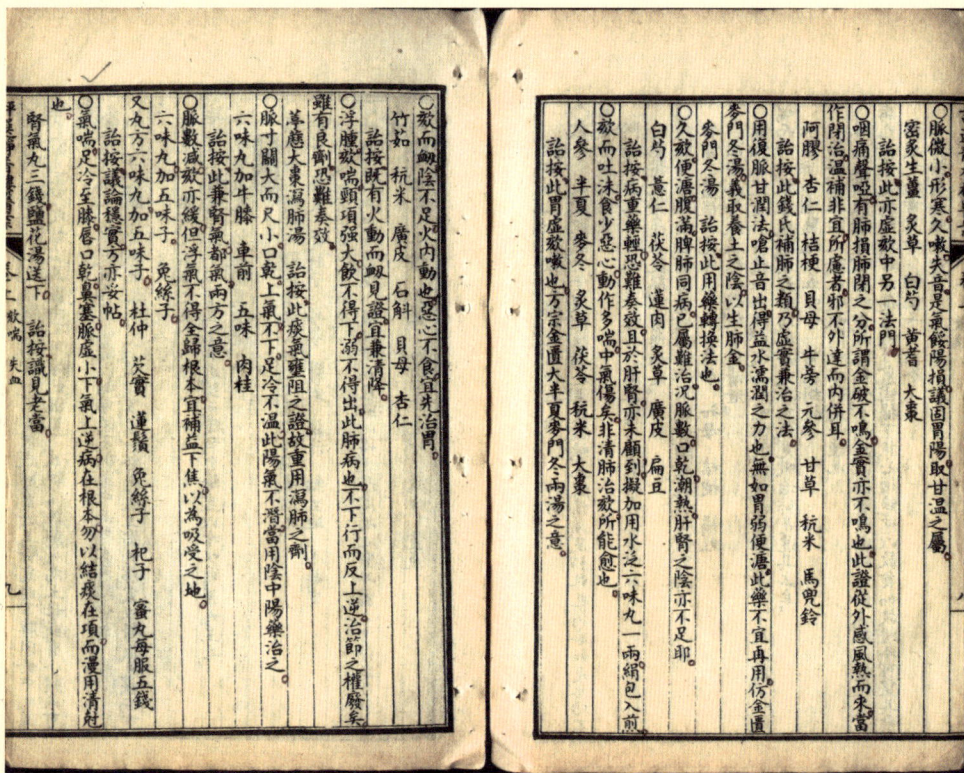

《柳选四家医案》评选静香楼医案两卷内页

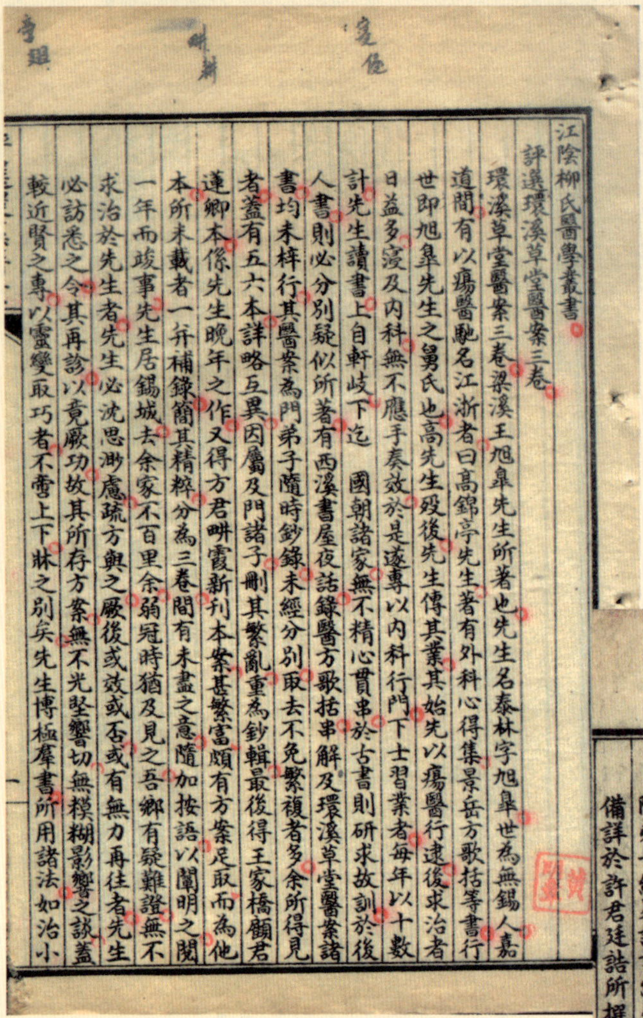

江陰柳氏醫學叢書

評選環溪草堂醫案三卷

環溪草堂醫案三卷梁溪王旭皋先生所著也先生名泰林字旭皋世為無錫人嘉道間有以瘍醫馳名江浙者曰高錦亭先生著有外科心得集景岳方歌括等書行世即旭皋先生之舅氏也高先生歿後先生傳其業其始先以瘍醫行遠後求治者日益多寖及內科無不應手奏效於是遂專以內科行門下士習業者每年以十數計先生讀書上自軒岐下迄　國朝諸家無不精心貫串於古書則研求故訓於後人書則必分別疑似所著有西溪書屋夜話錄醫方歌括串解及環溪草堂醫案諸書均未梓行其醫案為門弟子隨時鈔錄未經分別取去不免繁複者多余所得見者蓋有五六本詳略互異因屬及門諸子刪其繁亂重為鈔輯最後得王家橋顧君蓮卿本係先生晚年之作又得方君畊霞新刊本案甚繁富頗有方案足取而為他本所未載者一并補錄簡其精粹分為三卷間有未盡之意隨加按語以闡明之閱一年而竣事先生居錫城去余家不百里余弱冠時猶及見之吾鄉有疑難證無不求治於先生者先生必沈思渺慮疏方與之厥後或效或否或有無力再往者先生必訪悉之令其再診以竟厥功故其所存方案無不光堅響切無模糊影響之談蓋較近賢之專以靈變取巧者不啻上下牀之別矣先生博極羣書所用諸法如治小

《柳选四家医案》评选环溪草堂医案三卷

江陰柳氏醫學叢書

評選繼志堂醫案兩卷

右繼志堂醫案兩卷曹仁伯先生所著也先生諱存心字仁伯別號樂山係常熟之福山人幼時讀書穎悟長老咸目為令器顧以家道不豐一豁不足裕衣食遂謀習醫從薛性天先生遊薛故郡中名宿得先生劇賞之謂將來光吾道者其必曹生也先生居薛所十年燁燈焠掌上自靈素下逮薛喻諸家無不研求貫串乃出應病者之求輒奏奇效先生嘗言醫者存心須視天下無不可治之病其不治者皆我之心未盡耳故其臨病人也研精覃思直以一心貫乎病者之食息起居而曲折無不周至每有劇病他人所棄而不治者先生獨能運以精思而以數劑愈之古人謂生死肉骨先生誠有之焉先生又言每遇病機叢雜治此礙彼他人莫能措手者必細意研求或於一方中變化而損益之或合數方為一方而融貫之思之思之鬼神通之苦心所到必有一恰合之方投之而輒效者以是知醫者之於病稍涉危疑即目為不治而去之者其不盡心之過為不少也嗟乎先生之言如此即先生居心之篤厚與藝事之精能蓋皆即是而可見矣先生所著有琉球百問繼志堂語錄過庭錄延陵弟子紀畧諸書經先生之孫博泉五年裒集鋟行楊太常濱石序之先生之行誼備詳於許君廷詰所撰家傳中先生以醫名著繼葉薛諸公而起德被吳中名馳海

《柳选四家医案》评选继志堂医案两卷

愛廬醫案終

○上臘嚴寒生產受寒少甚當時癥露未暢臍下陣痛迄今五月未止關所服藥皆宗產
後宜溫之例固屬近是惜未考經穴經隧耳譬諸鎖鑰則買矣何以不付以匙買者不知賣
者當知病者不知醫者當知致使遠連跋涉辛遇善與人配是者
肉桂二錢細辛五分同研末飯丸勻五服每晨一服
詁按方顔奇特

門人趙樹誠
族弟寶慶同校

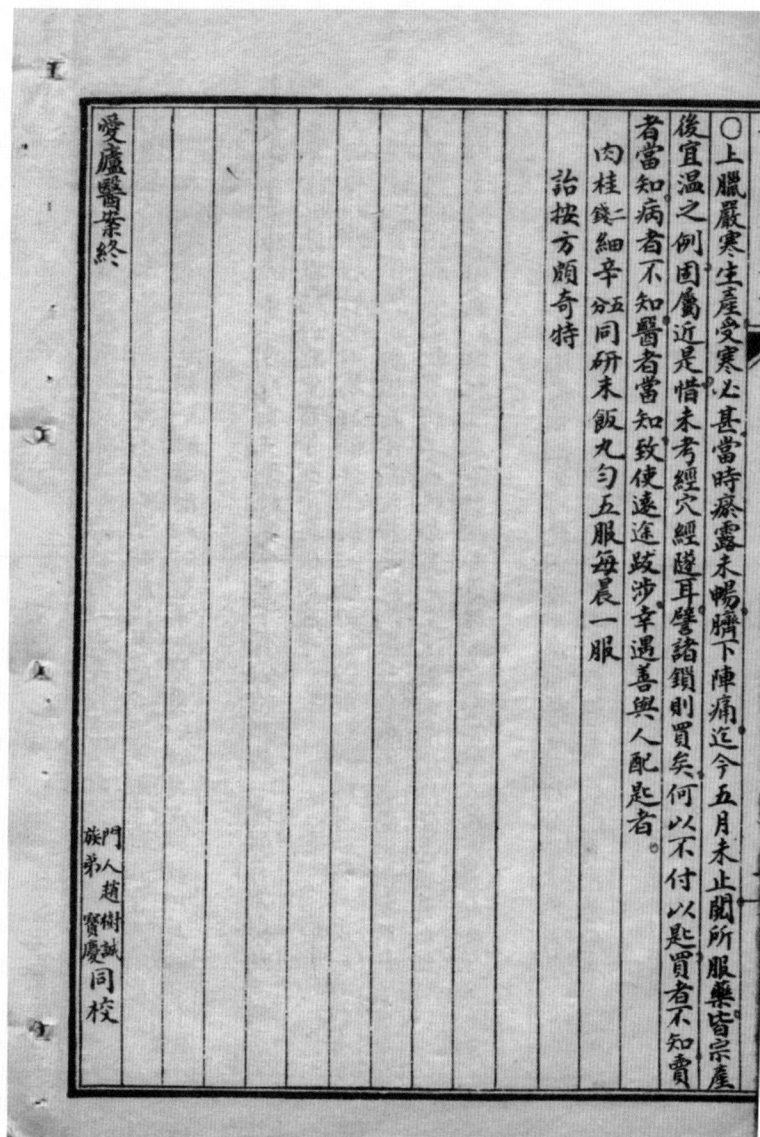

《柳选四家医案》评选爱庐医案终页

《高忠宪公诗手稿真迹》、《高子遗书节钞》

保管单位： 无锡市档案馆

内容及评价：

《高忠宪公诗手稿真迹》、《高子遗书节钞》分别形成于1924年和1931年。《高忠宪公诗手稿真迹》一册，1924年由上海中华书局、上海文明书局、无锡东群书局、无锡学海堂书局从高攀龙332首诗手稿中精选出147首石印而成；《高子遗书节钞》三册为《锡山先哲丛刊》第四辑收录本，1931年由中华书局用仿宋字排印出版。是研究高攀龙及其东林党人学术思想的重要资料。

高攀龙（1562～1626），初字云从，后字存之，别号景逸，江苏无锡人，明代文学家、政治家。明万历年间进士，明熹宗时官至左都御史，因反对擅权宦官魏忠贤而被革职。与顾宪成等人在无锡东林书院讲学，讽议朝政，标榜气节，名噪一时，为东林领袖之一。后因受魏忠贤党羽迫害，投水而死，崇祯初年得以昭雪。

高攀龙文风笃实，切近事理，讲学语类简洁明畅，阐发道理深刻严密；他的诗歌闲逸澹远，格调高雅；文章清秀遒劲，言简意赅。一生著述有《周易简说》、《春秋孔义》等。《高子遗书》为后人将其自辑语录文章编辑而成，共十二卷，勘刻于明崇祯年间。1920年无锡县图书馆与乡贤商议选择出版一批地方文献，定名为《锡山先哲丛刊》。1921年侯鸿鉴等人组织了锡山先哲丛刊社，用10年时间出版了四辑，由中华书局出版。1931年出版的《锡山先哲丛刊》第四辑收录了清代外交官、无锡人许珏所编的《高子遗书节钞》十一卷，附清代华允诚撰高忠宪公年谱一卷。

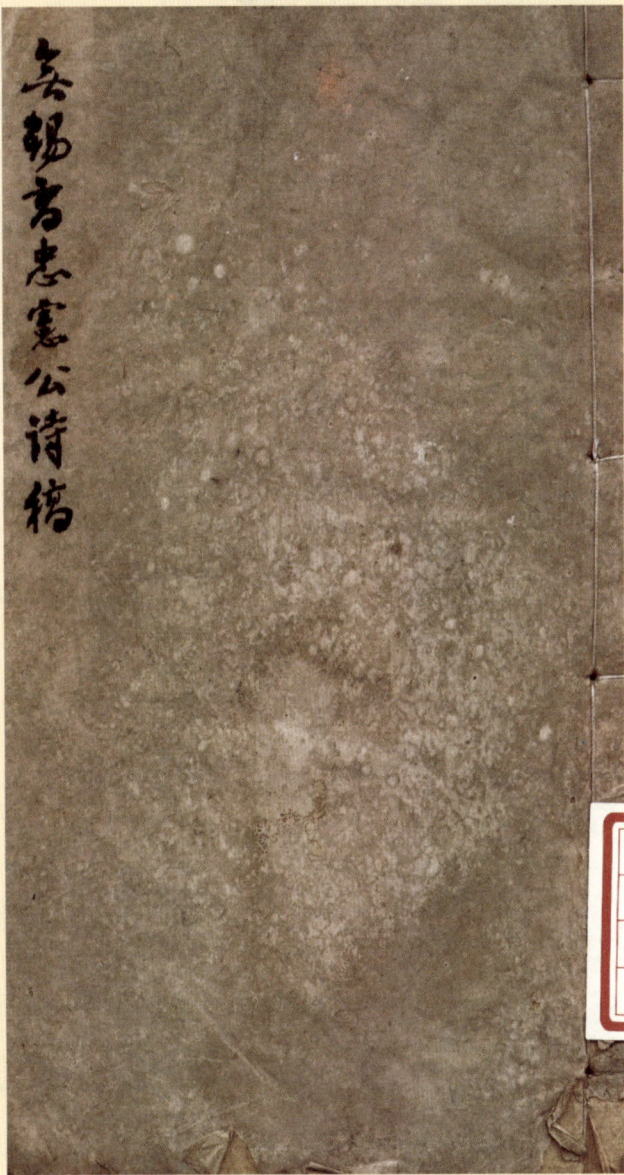

《高忠宪公诗手稿真迹》封面

《高忠宪公诗手稿真迹》部分内页

《高忠宪公诗手稿真迹》跋

全文：

　　此高忠宪公诗手稿也，公讳攀龙，字景逸。前明与顾端文公为东林讲学之倡，气节凛然，明史有传。原不藉区区翰墨见重，然即此册而论，诗宗陶韦，书法云林，亦非寻常翰墨家所能企及。内有玉斋曾藏小印，又有鼎云汾祥两印，玉斋讳勇均，乾隆己未科探花；鼎云字汾祥，曾任如皋县学教谕，族兄缦卿方伯之高曾祖也。盖本其家所藏，不知何时流遗在外，予于乱后得之，同里沈君旭亭藏公手札一通，急仿之与此合对笔墨，的出一手。以视高子遗书所刻诗亦较多，其为公手书底稿无疑。爰付装池厘为三册，今世得公片纸只字往往珍如拱璧，况此煌煌全帙，其宝贵又当何如。光绪辛巳仲秋邑后学秦臻谨跋。

裘廷梁（可桴）作题词

全文：

曩秦萓凤先生赠余高忠宪公诗手稿三册，与共昕夕垂三十年。今将浼乡人致诸县立图书馆作暗示篇，以送其行，其词曰：

昔党禁之森严兮斩东林之遗风，洪炉鼓其烈焰兮又何坚之不镕，众纷纷其改度兮谓气节不必崇，失奋斗之要素兮因帝政之所喜，伏巨患于今日兮孰妖氛之能弭，呼国魂使来归兮帜正义于人群，昔犹在野而干政兮况主权之在民，先烈其犹未远兮浩气塞于天地，惟吾子之暗示兮庶闻风而竞起。

民国十二年双十节前八日邑后学裘可桴书于上海寓庐时年六十有七。

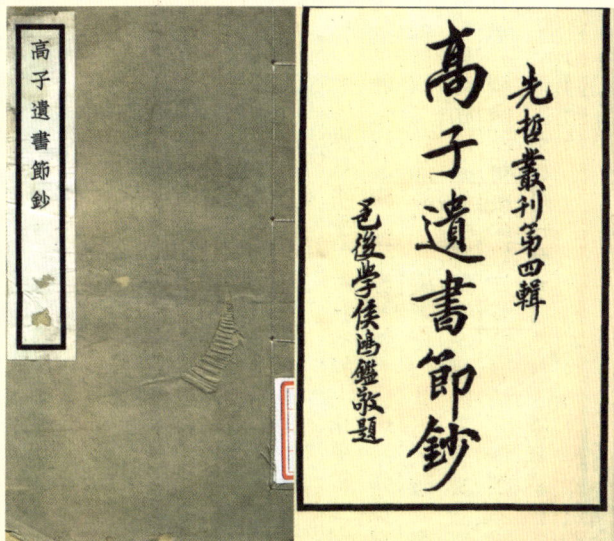

《高子遗书节钞》封面及扉页

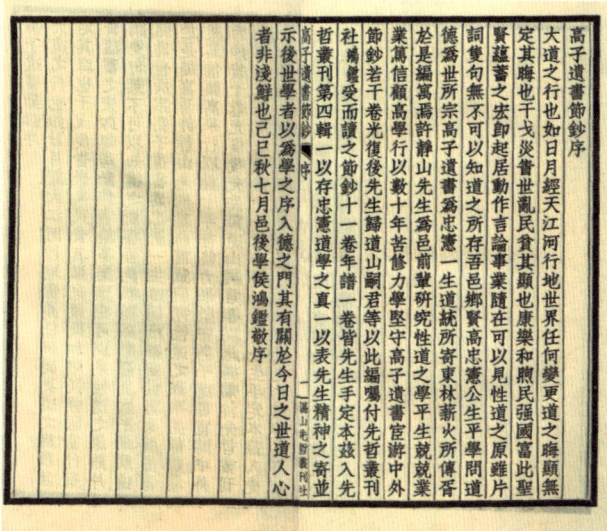

《高子遗书节钞》序

全文：

大道之行也，如日月经天江河行地，世界任何变更道之晦显无定其晦也，干戈灾眚世乱民贫其显也。康乐和煦民强国富此圣贤蕴蓄之宏，即起居动作言论事业，随在可以见性，道之原虽片词只句无不可以知道之所存。吾邑乡贤高忠宪公生平学问道德为世所宗，高子遗书为忠宪一生道统所寄，东林薪火所传，胥于是编寓焉。

许静山先生为邑前辈，研究性道之学，平生就就业业，笃信顾高学行，以数十年苦修力学坚守高子遗书，宦游中外，节钞若干卷。光复后先生归道山，嗣君等以此编嘱付先哲丛刊社，鸿鉴受而读之，节钞十一卷、年谱一卷，皆先生手定本，兹入《先哲丛刊》第四辑，一以存忠宪道学之真，一以表先生精神之寄，并示后世学者以为学之序、入德之门，其有关于今日之世道人心者非浅鲜也。

己巳秋七月邑后学侯鸿鉴敬序

高子遺書節鈔卷一

邑後學許玨編次

說六首

靜坐說癸丑

靜坐之說不用一毫安排只平平常常默然靜去此平常二字不
可容易看過卻性體也以其清淨不容一物故謂之平常畫前之
易如此人生而靜以上如此此乃天理之自然
須在人各各自體貼出方是自得靜中妄念既顯
妄念自息昏氣亦強除不得妄念強除不得真體既添
來本色還他湛然而已大抵著一毫意不得著一毫見不得纔添
一念便失本色由靜而動亦只平平常常湛然動去靜時與動時

高子遺書節鈔卷九

律詩四十一首絕句四十首

水居

到此情偏適安居興日新聞來觀物妙靜後見人親嗀爲當清畫
飛花正算春評童數新筍好護碧窗篇

卽事

乍雨洗庭柯斜陽到薜蘿讀書聊散帙看竹偶經坡爲下山初暝
月來池欲波幽情無著處呼酒一高歌

晚步

緩步到溪頭相看事事幽斷雲疏島嶼落日豔汀洲水靜夫容夕
風生蘆荻秋吳歌何處權鸞起欲眠鷗

高子遺書節鈔卷十

語一百則

學必繇格物而入
格物是隨事精察物格是一以貫之
大學不是無主意的學問明德親民止至善主意前之
格物不至極處多以毫釐之差成千里之謬
纔知反求諸身是真能格物者也
千變萬化有一不起化於身者乎千病萬痛有一不起病於身者
乎此處看得透謂之格物謂之知本故曰此謂知之至
也
或曰修身爲本有何難知而須物格知本至曰莫輕看了世間迷謬

高忠憲公年譜

受業門人華允誠謹述

世宗蕭皇帝嘉靖四十一年壬戌七月十三日午時先生生
先生姓高氏諱攀龍初字雲從後字存之別號景逸其先人曰
孟永公始居無錫一傳耕樂公如圭再傳省軒公翼三傳雪樓
公適代有隱德雪樓公生靜成公材舉孝廉令黃巖有異政祀
名宦鄉賢靜成公繼成公徵德夫人貳邵夫人實生先生
靜成有弟靜逸公校配朱夫人無子因以爲嗣先生之生也有
盆蓮之瑞靜成公詩以志喜後先生得手筆於完紙中捧誦珍
悼跋云蓮花之君子也發於盆盆小能大也常人神局於六尺
君子神充於宇宙亦若是矣出於汙泥汙能潔也常人心役於

部分内页

《第一回无锡年鉴》

保管单位：无锡市档案馆
内容及评价：

年鉴是汇集一年之内的新闻、事件、数据和统计资料，按类编排，逐年编纂连续出版的综合性地方资料工具书。旨在记载地方经济发展的情况和社会的基本面貌。民国时期，国内开始有少量地方年鉴编纂出版，而由地方政府主编出版县级城市综合年鉴，无锡当为嚆矢。1929年4月，毕业于东吴大学法科的孙祖基接任无锡县长，虽然于1930年8月即离任，但在他主政期间，非常注重学习西方的行政管理方式，曾于1930年4月主持全县各机关团体参与编辑了《第一回无锡年鉴》。年鉴采用地理、人口、党务、政治、司法、警卫、财政、交通、建设、农业、工业、商业、教育、卫生、公用、公益、宗教分类，用大量图表汇集了1929年度无锡的政治、社会、经济、文教等各方面的详尽统计资料。虽然以后没有按年继续编纂，这种体例却为后来编辑出版的各种无锡概览、概况、公报、年鉴等提供了参考。《第一回无锡年鉴》也成为后来学者专家研究民国时期无锡概况的第一手珍贵史料。

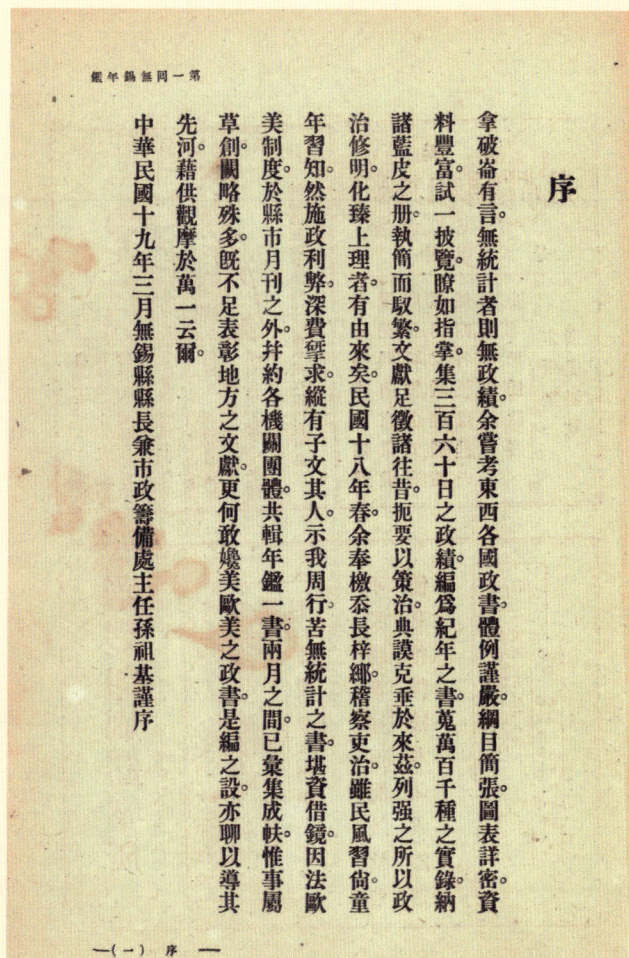

《第一回无锡年鉴》序

全文：

拿破仑有言：无统计者则无政绩。余尝考东西各国政书，体例谨严，纲目简张，图表详密，资料丰富。试一披览，了如指掌。集三百六十日之政绩，编为纪年之书，搜万百千种之实录，纳诸蓝皮之册，执简而驭繁。文献足征诸往昔，扼要以策治，典谟克垂于来兹。列强之所以政治修明，化臻上理者，有由来矣。民国十八年春，余奉檄忝长梓乡，稽察吏治，虽民风习尚，童年习知，然施政利弊，深费研求。纵有子文其人，示我周行，苦无统计之书，堪资借镜。因法欧美制度，于县市月刊之外，并约各机关团体，共辑年鉴一书。两月之间，已汇集成帙。惟事属草创，阙略殊多，既不足表彰地方之文献，更何敢媲美欧美之政书。是编之设，亦聊以导其先河，藉供观摩于万一云尔。

中华民国十九年三月无锡县县长兼市政筹备处主任孙祖基谨序

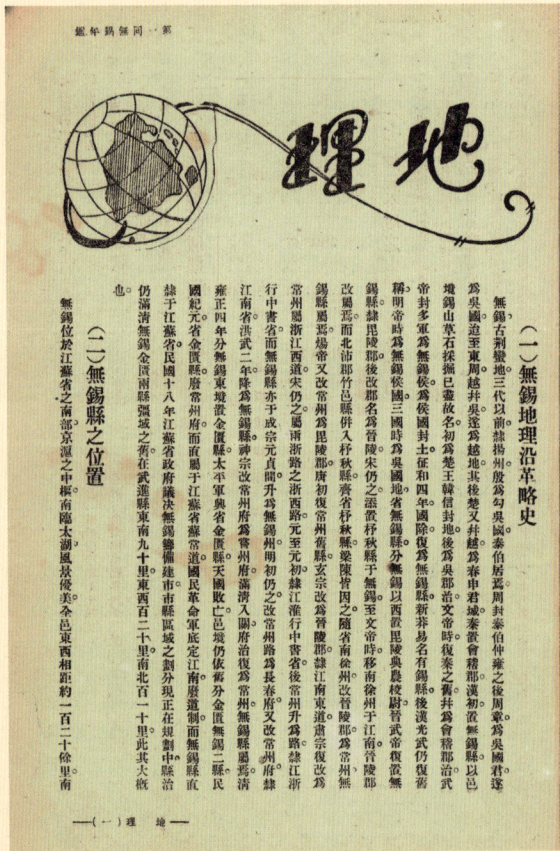

地理部分首页

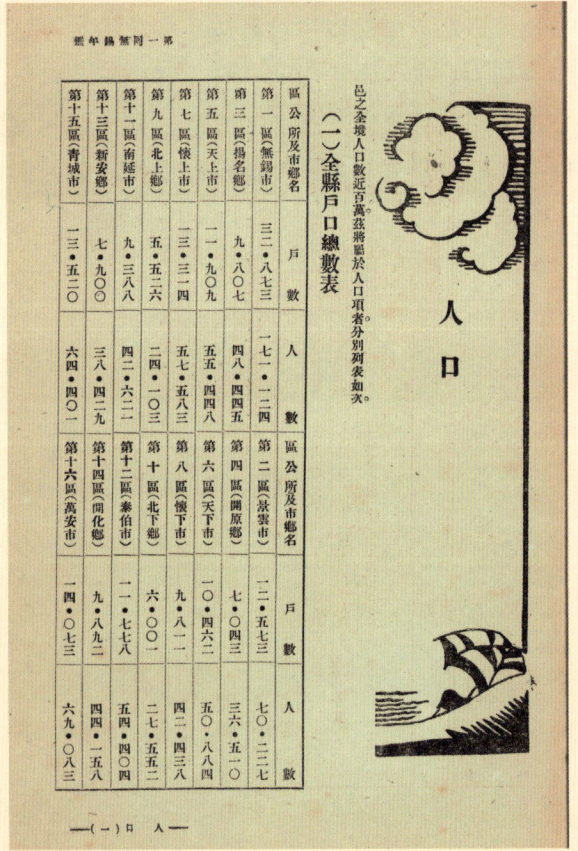

人口部分首页

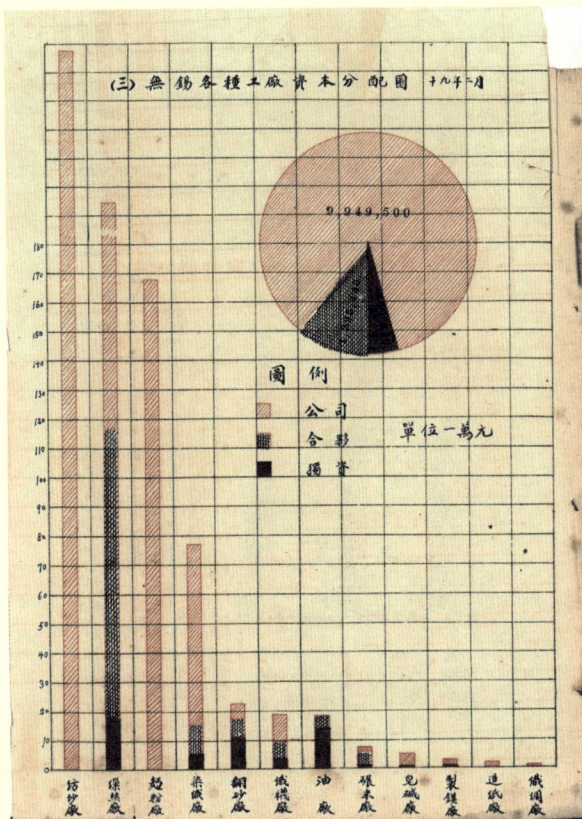

无锡各种工厂资本分配图

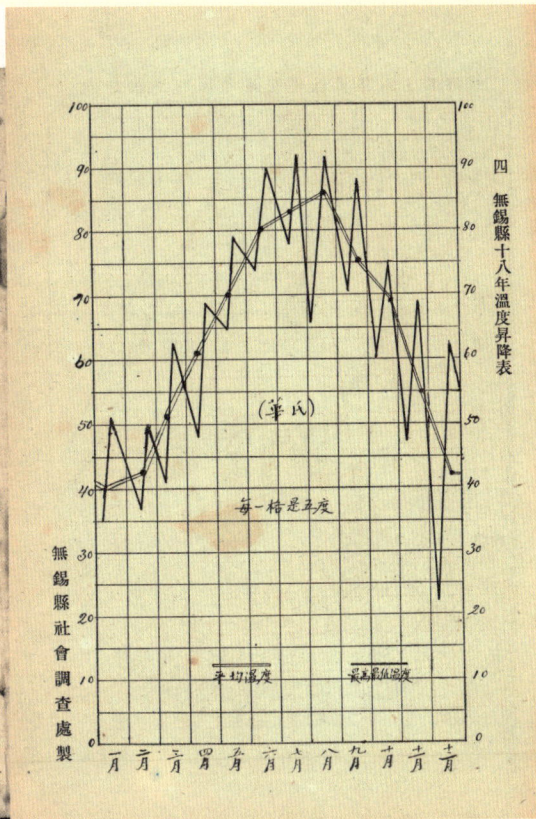

1929年无锡温度升降表

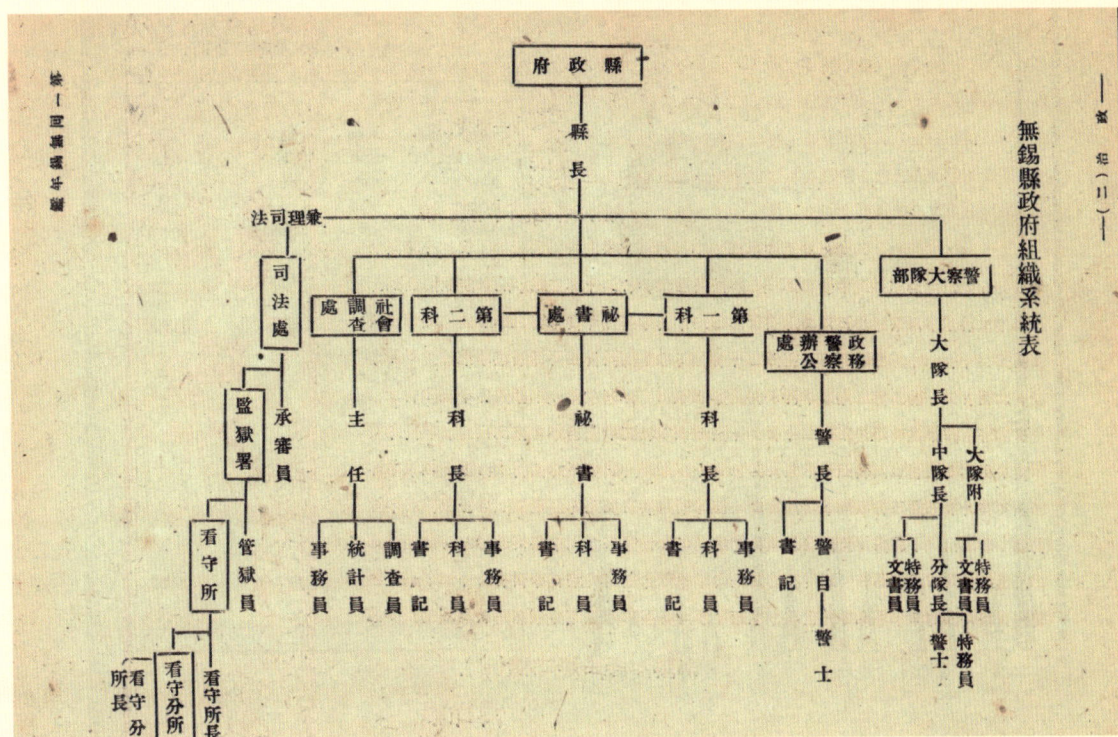

无锡县政府组织系统表

监狱罪犯罪名及刑期统计图

各面粉厂全年出品及总值比较表

公众娱乐场所统计表

教育经费收入预算表

《澄江咏古录》

保管单位：江阴市档案馆

内容及评价：

《澄江咏古录》形成于1933年。《澄江咏古录》是一本以地方风物为题材的诗歌集，为江阴地方名贤敏沙（字曾达，号江上散翁）所著，书稿完成于1931年，1933年由出版社自娱斋刊印发行，全书汇集诗歌600余首。作者在自序中谈及他的写作经历："余年来于春秋佳日，徒步山林，流连景物。凡我邑山川名胜、寺院古迹以及奇人异士、园林物产，见闻所及，归而考证，志乘详注由来，为各缀韶语……"

作者以诗人的视角书写江阴的历史，纵情飘逸，蕴含古今。寻访当年诗人所踏勘的山川河流，体味诗人的歌咏，也许会自然而然产生与诗人同样的情怀。诗集中一首《望江楼》，很有代表性：

江楼遥望涤尘氛，汹涌曾当十万军。

多少英雄淘尽未？孤帆一叶等浮云。

一本老旧的歌咏地方风物名胜的诗集，沉淀着厚重的地方传统文化，或许它就包含着由过去走向未来的些许启示。

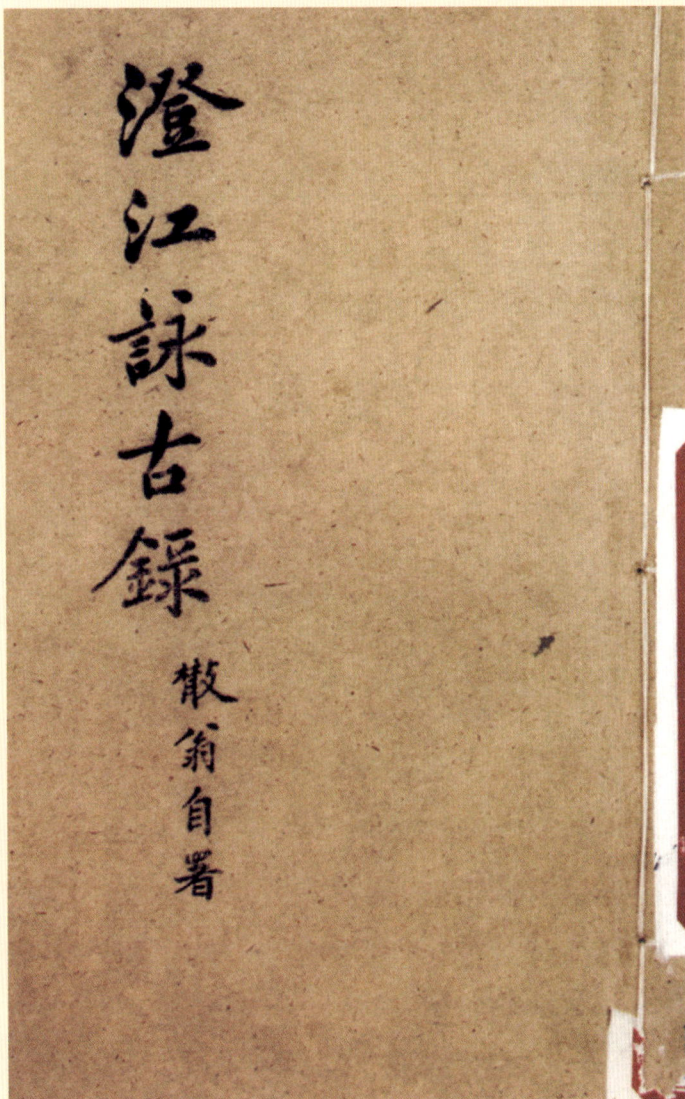

《澄江咏古录》封面

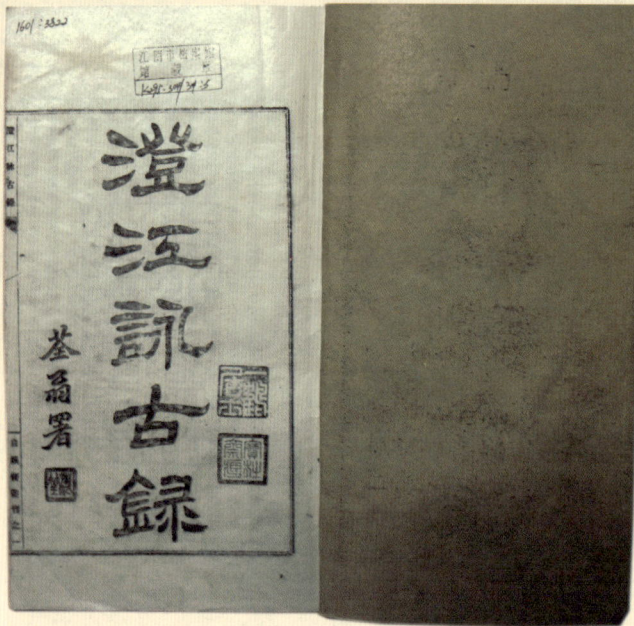

《澄江咏古录》扉页

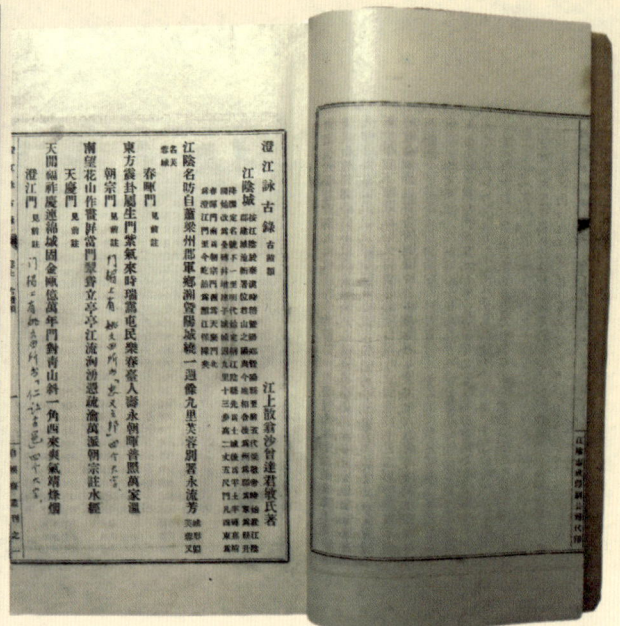

《澄江咏古录》作者署名

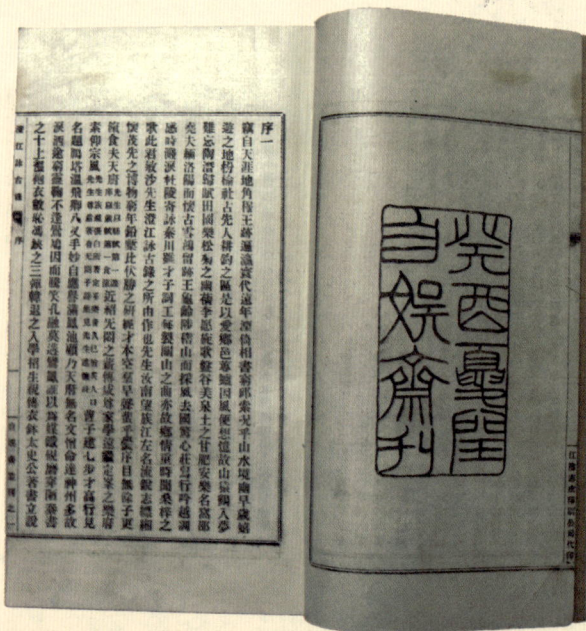

《澄江咏古录》序

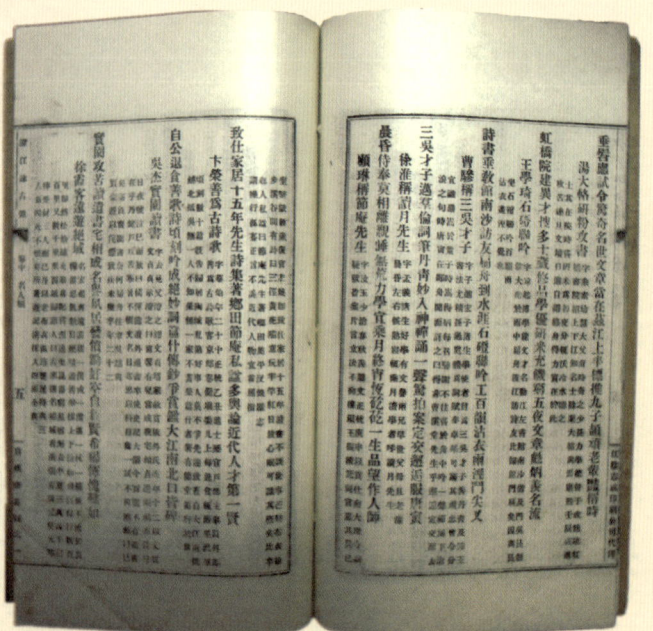

内页之一，有歌咏地方名士的诗歌。

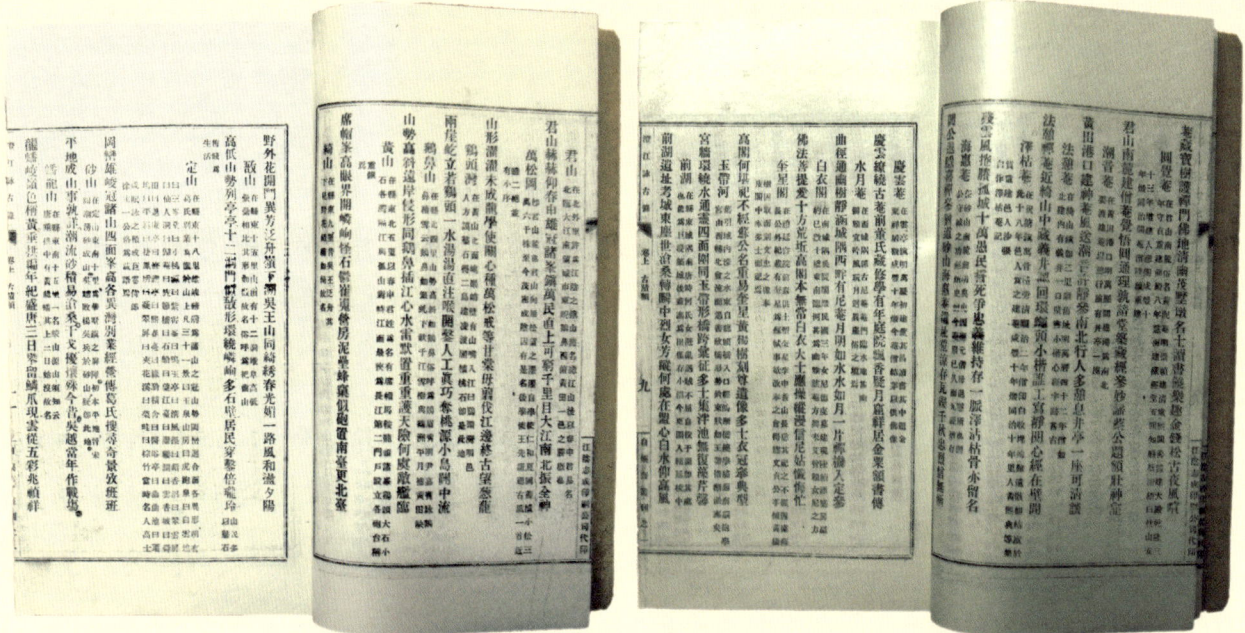

内页之二，有歌咏江阴地方名胜君山的诗歌。

内页之三，有描述江阴水月庵等的诗歌。

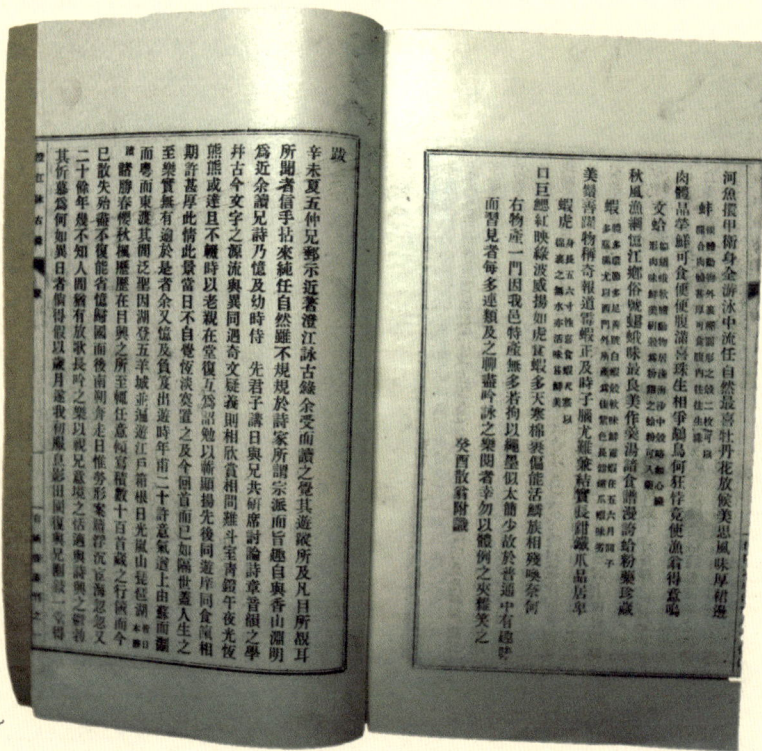

《澄江咏古录》跋

《伤寒论》选抄本

保管单位： 无锡市崇安区历史文献馆

内容及评价：

《伤寒论》选抄本形成于民国时期。《伤寒论》是东汉张仲景所著的一部我国传统医学专著，该书总结了前人的医学成就和丰富的实践经验，集汉代以前医学之大成。作者结合自己的临床经验，系统地阐述了多种外感疾病及杂病的辨证论治，理法方药俱全，在中医发展史上具有划时代的意义和承先启后的作用，为后世医家奉为经典。

宋元以来，该书有多种注解、简编本相继问世。无锡市崇安区历史文献馆馆藏《伤寒论》选抄本，抄者名氏不详，季鸣九藏。此本是据宋本抄录，计卷二至卷七中"辨太阳病脉证并治法"上中下、"辨阳明病脉证并治法"、"辨少阳病脉证并治法"、"辨太阴病脉证并治法"、"辨少阴病脉证并治法"、"辨厥阴病脉证并治法"、"辨霍乱病脉证并治法"、"辨阴阳易差后劳合病脉证并治法"各目，凡398条。目前宋版的《伤寒论》已无传本，故该册选抄本就显得尤为珍贵。

季鸣九（1907～1977），祖籍锡北长安桥镇，14岁时开始学医，先后师从沈率江、邓季芳等名家学习中医内外科技术，1955年加盟无锡市第一联合中医医院，即现在的无锡市中医院，任内科主任。1956年5月加入中国农工民主党，并任市中医院支部主任，1961年7月任无锡市政协三届、四届常务委员，五届委员等职。季鸣九精通伤寒论、内经等中医经典理论，精于用中医方法治疗脾胃病、慢性病、疑难病，晚年发表众多论文，探讨中西医结合方法治疗肿瘤，受到学术界的肯定。

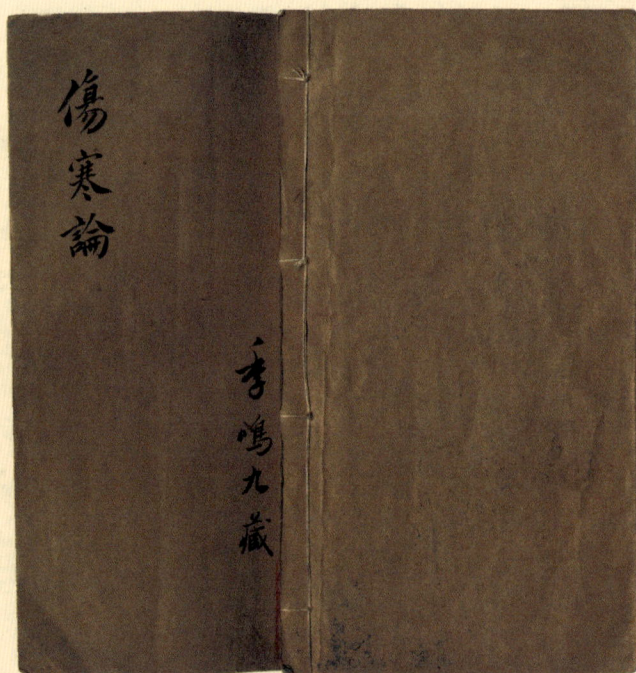

《伤寒论》封面1

《伤寒论》封面2

傷寒論
辨太陽病脈證并治上
太陽之為病，脈浮，頭項强痛而惡寒。
太陽病，發熱，汗出，惡風，脈緩者，名為中風。
太陽病，或已發熱，或未發熱，必惡寒，體痛，嘔逆，脈陰陽俱緊者，名為傷寒。
傷寒一日，太陽受之，脈若靜者，為不傳；頗欲吐，若躁煩，脈數急者，為傳也。
傷寒二三日，陽明少陽證不見者，為不傳也。
太陽病，發熱而渴，不惡寒者，為溫病。

辨太阳病脉证并治法1

若發汗已，身灼熱者，名風溫。風溫為病，脈陰陽俱浮，自汗出，身重，多眠睡，鼻息必鼾，語言難出。若被下者，小便不利，直視失溲；若被火者，微發黃色，劇則如驚癇，時瘛瘲；若火熏之，一逆尚引日，再逆促命期。
病有發熱惡寒者，發於陽也；無熱惡寒者，發於陰也。發於陽，七日愈；發於陰，六日愈。以陽數七、陰數六故也。
太陽病，頭痛至七日以上自愈者，以行其經盡故也。若欲作再經者，鍼足陽明，使經不傳則愈。
太陽病欲解時，從巳至未上。
風家，表解而不了了者，十二日愈。
病人身大熱，反欲得衣者，熱在皮膚，寒在骨髓也；身大寒，反不欲近衣者，寒在皮膚，熱在骨髓也。
太陽中風，陽浮而陰弱，陽浮者熱自發，陰弱者汗自出，嗇嗇惡寒，淅淅惡風，翕翕發熱，鼻鳴乾嘔者，桂枝湯主之。
太陽病，頭痛發熱，汗出惡風，桂枝湯主之。
太陽病，項背强几几，反汗出惡風者，桂枝加葛根湯主之。
太陽病，下之後，其氣上衝者，可與桂枝湯，方用前法；若不上衝者，不可與之。
太陽病三日，已發汗，若吐，若下，若溫鍼，仍不解者，此為壞病，桂枝不中與之也。觀其脈證，知犯何逆，隨證治之。

辨太阳病脉证并治法2

桂枝本為解肌，若其人脈浮緊，發熱汗不出者，不可與之也。常須識此，勿令誤也。
若酒客病，不可與桂枝湯，得之則嘔，以酒客不喜甘故也。
喘家作，桂枝湯加厚朴杏子佳。
凡服桂枝湯吐者，其後必吐膿血也。
太陽病，發汗，遂漏不止，其人惡風，小便難，四肢微急，難以屈伸者，桂枝加附子湯主之。
太陽病，下之後，脈促胸滿者，桂枝去芍藥湯主之。
若微惡寒者，桂枝去芍藥加附子湯主之。
太陽病，得之八九日，如瘧狀，發熱惡寒，熱多寒少，其人不嘔，清便欲自可，一日二三度發。脈微緩者，為欲愈也；脈微而惡寒者，此陰陽俱虛，不可更發汗、更下、更吐也；面色反有熱色者，未欲解也，以其不能得小汗出，身必癢，宜桂枝麻黃各半湯。
太陽病，初服桂枝湯，反煩不解者，先刺風池、風府，卻與桂枝湯則愈。
服桂枝湯，大汗出，脈洪大者，與桂枝湯，如前法。若形似瘧，一日再發者，汗出必解，宜桂枝二麻黃一湯。
服桂枝湯，大汗出後，大煩渴不解，脈洪大者，白虎加人參湯主之。
太陽病，發熱惡寒，熱多寒少，脈微弱者，此無陽也，不

辨太阳病脉证并治法3

傷寒，脈弦細，頭痛發熱者，屬少陽。少陽不可發汗，發汗則譫語。此屬胃，胃和則愈，胃不和，煩而悸。
本太陽病不解，轉入少陽者，脅下鞕滿，乾嘔不能食，往來寒熱，尚未吐下，脈沉緊者，與小柴胡湯。若已吐下發汗溫鍼，譫語，柴胡湯證罷，此為壞病，知犯何逆，以法治之。
三陽合病，脈浮大，上關上，但欲眠睡，目合則汗。
傷寒六七日，無大熱，其人躁煩者，此為陽去入陰故也。
傷寒三日，三陽為盡，三陰當受邪，其人反能食而不嘔，此為三陰不受邪也。
傷寒三日，少陽脈小者，欲已也。
少陽病欲解時，從寅至辰上。
辨太陰病脈證并治
太陰之為病，腹滿而吐，食不下，自利益甚，時腹自痛。若下之，必胸下結鞕。
太陰中風，四肢煩疼，陽微陰澀而長者，為欲愈。
太陰病欲解時，從亥至丑上。
太陰病，脈浮者，可發汗，宜桂枝湯。
自利不渴者，屬太陰，以其藏有寒故也，當溫之，宜服四逆輩。
傷寒脈浮而緩，手足自溫者，繫在太陰。太陰當發身黃，若小便自利者，不能發黃。至七八日，雖暴煩下利日十餘行，必自止，以脾家實

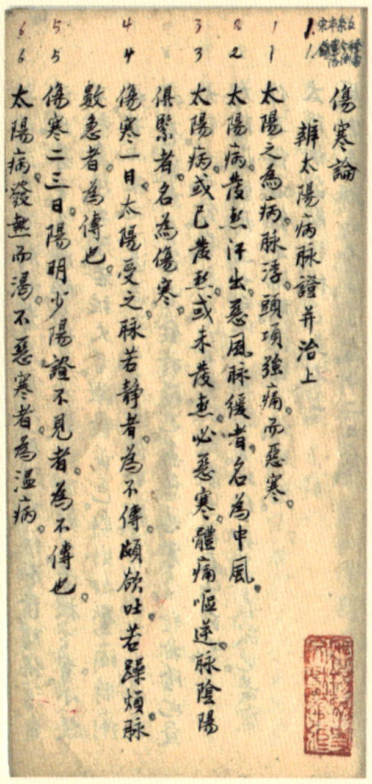

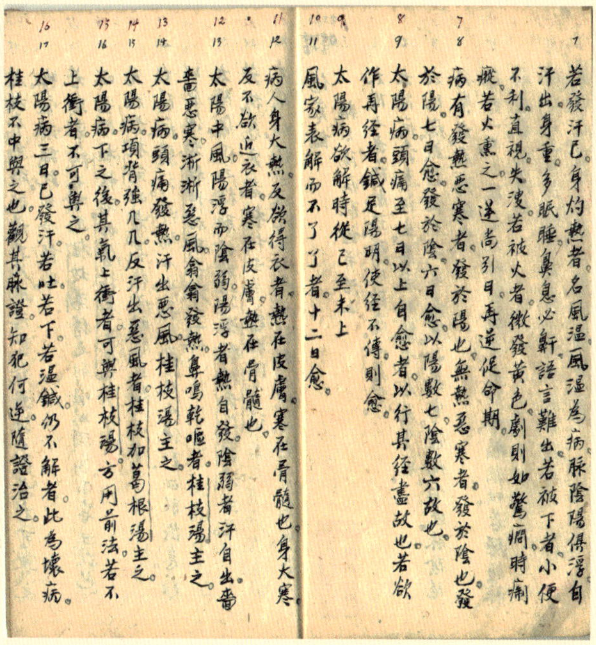

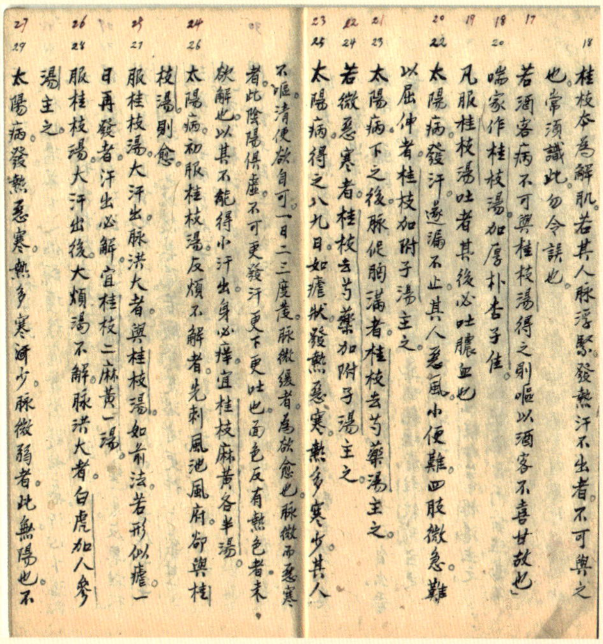

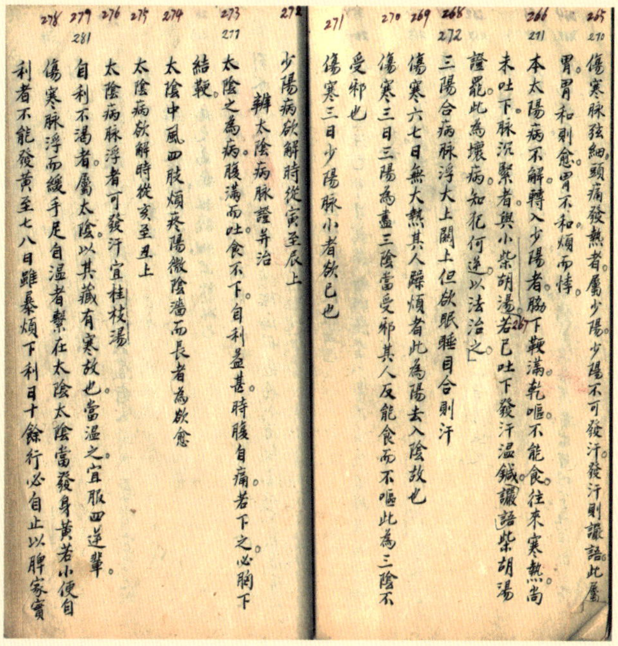

辨太阴病脉证并治法

辨少阴病脉证并治法1

辨少阴病脉证并治法2

辨少阴病脉证并治法3

辨少阴病脉证并治法4

吐利止而身痛不休者當消息和解其外宜桂枝湯小和之。

吐利汗出發熱惡寒四肢拘急手足厥冷者四逆湯主之。

既吐且利小便復利而大汗出下利清穀内寒外熱脉微欲絶者

四逆湯主之
吐已下斷汗出而厥四肢拘急不解脉微欲絶者通脉四逆加猪膽

汁湯主之
吐利發汗脉平小煩者以新虚不勝穀氣故也。

傷寒陰陽易之為病其人身體重少氣少腹裏急或引陰中拘攣。
熱上衝胸頭重不欲舉眼中生花膝脛拘急者燒褌散主之。

辨陰陽易差後勞復病脉證并治

大病差後勞復者枳實梔子湯主之
傷寒差以後更發熱者小柴胡湯主之脉浮者以汗解之脉沈實者

以下解之
大病差後從腰以下有水氣者牡蠣澤瀉散主之

大病差後喜唾久不了了胸上有寒當以丸藥溫之宜理中丸

傷寒解後虛羸少氣氣逆欲吐者竹葉石膏湯主之

病人脉已解而日暮微煩以病新差人強與穀脾胃氣尚弱不能消
穀故令微煩損穀則愈

辨阴阳易差后劳后病脉证并治法

后记

编辑出版《无锡卷》是一次以档案文化精品建设为抓手，宽领域、深层次地开发利用档案资源，实现档案资源开发利用工作新突破的极好机会。我们意识到，无锡档案馆应当趁势而动，把开发精品的工作推向新的层面。

2011年，为了让社会各界了解全市综合档案馆，吸引更多的市民尤其是青少年通过阅读、利用档案来认识历史、研究历史，无锡市档案馆发动了全市综合档案馆馆藏精品排查挖掘工作。经过半年多的努力，一个汇集全市10座综合档案馆馆藏精品的展览于9月面世。"无锡市档案精品展"客观上为《无锡卷》的编纂工作打下了基础。

在获悉江苏省档案局将统一编辑出版《江苏省明清以来档案精品选》后，我们很快确定了编辑工作的目标定位、组织领导和编辑原则，以"无锡市档案精品展"入选档案（资料）为参考，从编纂书籍的角度组织全市综合档案馆对馆藏精品进行再一次梳理，在初定入选精品目录后着手进行撰稿和组图。初步成稿后，根据省档案局宗来纲以及利用部的有关领导对本书的审阅意见，我们对选题、文稿、图片进行调整和修改，突出了地方特色。

《无锡卷》中选用的档案资料，有部分来自社会热心人士的捐赠。借此机会，向他们表示诚挚的感谢！本书的编辑工作，也得到了多方的关心和支持，在此一并致以谢意！

让我们共同为档案工作的大发展大繁荣而履责，为社会主义文化的大发展大繁荣而努力。

编　者

2013年9月

图书在版编目（CIP）数据

江苏省明清以来档案精品选·无锡卷 / 江苏档案精
品选编纂委员会编.--南京：江苏人民出版社，2013.10
　ISBN 978-7-214-10840-1

　Ⅰ.①江… Ⅱ.①江… Ⅲ.①档案资料—汇编—无锡
市 Ⅳ.①K295.3

中国版本图书馆CIP数据核字（2013）第240115号

书　　　名	江苏省明清以来档案精品选·无锡卷
编　　　者	江苏档案精品选编纂委员会
责 任 编 辑	韩鑫　朱超　石路
责 任 监 制	王列丹
出 版 发 行	凤凰出版传媒股份有限公司
	江苏人民出版社
出版社地址	南京市湖南路1号A楼，邮编：210009
出版社网址	http://www.jspph.com
	http://jspph.taobao.com
经　　　销	凤凰出版传媒股份有限公司
照　　　排	江苏凤凰制版有限公司
印　　　刷	江苏凤凰新华印务有限公司
开　　　本	880毫米 × 1230毫米　1/16
总 印 张	227.5　插页56
总 字 数	1800千字
版　　　次	2013年10月第1版　2013年10月第1次印刷
标 准 书 号	ISBN 978-7-214-10840-1
总 定 价	1500.00元（全14卷）

（江苏人民出版社图书凡印装错误可向承印厂调换）